마음을 새긴 산

金永勳

博学而笃志切问而近思仁在其中矣

庚辰盂冬若山书

十里风送荷花香

乙丑仲春若山

마음을 새긴 산

초판인쇄 | 2025년 11월 13일 **저자** | 김영훈 **펴낸이** | 김영태 **펴낸 곳** | 도서출판 한비CO
출판등록 | 2007년 1월 16일 제 25100-2006-1호 **홈페이지** | http://hanbimh.co.kr
주 소 | 대구시 중구 관덕정길 13-13 미래빌딩 3층 301호   우. 41967
전화 | 053)252-0155   **팩스** | 053)252-0156   **이메일** | kyt4038@hanmail.net

ISBN 97911648
값 30,000원

*잘못된 책은 교환해 드립니다.
*저자와의 협의로 인지는 생략합니다.

마음을 새긴 산

약산 김영훈 회고록

서·문

회고록을 내면서

　이마에서 흐르는 땀을 닦으며 시원한 바람이 불어오기를 기다리며 살아온 지 어느덧 90년의 세월이 흘러갔다.

　나는 1936년 10월 27일, 경상북도 칠곡군 약목면 남계동에서 선산(일선) 김씨 집안의 셋째 아들로 태어났다.

　일제 30여 년의 긴 세월 동안 우리 민족은 억압과 탄압 속에 살았다. 그 시절, 대한민국 국민으로서 자유롭고 창의적인 삶을 꿈꾸기 어려운 환경 속에서 우리 가정도 마찬가지로 제약된 생활을 이어가야 했다.

　만 7세가 되면서 소학교에 입학하였고, 3학년 때 해방을 맞았다. 그전까지는 일본어만 배우다가, 비로소 우리말로 된 교과서를 손에 쥐고 공부를 할 수 있었다. 그때의 기쁨은 아직도 마음속에 남아 있다.

　6학년이 되던 해, 칠곡군에서 습자대회가 열렸다.
　약목초등학교에서도 참가자를 한 명씩 뽑아야 했는데, 나는 교사의 권유로 어쩔 수 없이 참가하게 되었다. 그런데 뜻밖에도 운이 좋아 아주 낮은 상이지만 상을 받게 되었다.
　교장 선생님께서 시상식에서 내 이름을 불러주셨고, 단상에 올라 상장을 받던 그 순간이 지금도 생생하다.
　그 후로 집에서는 잔치 분위기가 되었고, 여동생들은 나에게 시조를 써 달라며 방에 걸어두기도 했다.

동네 사람들 중에서도 글 한 장 써 달라는 이가 있어 몇 번 써주기도 했다. 내가 특별히 잘해서가 아니라, 그저 운이 좋았을 뿐이었다. 하지만 그것이 계기가 되어, 지금까지 내가 서예를 공부하고 비문을 짓고 쓰게 된 하나의 출발점이 되었다고 생각한다.

또 내가 태어났을 때, 아버님께서 정미소를 운영하셨다.
어릴 적 나는 그곳의 기계들이 돌아가는 모습을 신기하게 바라보았고, 그것이 자라면서 자연스럽게 과학에 흥미를 가지게 된 동기가 되었다. 그래서 고등학교 3학년 무렵, 대학 진학을 앞두고 학과를 선택할 때 인생의 방향을 결정짓는 중요한 시기라 생각하며 신중히 고민했다.

나는 중·고등학교 시절 내내 아버님을 따라 정미소 일을 도왔고, 늘 기계와 함께 지냈다. 그런 경험이 진로 선택에 큰 영향을 주었다.
형님은 기계과를 택해 공부하셨고, 나는 화학과를 선택하여 대학에 진학하였다. 형님은 졸업 후 우산주식회사의 공장을 운영하셨고, 나는 사범대학 화학과를 졸업하여 중등학교 과학교사로서 학생들에게 과학을 가르쳤다.

교사로 정년퇴임한 후에는 어린 시절의 기억과 글씨에 대한 애정을 살려 서예학원을 열었고, 무려 21년 동안 운영하였다.

아내 신홍자는 우리 집으로 시집와, 한평생 가정과 나를 위해 묵묵히 헌신해 주었다.
힘든 날에도, 기쁜 날에도 언제나 내 곁에서 조용히 손을 내밀어 주었기에, 나는 건강을 잃지 않고, 맡은 일들을 끝까지 해낼 수 있었다.

돌이켜보면 내가 걸어온 모든 길마다, 그 뒤에는 언제나 아내의 땀과 마음이 함께했다.

이번 회고록을 세상에 내놓은 것도, 그 사실을 잊지 않기 위함이며, 또 누군가에게 알리고 싶었기 때문이다.
내가 이룬 모든 것은 아내의 사랑과 헌신이 있었기에 가능했다.
이 글을 빌려, 평생을 함께해 준 아내에게 마음 깊이 감사의 뜻을 전한다.

2025년 11월 10일

약산 김영훈 씀.

목/차

1장. 유년기
1 나의 뿌리와 출생 18
2 영호 형님과 어릴 때 놀던 일 21
3 영채 큰형님을 그리워하며 22
4 할아버지의 회갑연을 보면서 24

2장. 소년기
1. 계성중학교에 입학하다 30
2. 6·25 동란이 일어나다 31
3. 아버님의 바쁘신 직업 33
4. 나는 한문공부를 시작했다 37
5. 계성중학교에 복학을 하다 40
6. 형님과 함께 자취하다 43
7. 계성고등학교에 입학하다 45
8. 형님이 조선대학교에 입학하다 48

3장. 청년기
1. 경북대학교 사범대학 화학과에 입학하다 52
2. 4H 운동을 하다 54
3. 조부모님이 별세하셨다 57
4. 군대를 가게 되었다 60
5. 논산 훈련소에 입소하다 62
6. 보충병 생활 65
7. 연대 작전과에서 근무하다 68
8. 중대 교육계를 맡아 보다 70
9. 제대를 하고 돌아오다 75
10. 경대 사대 화학과에 복학하다 77

11. 4·19혁명이 일어나다 79
12. 교생 실습을 하다 81
13. 경대사대화학과를 졸업하다 83
14. 여동생 영자의 결혼 85
15. 쌀로 만든 티밥을 만들어 팔다 87
16. 정미소 일을 돕다가 부상을 입다 89
17. 결혼을 하게 되었다 91
18. 서울 중앙공업연구소의 촉탁으로 근무하다 94

▶4장. 장년기

1. 산동중·농업고등학교에서 근무하게 되다 98
2. 長男 重桓이가 태어나다 100
3. 뒤 늦게 신혼살림을 차리다 102
4. 여동생 김영미가 결혼하다 104
5. 차남 동환이가 태어나다 106
6. 일급정교사가 되다 108
7. 산동농업고등학교의 학생회의 활동에 적극 참가하다 109
8. 동생 영우를 산동중학교로 전학시키다 112
9. 산동농고에서 3학년 담임을 맡아 높은 대학 입학 성적을 내다 114
10. 어머님이 돌아가시다 116
11. 영우가 김천고등학교에 입학하다 120
12. 산동중·농업고등학교를 사직하고 김천으로 이사하다 122
13. 성의중·상업고등학교에서 근무하게 되다 124
14. 평화동 김창용의 집으로 이사하다 127
15. 아내가 병이 나서 수술을 하다 129
16. 아내가 세상을 떠나다 131
17. 성의중학교 과학반을 맡아 지도하다 134
18. 혼인을 하게 되다 136
19. 김천 제일학원에서 강의를 하다 139
20. 김천시 평화동 충권이네 집으로 이사를 하다 141
21. 영우와 삼현이가 졸업을 하다 143

22. 집에서 수학 과외를 시작하다 144
23. 중환이가 김천초등학교에 입학을 하다 146
24. 동생들이 결혼을 하였다 147
25. 성의상업고등학교 2학년 학생들과 수학여행을 다녀왔다 148
26. 성의중 상업고등학교를 사직하다 150
27. 대구 남산여자고등학교에 부임하다 152
28. 선산읍 원리에 영모제를 중수하다 154
29. 경은이가 태어나다 155
30. 처음으로 텔레비전을 구입하다 157
31. 생후 처음으로 우리 집을 갖다 158
32. 대구남산여자고등학교에서 3학년 담임을 맡다 159
33. 경북대학교 대학원 진학을 위해 공부하다 160
34. 서예 공부를 시작하다 161
35. 한문 공부를 시작하다 162
36. 신명여자중학교로 이동하다 163
37. 신명여자중학교에서 서예반 지도 164
38. 중구 삼덕3가 323-3번지로 이사· 중환이와 동환이의 경복중학교 진학 165
39. 아버님의 별세 166
40. 영우의 대구교대 입학과 영재의 우리 집에서 공부 167
41. 종친회의 일을 보면서 묘소 정화 사업을 하다 169
42. 영우가 결혼을 하였다 171
43. 신명여중에서 열심히 근무한 결과 교육감의 표창을 받다 173
44. 중등학교 과학교사 실험연수 강사로 다년간 활동하다 175
45. 전국 과학전람회에 출품하여 특상을 받다 176
46. 중환과 동환이가 대학에 진학하다 178
47. 전국과학교육협의회에 참석하여 활동을 하다 179
48. 형님이 우영산업 공장을 울산으로 옮기다 181
49. 경은이가 대학에 진학하여 유치원 교사가 되다 183
50. 중환이가 현대정공에 입사하고 공학석사가 되다 185
51. 동환이가 군에 입대를 하여 제대하다 187
52. 89'중등교사국외연수중 과학교사 유럽연수에 참가하다 189

53. 대구시 각종 과학행사와 교내·외 행사에 적극 참여하다 199
54. 상고회를 조직하여 활동하다 200
55. 아내와 함께 국내 명승지를 여행하다 202
56. 일본에서 실시한 시청각 해외연수에 참여하다 204
57. 중환이 결혼하다 206
58. 동환이 대학을 졸업 후 화학연구소에 입소, 석사학위받다 208
59. 경은이가 대학을 졸업하고 처음으로 취직하다 210
60. 운전면허증을 갖게 되다 211
61. 귀여운 손녀·손자가 우리 집에서 처음으로 태어나다 213
62. 회갑 기념으로 서예 개인전을 열다 215
63. 동환이가 결혼하다 219
64. 약목 종중의 임원 자격으로 대종회 장년회에 참석하다 220
65. 동환이가 결혼하고 딸을 낳다 222
66. 경은이가 결혼을 하다 223
67. 정년퇴임을 하다 225
68. 장년기를 요약하면 227

5장. 노년기

1. 약산서실을 개원하다 230
2. 우리 부부의 일본 여행 232
3. 외손자 이형목이가 태어나다 234
4. 우리 내외가 중국 상해·소주·항주를 여행하다 236
5. 대봉 제니스로 이사를 하다 238
6. 동환이의 둘째 딸 지호가 태어나다 239
7. 중국 북경과 만리장성을 관광하다 240
8. 나의 칠순연과 처의 회갑연을 같은 날 하다 241
9. 미국 서부지역을 여행하다 242
10. 동환이가 경북대학교에서 박사학위를 받다 244
11. 보원재(報遠齋) 기공식을 하다 246
12. 우리 부부는 서유럽 6개국을 관광하고 왔다 248
13. 보원재 상양식을 하다 251

14. 계성고등학교 동기들과 중국 산동성을 다녀왔다 255
15. 정해 대동보를 수단하고 대종회 이사, 일선회 회장이 되다 257
16. 약목 종중의 회장이 되다 259
17. 보원재 낙성식을 하다 261
18. 우산장학문화재단을 설립하여 운영하다 263
19. 형님이 전립선암 수술을 받다 265
20. 임란공신 의병장 선조 휘 국진 사적비 제막식을 가지다 266
21. 중환이가 미국 피츠버그로 이사를 갔다 272
22. 동남아 크루즈 여행을 다녀오다 274
23. 제1회 우산사모효행상 및 우산장학금 수여 기념식을 가지다 277
24. 제1회 칠곡사랑 UCC 동영상 공모전 시상식을 가졌다 279
25. 형님이 위암 수술을 받았다 281
26. 일본 동경과 중국 사천성에서 서예 전시를 하다 283
27. 방산묘원을 조성하였다 284
28. 처의 68회 생일 행사를 하려 서울에 가다 286
29. 형님의 병이 더욱 위중하였다 288
30. 형님이 세상을 떠나셨다 290
31. 형님을 청계사에 모시고 49제를 봉행하다 293
32. 기제사 지내는 방법을 논의하다 294
33. 여수 엑스포를 관람하다 295
34. 처의 칠순을 맞아 간단히 행사하다 296
35. 내가 벌써 80세가 되었다 297
36. 우리 내외가 대만 여행을 하다 298
37. 대학 동기들과 의령을 방문하다 300
38. 대장내시경 검사를 하다 301
39. 대구시 원로작가 초대전에 참가하다 302
40. 미국 동부와 캐나다를 여행하다 303
41. 여래실묘원 조성과 파조 정조공 단소 설단 304
42. 2018년 7월 28일~8월 8일 동유럽 여행 307
43. 서울 여행 308
44. 형수님 별세 309
45. 『중용완해』 출판 310

46. 서울 청와대 방문 311
47. 송림시서영구회의 회장직 사임 311
48. 대구묵연회의 회장직 사임 312
49. 『대학완해』 출판 313
50. 정조공파 종친들의 총회를 개최하다 314
51. 칠곡군민회의에서 김유환 우산장학 문화재단 이사장이 군민상을 받다 314
52. 동환이와 우리 내외가 같이 여행을 가다 315
53. 장남 김중환이가 '혀' 수술을 하다 316
54. 차남 김동환의 큰딸 김지우 신용보증기금 원주지사에 입사 317
55. 부산의 외손자 이형목이 2021년 12월 14일에 군에 입대 318
56. 지금 나 김영훈과 아내 신홍자는 그래도 바쁘게 살고 있다 319

6장. 서예관계

(一)書藝

1. 書藝 공부를 始作하다 322
2. 처음으로 書藝展에 出品하다 323
3. 영호남 서예 교류전이 열려서 참가하다 324
4. 처음으로 공모전에 입상을 하였다 326
5. 한문 공부를 다시 시작하였다 327
6. 소헌 김만호 선생님의 서집을 발간하다 329
7. 嶺南書藝人 聯合展이 열였다 330
8. 四君子를 工夫하였다 331
9. 大邱市 中等學校 先生님들 중 書藝家들이 모임을 가지고 展示會도 했다 332
10. 素軒 金萬浩先生님의 一代期를 담은 비디오를 制作하다 332
11. 大邱墨緣會에 加入하였다 334
12. 素軒 金萬浩先生님이 他界하시다 335
13. 素軒金萬浩先生님의 藝術碑를 세우다 336
14. 第1回 書藝個人展을 열었다 338

15. 素軒先生追慕文人展이 열었다　339
16. 國際書法藝術聯合 大邱慶北支部創立會員으로 참여하다　340
17. 처음으로 國展級인 大韓民國書藝大展에 入賞하다　342
18. 약산서실(若山書室)을 개원하다　343
19. 大邱市書藝大展의 招待作家로 選任되다　344
20. 중국 절강성에서 열리는 국제서예전(중한서법예술전)에 참가　345
21. 대한민국서예전람회에 입상하다　347
22. 대구서예가협회에 가입하다　348
23. 鳳岡書會 創立 50周年 紀念 第40回 鳳岡硏書會員展을 開催하다　349
24. 우루무치에서 열린 中韓書法交流展에 參加하다　350
25. 日本에서 열린 日韓國際書法展에 參加하다　352
26. 중국四川省 成道 中 韓書法家交流展에 參加하다　356
27. 대구묵연회의 회장이 되다　361
28. 素軒美術館을 開館하고 素軒先生의 遺作展이 열렸다　363
29. 봉강연서회의 회장직을 사임하다　364
30. 대구묵연회 제 40회 회원전을 개최하다　365
31. 한국서예협회 대구광역시지회 원로작가초대전(붓길인생)에 참여　366

(二)碑文關係
1. 正朝一善金公諱延設壇碑銘 (정조 일선 김공 휘 연 설단 비명)　368
2. 全羅觀察使碑　370
3. 壬亂功臣義兵將 一善金公諱國珍史蹟碑　372
4. 다른 집의 비문을 지은 것과 쓴 것　374
5. 상양문과 현판 등　375

▼7장. 약산 서실

1. 1999년 9월1일 약산서실을 개원하다　378
2. 약묵회 창립　378
3. 각종 서예대전에 참가하여 아주 좋은 성정을 얻었다　379
4. 약묵회원전을 격년으로 6회의 회원전을 개최하였다　381

5. 약목회에서 최초로 초대작가가 나왔다 383
6. 2017년 3월 30일 약산 서실을 폐원하다 388
7. 2020년 2월 28일 약산 서실을 폐원하다 390

8장. 한시관계

(一) 先祖考 魯岡公(諱 基玉)의 詩 7首 393
    (1) 歲暮感吟, (2) 醒齋金鍾漢回甲吟, (3) 立春,
    (4) 敬老堂 吟, (5) 偶吟, (6) 綠樹, (7) 偶吟

(一) 自作詩部 397
    ・1~20, (지면상 21~159 생략) ・160~174

9장. 과학관계

1. 啓聖高等學校 다닐 때 과학반에서 활동을 하다 420
2. 慶北大學校 師範大學 化學科에 入學하였다 420
3. 四學年이 되여 敎生을 나갔다 421
4. 中央工業硏究所에 囑託으로 勤務하다 422
5. 山東農業高等學校 근무 중 全國農業高等學校競進大會 特賞 수상 423
6. 聖義中學校 학생들이 實驗實習競演大會 優秀賞 수상 424
7. 信明女子中學校에서 科學科長이 되다 424
8. 全國科學展覽會에 積極 參與하여 좋은 成績을 올렸다 425

・저자 약력 431

1장
유년기

1. 나의 뿌리와 출생

1) 나의 뿌리

나는 성이 선산(일선)김씨이니 신라 김알지공이 원조로 직계는 신라 23대왕 원성왕이며 선산(일선) 김씨 시조는 김알지공으로부터 30세인 휘가 선궁(고려삼한통합익찬공신 삼중대광문하시중 일선백 시순충공)인 순충공이시다.

파조는 시조로 부터 12세인 휘가 연으로 선산부의 정조를 지내시며 왜구의 침략에 선산부를 수호하신 분으로 정조공이시다. 정조공은 광위와 감의 두 아드님을 두었는데 감이 우리 집안의 어른으로 전라관찰사를 지내셨다.

전라관찰사의 6세손이며 나의 십이대조인 국진은 임진왜란시에 의병장으로 상주후천에서 왜군과 싸우다가 전사하시니 나라에서 호성 원종이등공신에 봉하셨다.
임진왜란 때까지 선산읍의 원동에서 나의 10대조까지 사시다가 정유재란 이후로 성주로 다시 칠곡으로 이주하신 것이다.
이후로 우리 후손들은 지금까지 경상북도 칠곡군 약목면에서 살고 있는 것으로 알고 있다.

2) 나의 출생

나는 1936 年(丙子年) (陰)10 月 27 日子時(陽 12 月 10 日)에 慶尙北道漆谷郡 若木面 南溪洞 181 番地에서 태어났다.
이름은 永勳이고 字는 聖臣이며 號는 若山이고. 善山(一善)金氏이며 正朝公派의 회원으로 시조공으로부터 31 세이다.
 先考는 九鉉으로 禹承公 이시니 생부는 基玉이며 생모는 문화 유씨 根弼의 따님으로 두분 사이에서 1912 년(壬子)음 10 월 16 일에 차남으로 태여 나셨다. 생모가 일찍이 돌아가시니 생부를 따라 목포에서 공부하시다가 약목에 와서 초등학교를 다닐 때 양부 基漢과 인동 장씨 永明의 따님이신 양모에게 양자로 입양이 되었다.

先妣 權弼順는 안동권씨 泰亨과 밀양 박씨 사이의 차녀로 1913 년(癸丑) 9 월 21 일에 태어나시고 先考와 혼인을 하시었다. 선고는 그 때 3 代養子(曾祖 啓燮, 祖考 基漢, 父 九鉉)된 몸으로 자손이 귀한 집안이었다.

고조부 相成은 德汝公으로 슬하에 자손이 없어 증조부 啓燮인 國彥公을 양자로 입양하셨고 증조부께서도 전처 안동 권씨에게서 따님 한 분을 두시고 후처 수원 백씨에게서 따님 두 분만 두시여 아드님이 없어서 조부 基漢인 宗伯公을 양자로 입양하셨고 조부도 조모 인동 장씨와 사이에서 따님만 세분을 두시고 아드님이 없어서 선고先考, 九鉉 禹承公를 양자로 입양하시니 삼대를 양자 한 집안이다.
그런데 어머니께서 아들 셋을 낳으시니 집안에 경사 중의 경사였다. 1930 년에 長男인 永彩가 태어나고 1934 년에 次男인 永

鎬가 태어났고 그리고 1936년에 三男인 나 永勳이가 태어났다. 그 뒤로 딸 영자 영미 영임 아들 영우 그리고 선고는 다른 집에서 아들 영조 딸 영분 영애가 태어났다.

내가 태어날 때 우리 집은 집이 3집이었다. 첫째 제일 큰집은 남계2동의 앞의 집이 세 개의 집채가 있는 큰 집으로 증고조모 두 분이 살고 계셨고 둘째 집은 남계3동 상강대에 할아버지가 살고 계셨고 셋째 집은 남계2동 181번지의 아버지 어머니가 살고 계셨다. 내가 3세 때 희미한 기억으로 무인년(1938년)12월 5일에 증조모 안동권씨 께서 남계2동 앞의 집에서 돌아가실 때에 상주들께서 집상하시던 모습이 기억이 난다. 상강대의 할아버지 집은 우리 집으로 양자로 오실 때 받은 집으로 그때에 그 동내 아래에 논이 네 마지기도 있었는데 그 후에 할아버지 생가에 주기고 나중에 택현이 집으로 또 영태 형님에게로 옮겼다. 남계2동 앞의 집은 약목면 부면장을 지낸 이우상씨에게 팔고 남계2동의 속골목의 집으로 이사를 하면서 새로 기와집을 짓고 상강대 할아버지와 남계동 181번지의 집을 팔고 모두 남계2동의 속골목의 기와집으로 1941년 이사를 하였다. 이때에 나는 어린 아이로 이사 꾼들이 먹고 남은 술 찍기에 설탕을 타서 먹고 취하여 울며 끌려간 생각이 난다. 이어서 사랑채도 지었는데 모든 집 짓는 일은 종조부(할아버지의 생가 형님)께서 도 목수로 집을 지어 주셨다. 사랑채를 짓던 중 우연한 사고로 한 사람이 많이 다쳐서 어려움이 많았다. 그 후에 1942년에 이사 온 집에서 할아버지 회갑잔치도 하였다.

2. 영호 형님과 어릴 때 놀던 일

1941년 5월의 어느 날 상강대에 할아버님이 살고 계시는데 그 곳에 영호 형과 자주 할아버지 내외분을 찾아뵈려고 가면 반갑게 맞아 주시고 맛있는 것도 만들어 주셨다. 놀로 갈 때마다 길을 자주 잊어버리기 때문에 길을 잊지 않으려고 굽어지는 곳마다 형과 같이 돌을 표 나게 두고 가곤 했었다. 어느 날 상강대의 할머니 댁에 가서 마당 끝에서 놀다가 영호 형이 마당에서 뒤의 한길이 넘는 언덕 아래로 떨어져 왼쪽 팔이 불러지게 되였다. 온 집안이 야단이 나고 치료를 하였으나 완치가 되지 않아 평생을 꾸부러진 왼쪽 팔을 갖고 사셨는데 나중에는 군대에 입대하기 위해 신체검사를 받으니 팔 때문에 병종을 맞아 군대를 가지 못하게 되었다.

그 후 어느 날은 상강대에서 내려오다가 영호 형과 나는 냇가에서 호박잎줄기를 잘라서 물길을 만들어 풀줄기로 물레방아를 만들어 돌아가게 하니 주위의 친구들이 무척 신기해하기도 하였다.

또 어느 날 가는 줄을 가지고 마루 밑으로 연결하여 먼 쪽의 마루 틈으로 줄을 올려서 이미 만들어 놓은 방아를 움직이게 하며 강약을 조절하여 크고 혹은 적게 움직이게 하면서 음악에 맞추어서 방아 찧는 놀이를 하기도 하였다.
어느 때는 마분지를 이용하여 둥근 컵 모양을 두 개 만들어서 실을 컵에 연결하여서 멀리 보이지 않는 고에서 전화놀이도 하였다. 이것들이 모두 형님의 기계과를 전공하게 된 것이라 생각된다.

3. 영채 큰형님을 그리워하며

영채 형님은 1930년 4월 10일에 출생하시어 삼대양자 집안의 경사였다. 어렸을 때부터 총명하셔서 주위 사람들의 선망의 대상이 되었다. 내가 철이 들었을 때, 기억으로는 무엇이든지 잘 가르쳐 주시고 또 잘 놀아주던 일들이 생각난다. 집을 거의 다 지어갈 무렵, 형님이 큰 기둥을 잡고 빙글빙글 도는 모습을 보시고 할아버지께서는 형님을 새로운 집주인이라고 하셨다. 우리 집도 남들과 같이 사랑채를 갖게 되었으니 자랑스러운 일이라고 하셨다.

사랑채가 완공되자 할아버지 친구 분들이 많이 놀러 오셔서 바둑도 두고 골패도 하셨는데, 나도 바둑을 배워보고 싶었다. 그래서 큰 형님께서 나에게 처음으로 바둑을 가르쳐주셨다. 그 후로 바둑만 보면 형님이 생각나서 좀처럼 바둑을 두지 않았다.

1943년 4월 1일, 장남인 영채 형님은 복성공립국민학교(약목국민학교의 옛 이름)에서 성적이 매우 우수하여 일제 때 대구사범학교에 우수한 성적으로 입학하였다. 약목뿐만 아니라 칠곡군 내에서도 경사스러운 일이라며, 칠곡군수도 우리 집에 와서 축하해주었다.

1945년 8월 15일, 우리나라가 해방되고 일본이 물러갔다. 우리 집 뒷집에 살던 일본인 안보라는 분이 일본으로 돌아갈 때, 아무에게도 알리지 않고 떠났으나, 그 집 아들이 형님과 친하여 미리 알려주고 다음에 만나기로 약속하는 것을 옆에서 보았다.

1945년 10월 중순, 학교마다 가정실습이 있어서 학생들은 자기 집에 가서 가을걷이를 돕게 되었는데, 형님도 대구에서 올라와 집안 농사일을 돕고 있었다. 그때 형님은 나와 함께 집 앞 논의 벼를 소에 싣고 운반하는 일을 도왔다. 형님은 소에 실은 짐을 따라 집으로 갔는데, 한 시간 정도가 지나도 다시 돌아오지 않았다. 어둠이 내린 뒤 집에 돌아와 보니 온 집안이 울음바다가 되어 있었다.

형님이 돌아가신 이유는 나중에 알게 되었다. 형님의 어깨에 둥근 반점이 있어, 한약으로 고쳐 주려고 할아버지께서 처가가 있는 인동의 유명한 한의원에 다녀오셔서 약을 지어왔고, 할머니가 약을 다리고 어머니가 형님에게 먹였다. 그런데 그 약을 드신 후 형님은 곧 의식을 잃고 돌아가셨다.
그 후 아버님은 집에 잘 들어오지 않으시고 외박을 자주 하셨으며, 이것이 결국 외도를 하시게 된 동기가 되었다.

4. 할아버지의 회갑연을 보면서

1943년 음력 6월 2일은 조부님 회갑이었다.
나는 이때 약목의 복성공립국민학교에 입학하여 1학년에 다니고 있었다. 사진 속 뒷줄 왼쪽부터 생가 박서방 고모부, 다음은 양가 최서방 고모부, 중앙이 아버님, 다음이 양가 장서방 큰 고모부, 맨 끝이 큰아버님이시다.
앞줄 왼쪽은 박서방 고모, 다음이 최서방 고모, 그다음은 장서방 고모, 맨 오른쪽은 어머님이며, 그 앞에 앉아 있는 아이가 나, 영훈이다. 그리고 중간에 서 있는 아이가 장순규, 내 옆에 앉은 아이가 장순남이다. 이날 많은 사람들이 모였으며, 개를 잡고 국을 끓였는데, 그 맛이 너무 좋아 동네 사람들의 칭찬을 받은 것이 기억난다. 이후 집안 큰 일이 있을 때마다 할머니가 음식을 맡아 준비하셨다.

할아버님은 회갑을 맞으셨는데, 머리가 많이 희셨고 수염도 길어, 지금 생각해보면 그때의 할아버지는 상노인 대접을 받으셨다. 회갑 일에 손님이 특히 많았던 이유는, 큰형님이 대구사범학교에 입학했고 아버님의 사업도 잘되고 있었기 때문이라고 생각된다.
아버님은 그때 남계2동에서 자영업으로 정미소를 차려 운영하셨다. 이 정미소는 일제 때 게다(나무로 만든 신발)를 만들던 공장을 아버님이 인수하여 차린 것이었다. 나는 어릴 때 자주 가서 구경하고 친구들에게 자랑하곤 했다. 벼를 전기로 정미했는데, 인부들이 매번 담아 옮기면서 도정을 하였다. 나중에 일제가 강제로 정미소를 통합하면서 남계1동 도정조합으로 합병되어 칠곡군의 곡물을 도정하며 나라에서 관리하게 되었다. 아버님은 김종한 씨와 김용출 씨와 합병하여 도정조합을 운영하셨다.

약목의 복성공립국민학교에 다니면서, 1943년 4월 1일 입학을 위해 간단한 시험을 치렀다. 당시 입학을 희망하는 학생 수가 많아 남녀 각각 1개 학급씩 선발해야 했기 때문에 시험을 보았다. 숫자 세기, 부모님 성함, 자기 집 주소 등을 물어 합격을 결정했는데, 우리 마을에서도 몇 명은 불합격되기도 했다.
1학년에 들어가니 일본 여선생님이 담임이셨고, 나를 무척 귀여워해주셨다. 나중에 알게 된 사실이지만, 큰형님이 학교에서 공부를 잘하는 것을 알고 있었기 때문이었다. 2학년에 올라갔을 때는 제2차 세계대전(대동아전쟁) 중이라 학생들도 전교생 노력 동원으로 산에 가서 소나무 관솔을 따오고, 학교림에서 밭을 일구고 곡식을 심고 거두는 일을 했다. 또한 일제 때는 나무를 마음대로 가져올 수 없었고, 일본 순사가 각 집을 찾아다니며 가정에서 만든 술을 찾아가 벌을 주기도 했다. 전쟁에 필요한 물품을 강제로 압수해, 놋그릇 등을 땅에 묻어 두기도 했다.

매년 명절마다 형들은 새 옷을 받았지만, 집안 살림이 넉넉지 못하여 나는 형들이 입던 옷을 물려받아 기워 입었다. 몹시 속상했다. 어떤 해 추석 때 새 옷을 사 달라고 졸랐다가 어머니에게 매를 맞고 쫓겨나 담 밖에서 울었던 적도 있다. 아무도 달래주지 않아 화가 나 돌을 던지다가 장독 하나를 깨기도 했는데, 집안에서는 더 야단이 났다. 그때 할아버님이 집에 오시다 길에서 나를 발견하고 데리고 들어와 사정을 듣고, 시장에 데리고 가 처음으로 새 옷 한 벌을 사주셨다.

1945년 8월 15일, 우리나라가 해방된 날 나는 초등학교 3학년이었다. 그날 오후 약목 시장에 나갔다가 해방 소식을 듣고 집에 오니 아무도 몰랐다. 우리 집에는 동네에서 유일하게 라디오가 있었고, 라디오를 통해 해방 소식을 접한 가족 모두 기뻐하며 뛰어나가 만세를 불렀다. 나는 무엇인지도 모르고 따라서 만세를 부른 기억이 난다.

할아버님은 늘 말씀하시기를, "셋째 아들인 너는 우리 집에 일이 많으니 나와 같이 농사를 짓자"며 작은 지게를 만들어 주시고 소도 잘 태워 주셨다. 참 좋았다.

1938년에 영란이가 태어났으나 두 살쯤에 병으로 죽었다. 1940년 7월 16일 영자가 태어났다. 1942년 12월 19일 영미가 태어났으나 소아마비가 와서 아버지와 어머니가 백방으로 치료했으나 효험이 없었다.

1946년 6월, 큰일이 있었다. 아버님은 큰형님이 돌아가신 후 외도를 하여 쌍둥이 영조와 영분을 낳았고, 1948년에는 영애를 낳아 집안이 온통 소란스러웠다.

1947년 4월 초, 큰형님이 돌아가신 후 아버님은 영호 형님에게 특별히 부탁하고 독려하여, 큰형님이 다니시던 학교가 해방 후 이름이 바뀐 경북대학교 사범대학부속중학교에 입학하게 되어 다시 집안에 생기가 돌았다.

1948년 초등학교 6학년 때의 일이다. 담임 선생님이신 최재학 선생님께서 우리 집안을 잘 아셨는지, 나를 칠곡군 내 초등학생 습자(지금의 서예) 실기대회에 참여하게 해주셨다. 다행히 최하위 정도의 상을 받았음에도, 백남철 교장선생님께서 조회 시 단상에 올라 상을 전달해주셨다. 이것은 교장선생님에게 직접 상을 받은 처음이자 마지막 경험이었다. 나중에 서예를 공부하게 된 계기가 되었고, 동생들도 이를 본받아 시조 등을 써 벽에 붙이고, 다른 집에서도 가져가기도 했다.

1949년 8월 10일, 약목국민학교를 졸업했다. 큰형님도 없고 영호 형님은 중학교에 진학했으므로 나도 중학교에 가야겠다고 생각했지만, 아버님은 할아버지와 함께 농사짓기를 원하셨다. 어머님에게 간곡히 부탁하여 아버님 몰래 입학원서를 써 경북대학교사범대학부속중학교에 지원했다.
할아버님은 허락하셨지만 어린 나를 혼자 시험 보게 하며 대구 의성댁을 찾아가라고 하셨고, 우리 집안 영희 형과 함께 가게 하셨다. 대구역에서 영희 형을 놓쳤지만, 경북대학교사범대학부속중학교 근처에서 사람들에게 물어 정문 앞에서 기다리며 의성댁을 찾았다. 다음날 시험을 쳤으나 떨어졌다. 집에 가면 시험을 못 보게 할까봐 의성댁에 머물며 최재학 담임 선생님께 부탁하여 계성중학교 입학원서를 써 오게 하였고, 며칠 대구에 머문 후 시험을 쳐 계성중학교에 합격할 수 있었다.

맨 앞줄 오른쪽에서 네 번째가 김영훈이다.

위의 사진은 약목국민학교의 졸업사진이다. 앞줄의 중앙 왼쪽에 앉아 계시는 분이 백남철 교장선생님이시고 그 오른쪽에 앉아 계시는 분이 최재학 담임 선생님이시다.

2장
소년기

1. 계성중학교에 입학하다

1949년 9월 3일 계성중학교에 입학을 하였다. 1학년 동반에 배정받으니 담임 선생님은 김생섭 선생님으로 국어교과를 담당하였는데 무척 인자하신 분으로 나를 잘 돌보아 주셨다.

기차통학을 하면서 영호 형님과 같이 학교를 다니는데 키가 작고 어린 나로서는 무척 힘이 들었다. 기차가 약목역에서 7시경에 출발을 하니 5시 반 정도에는 일어나야 아침밥을 먹고 약목역까지 가서 기차를 탈 수 있었다. 8시가 넘어야 대구역에 도착하는데 대구역에서 계성중학교까지 빨리 가면 8시 반경에 도착하니 수업에 들어가기가 급한 정도였다.

기차가 조금이라도 늦어서 학교에 도착하면 지각이어서 교문에서 지키고 있는 규율부의 상급 학년의 선배들이 교문 앞에 세워두고 들어가지 못하게 하였다. 그때 학제가 중학교는 6년제이므로 규율부를 맡은 상급생은 대부분 5·6학년으로 하급생으로서는 겁이 나서 아무 말도 못하고 벌을 받았다. 때로는 기율부를 담당하신 선생님들은 대부분 체육과 선생님들로 무척 무섭고 엄하셨다. 그 체육선생님 중에는 신도환(신띵) 오용모(오띵) 선생님이 있어서 지각하면 신 선생님이 작은 지휘봉을 가지고 위로 들면 본관 앞 긴 계단을 뛰어 올라가고 지휘봉을 아래로 내리면 뛰어 내려오는 적도 한 두 번이 아니었다.

나중에는 기차통학생은 지각하여도 무사히 수업에 들어가게 하여서 지각문제는 해결이 되였으나 배우지 못한 부분은 반 친구들에게서 노트를 빌려서 필기하며 공부를 하였다.

2학년이 되어서 서반에 배정이 되였는데 담임 선생님은 이상화 선생님으로 영어를 담당하시고 나중에 연세대학교 교수로 자리를 옮기셨다.

2. 6·25 동란이 일어나다

　1950 년 6 월 25 일 동란이 일어났다. 이날이 일요일이라서 할아버지를 따라 들에 나가서 농사일을 돕다가 집에 돌아와 점심을 먹으러오니 라디오에서 아나운서가 다급한 목소리로 '북한군이 남침을 하였다'고 하였다.
　다음날 통근열차를 타고 대구에 가서 학교에 갔더니 전쟁이 일어나서 정상적으로 수업을 하지 못하고 그 날은 지나갔는데 다음 날에 서울까지 인민군이 처 들어 온다고 야단이 나고 그 다음 날부터 군수물자 운반관계로 통근열차가 다니지 못하게 되여서 부득이 1950 년 7 월부터는 학교에 갈수가 없으니 자동으로 휴학이 되였다..
　전쟁이 일어난 후 몇 일이 되지 않았는데 피란민들이 약목에까지 내어오니 다급하게 되였다.
우리도 피란을 가야만 했었다. 우리 집은 아버지와 형님 그리고 영조네 식구들은 성주 고산정의 왕고모가 댁으로 피란을 가고 할아버님 내외분과 어머님과 나 그리고 어린 여동생 셋은 피난을 봉산동 조창기 아저씨 댁(어머님의 고종)으로 가게 되였다. 이와 같이 나누어 피란가게 된 것은 한 쪽이라도 살아남으면 자손을 보존 할 수 있으리라는 생각에서 였다
　피란 중에도 가지고 간 식량이나 반찬용 재료 등이 떨어져서 약목에 가서 가져와야 하였고 그리고 논밭의 작물 등을 수확하기 위해 자주 약목을 산길로 인민군 몰래 갔다 오기도 하였다. 어느 때는 인민군을 만나서 도망쳐 오기도 하고 마주친 때는 인사하고 오기도 하였는데 내가 너무 키가 작아서 끌려가지 않았는데 나와 같은 학년의 학생들 중에는 인민군에 끌려가서 부역에 종사하기도 하였다. 그러던 어느 날 소를 몰고

나가서 먹이를 베어서 오는데 중간에서 인민군을 만나 나를 인민군부대에 같이 가기를 권하였으나 나는 늙은 조부모님을 모셔야 하므로 갈수 없다고 말하니 장교쯤 되여 보이는 인민군중 한사람이 사정을 이해하고 나를 보내주었다. 그 후로는 할아버님께서 밖에 나가지 못하게 하고 봉산리 마을 뒷산 계곡인 곳에 작은 굴을 만들어 주시고는 밖으로 일체 나오지 못하게 하였다. 그 결과 말라리아모기에 물려서 학질(말라리아) 병에 걸리게 되여 피란 중이라 약을 구할 수 없어서 할아버님이 약목에 까지 가서 약을 구해주시기도 하였다. 8월초가 되여서는 아군 비행기가 폭탄을 퍼부어서 작은 굴이 있는 말구리 부근에 주둔하여 있던 인민군 포부대에 많은 피해를 입혔는데 인민군의 이 포부대가 우악산을 향해 포를 쏘아서 아군에 많은 피해를 준 부대이다. 서울을 탈환하고 나서야 피란생활을 끝낼 수 있었다. 피란에서 돌아오니 우리 집은 전부 불에 타고 없었다. 나중에 알았는데 우리 집이 동내에서 제일 크고 좋은 기와집이기 때문에 인민군들의 본부로 사용되었다고 하니 폭격을 받아 불에 탔는 것은 당연한 결과였다.

　피란에서 돌아와도 살 집이 없어서 안 마을 김오경 형님 댁의 방 두 개를 빌려서 임시 거처로 하면서 불탄 우리 집을 간단하게 임시거처를 만들어야 했었다. 신양산 우리 산에서 나무를 베어서 지게에 지고 와서 집을 지었다. 그때 많은 사람들이 산림을 마구 베어감으로 전쟁 중이라도 경찰관들이 감시를 하였는데 우리들이 집을 지을 나무를 해오다가 경찰관에게 야단이 난적도 있었다. 어렵게 집 한 체를 지어서 이사하여 살게 되었다.

3. 아버님의 바쁘신 직업

　아버님은 우리 집으로 양자로 들어오신 후 복성공립국민학교를 졸업하시고, 얼마 지나지 않아 어머님과 결혼하셨다.
　한때는 왜관 장병문 고모부님과 함께 상업을 하시기도 하였는데, 고모부님은 계속 상업에 종사하시며 재봉틀 장사, 비료 장사, 시멘트 장사 등을 하시어 성공하셨다.
　또한 평복동의 권영춘 외숙부께서는 외할아버지와 함께 사과농장을 하시며, 아버님께도 사과농장을 하기를 권하시기도 하였으나, 아버님은 정미소를 하시기로 결심하셨다. 세 분은 각각 다른 방면에서 서로 경쟁하며 살아오신 것 같았다.
　아버님의 활동을 살펴보면,

　첫째로 본업은 정미업이었다.
　아버님은 결혼하신 지 얼마 되지 않아 남계 2 동에 남계정미소를 지으셨다. 그때 집안사람들과 동네 사람들이 놀랍고 신기해하며 매우 기뻐하였다.
　내가 철이 들었을 무렵의 기억으로는, 정미소에서 승강기 없이 기계에서 나온 쌀을 큰 통에 담아 올려 붓고 도정하던 모습이 생생하다. 젊은 나이에 아버님은 일제의 탄압 속에서도 남계 2 동의 친척들을 보호하기 위해 동장이 되셨는데, 그 덕분에 일본의 징병을 면할 수 있었다.
　일본이 강제로 도정공장을 합동 운영하게 하였을 때, 약목에서는 아버님과 김종한 씨, 김용출 씨 세 분이 합동하여 약목 도정조합을 설립·운영하셨다.
　해방 후에는 조합에서 분리되어 나와, 남계 2 동에서 허물어진 금을 채취하던 방앗간을 인수하여 정미소를 하시다가 6·25

동란이 일어났다. 피란에서 돌아온 뒤 불탄 남계동 정미소를 수리하여 운영하시다가 이를 다른 사람에게 팔고, 죽전에 다시 정미소를 지으셨다.

　죽전 정미소는 발동기로 운영되어 불편이 많았기 때문에 전기를 가설하기로 하셨다. 그때 도태경 종고모부님이 왜관 변전소에 근무하고 계셔서, 전기공사에 대한 상세한 안내를 받아 서울 한국전력 본사에 가서 허가를 받았다. 그러나 한전에서 "자금이 없으니 낙동강을 도하하는 공사와 철탑 세우기를 직접 하면 허가를 내주겠다"고 하였다.

　아버님은 할아버님께 여쭈어 우리 집 논을 팔아 공사를 진행하셨다.

　공사가 완성 단계에 이르렀을 때 태풍이 와서 철탑이 무너졌고, 다시 공사를 해야 했다. 아버님은 다시 할아버님께 부탁드려 여유의 논을 또 팔아 공사를 완공하셨고, 마침내 전기가 들어오자 공장이 잘 돌아가기 시작했다.

　죽전 공장이 정상궤도에 오르자 큰댁에 인계하셨는데, 그 이유는 미신 때문인지 몰라도 큰아버님께서 후손이 없으니 이사를 하면 아들을 얻을 수 있다고 하여, 죽전으로 이사하게 되었기 때문이다. 만약 계속 후손이 없으면 내가 큰댁으로 양자로 가야 한다는 말도 있었다. 그런데 그 후 실제로 큰집에 영재가 태어났다.

　죽전 정미소를 큰아버님께 드린 뒤, 아버님은 다시 남계동 정미소(옛날 게다를 만들던 공장터)를 합동으로 운영하시다가, 그 앞에서 떡방아 공장을 하셨다. 그 후에는 복성동에 새로 정미소를 차리셨는데, 이때 나는 군에서 제대 후 복학하던 시절이었다. 밤에 나무를 운반해 와서 공장 짓는 일을 도왔다.

　한 번은 인부들과 함께 소를 몰고 공장 대들보로 쓸 나무를 운반하다가 송라골 밑에서 소달구지와 함께 넘어져 크게 다친 적도 있었다.

정미소에는 다양한 장치가 있었는데, 떡방아간도 있었고 타면기도 있었다. 타면기에는 원심력이 큰 원통이 있어서 정지가 늦게 되었는데, 한 번은 내가 무리하게 정지를 시키려다 벨트에 감겨 오른손이 찢어지는 큰 상처를 입었다. 그래서 지금도 흉터가 남아 있다.

또 공장의 일을 돕다가 쇠망치로 쇳조각을 다듬던 중, 튄 쇳조각이 눈에 맞아 한 달 동안 왼쪽 눈이 실명 상태가 되기도 했다.

둘째로는 약목면 면의원으로 활동하신 것이다.

해방 후 처음 실시된 지방자치제의 시행으로 기초의원인 면의원 선거에 출마하셨고, 온 가족이 선거운동에 나서 아버님은 첫 번째 면의원으로 당선되셨다. 이는 우리 집안의 큰 경사였다.

그 후 두 번째 선거에서도 출마하여 연속으로 당선되셨고, 재선이 되신 뒤에는 면의회 의장을 지내시며 군내 유지들과도 두터운 친분을 쌓으셨다.

이후 아버님이 주도하여 칠곡군·성주군·선산군의 유지들이 모인 **난국회**를 조직하셨고, 낙동강 철교를 건너 관호동산 중턱에 난국회관을 세워 운영하셨다. 아버님이 회장으로 계시던 중 별세하시자, 세 군의 많은 유지들이 조문을 오셨다. 그 후 나에게도 승중회원으로 참석하라는 연락이 와 한 번 참석했던 기억이 있다.

셋째로는 약목면 의용소방대장으로 활동하신 일이다.

아버님은 일제 말기에 지역 자치 의용소방대의 일을 맡아 소방대장이 되셨고, 대원들에게 제복을 마련해 주며 소방대의 기본 업무를 충실히 수행하셨다. 해방 후에도 계속 소방대장으로 활동하셨으며, 1945년 10월 대구 10월 사건 때에도 별다른 불상사 없이 무사히 지나갔다.

소방 업무 외에도 여러 지역 행사를 주도하셨는데, 정월 대보름을 전후해 동네를 돌며 풍물놀이를 하여 기금을 모으기도 하셨다. 이러한 모임이 자주 이루어지자 일제 때 좋지 않게 보이던 소방대를 면민들이 친근하게 여기게 되었고, 대원이 되려는 사람이 많아졌다.

풍물놀이로 모은 기금으로는 정월 대보름에 약목면민 척사대회를 열어 상을 주었고, 단오절에는 그네뛰기 대회를 개최하였다.

가장 큰 일은 가을에 전국 장사씨름대회를 개최한 것이었다. 면 단위에서 전국대회를 여는 것은 상상하기 어려운 일이었지만, 약목면 의용소방대는 몇 해 동안 이를 연속으로 주관하며, 우승자에게는 황소 한 마리를 상으로 주었다.

이때 전국에서 유명한 씨름 장사들이 몰려왔는데, 경남장사 나윤출, 경북장사 이석도, 그리고 계성고등학교 체육교사 김상연 선생 등이 참가하여 일등을 차지하고 상을 받아 갔다.

자금이 부족할 때면 아버님이 사비를 털어 지원하셨는데, 이러한 사실은 아버님이 돌아가신 후 남겨두신 장부를 보고서야 알게 되었다.

4. 나는 한문공부를 시작했다

　나는 한문공부를 하고 싶었다. 6·25 동란 중에 피란에서 돌아와서 할일 없이 세월을 보내게 되니 시간이 아까워서 할아버님께 여쭈어서 한문공부를 할 수 있게 해달라고 하였었더니, 아버지 생가의 조부님(기자옥자)과 서로 상의하시고 나서 나에게 말씀하시기를 아침에 일찍 일어나서 남계1동 생가조부님께 가서 한문을 배우라고 하셨다.
　생가의 조부님은 학자로서 젊을 때에는 우리 집안에서 가장 유식하셔서 공직에도 계셨고 또 타향에서 많이 생활하셨다. 생가 조모님이 큰아버님(종자현자)을 낳으신 후 성주에서 공직에 종사하실 때 한 할머니와 살림을 차리셨으니 큰아버님(복자현자)를 낳고 얼마가 되지 않아서 아버님을 낳으시고 생가 조모님이 돌아가시니 생가 조부님은 홀로 몇 년을 계시다가 목포에서 공직에 계실 때 새로 조모님을 만나셔서 세분의 고모를 낳고 또 한 분의 할머니를 만나서 명현 장수 두 분을 낳았다. 그래서 목포 조모님을 모셔 와서 큰 아버님 댁에서 같이 살고 계셨다.
　그 후에 약목의 우리 집안의 파의 족보도 혼자서 수단하신 분이시다. 그런데 집안형편상 벼루나 붓을 살 돈을 부모님께 얻어서 살려고 하지 않고 내 힘으로 돈을 만들어서 공부를 하고 싶었다. 그래서 산에 가서 나무를 해가지고 와서 그것을 팔아서 돈을 마련하기로 마음먹었다. 다음날 산에 가서 나무 한 짐을 베어 왔더니 할아버지가 보시고는 "그것을 무엇 하려고 하느냐?"고 물어서 나는 "내 힘으로 돈을 만들어서 붓과 먹을 살려고 합니다."고 말씀을 드렸더니 웃으면서 "네 뜻 대로 하여라"하셨다. 그래서 나무를 도끼로 쪼개어 한쪽에 따로 모아두니 그 내용을 모르는 어머님은 내가 해온 나무를 쓰시기도 하니 할아버님이 내용을 설명한 후에는 그대로 두게 되었다. 열심히 나무를 해와 한 평을 만들어서 이 나무를 팔았다. 내 나무를 사가지고 간 사람은 멀리 약목역 앞 변전소 밑의 집에서 살고 있었다. 그래서 어린 내가 혼자서 운반하는데도 무척 애를 먹었다. 한 평의 나무를 모두 운반하는데 열 짐 정도 지고 가야만 했었다. 그러나 나는 조금도 피곤하지 않고 한편으로는 즐겁기도 했었다. 나중에 안 사실이지 마는 할아버님이 나에게 돈의 소중함을 알려주려고 하신 것이었다. 그 돈으로 벼루와 붓과 종이를 사가지고 생가 조부님을 찾아뵙고 한문을 가르쳐주시도록 말씀을 드렸더니 흔쾌히 허락해 주셨다.

다음날부터 새벽마다 한문을 배웠다. 천자문은 일주일쯤 해서 끝나고 계몽편을 한 달 정도에서 끝났다. 명심보감은 한 달 반 정도에 끝내고 소학을 가르쳐 주셨는데, 소학은 너무 진도가 잘 나가지 않았다. 그래서 빨리 배워서 복학하기 전에 거의 끝을 내기위해 열심히 다녔다. 낮에는 집안일과 죽전동 정미소 일을 도와드리고 밤이면 새벽에 배운 한문을 붓으로 써보면서 익히고자 노력하였으니 피곤하고 머리가 둔한 때문인지 잘 익혀지지 않아다. 그때 배운 한문이 나중에 학교공부에도 많은 도움이 되었다.

이것이 인연이 되어서 서예를 공부하게 된 한 가지 동기가 되였다고 생각하며 다시 한 번 생가 조부님께 감사의 마음을 가지게 되였다. 그때 내가 한문공부를 하러 갔을 때 건너 방에서 명현이 삼촌이 자고 있으니까 조부님이 깨워서 같이 공부를 하라고 독려하여 같이 한문공부를 하였다. 내가 한문공부를 하니까 형님은 쓸데없는 일이라면서 영어를 좀 더 배우기를 권하였고, 오히려 형님은 죽전동 정미소를 자주 가서 그곳에 파견 와서 근무하는 미군 헌병과 영어로 통역을 해주고 영어공부도 하면서 미군에게 도움도 주고 우리정미소에 도움도 받기도 했었다.

그리고 나중에 할아버님이 돌아가시고 나서 상중에 아버님께서 고등학교 일학년 학생인 나에게 한문으로 문상하러 오신 손님들의 시도(방문객의 이름과 주고를 쓰는 것)를 하라고 하시였다. 그때 손님들은 어린 학생이 붓을 들고 한문으로 시도하는 것을 보고는 많은 칭찬을 해주었다. 아버님은 일부러 형님도 있는데 나에게 시키는 것은 나의 재주를 친구나 손님들에게 은근히 알리고 싶은 뜻이 있었던 것이었다.

보름 후에 할머님이 돌아가시고 나서는 자동으로 나에게 시도하는 것을 맡기시고 또 옆에서 축문 쓰는 것도 잘 보라고 하시고는 아버님이 나에게 말씀하시기를 "다음부터는 네가 시도도하고 축문도 쓰도록 하여라"고 말씀하셨다. 그 후 생가 조부님이 돌아가신 때에도 시도와 축문 쓰는 일을 나에게 맡기시고 하시면서 나를 여러 가지 일을 배우도록 하셨다.

할아버지의 유목

5. 계성중학교에 복학을 하다

　1951년 8월 중순, 복학 여부를 알아보기 위해 피란민들과 함께 약목에서 대구까지 걸어서 가게 되었다. 어머님께서 싸주신 김밥을 들고 출발하여 오후 1시경 계성중학교에 도착하니, 학교 건물은 제27육군병원이 사용하고 있었고 중학교 수업은 서문교회에서 진행되고 있었다. 학교에 가서 이상화 담임선생님을 찾아뵈니 반갑게 맞아주시며 복학 절차를 알려주셨다.
　가져간 점심을 먹고 오는 길에 대신동에 사시는 용현이 아저씨 댁을 들렀더니, 종조모님(용현이 아저씨의 어머니)께서 반갑게 맞아주시며 먹을 것도 내어주셨다. 늦기 전에 약목으로 돌아가야 했기에 서둘러 걸음을 재촉하여 피란민들이 오고 있는 길을 거슬러 약목에 도착하니 밤 10시경이 되었다.
　며칠 뒤, 1학기 등록금을 마련해 다시 8월 말 복학 수속을 위해 대구로 걸어갈 때에도 어머님이 도시락을 싸주셨다. 피란민이 많아 관호동 나루에서 배를 타는 데 시간이 걸려 대구에 도착하니 오후 1시가 넘었다. 점심을 먹고 복학 수속을 마치니 오후 2시가 되어 있었다. 서둘러 약목으로 돌아오던 중 원대 건널목 부근에서 교통이 통제되어 신동역에 이르렀을 때는 이미 통행금지 시간이 되어 있었다. 하는 수 없이 신동역에서 다른 사람들과 함께 하룻밤을 지내야 했다.
　아침이 되어보니 옆에서 자던 사람들은 모두 떠나고 나만 남아 있었다. 배가 몹시 고파 주머니에 남은 돈으로 길거리에서 파는 감을 사서 먹었는데, 오히려 더 배가 고파졌다. 허기를 참고 걸어서 왜관에 도착했을 때는 더 이상 걷기 힘들어 고모 댁(장순구 집)에 염치불구하고 찾아가 밥을 얻어먹고 잠시 누워 한잠을 잤다. 오후 늦게 일어나 인사드리고 다시 걸어서 약목에 도착하니 이미 저녁때가 되어 있었다.

그 후, 1951년 9월 1일 복학을 위해 쌀과 책을 등에 메고 다시 걸어서 대구로 가 구귀암 고모부님 댁에서 하숙을 하게 되었다. 다음날 학교에서 복학수속을 하니 2학년 서반으로 배정되었고, 담임 선생님은 노명식 선생님이셨다. 구귀암 고모부는 수창국민학교 교감 선생님이셔서 우리는 교감 사택에 함께 머물렀다. 당시 수창국민학교는 육군헌병학교로 사용되고 있었다.

재혼하신 고모 댁에는 전처소생 자녀와 고모가 낳은 자녀들이 함께 살고 있어 식구가 많았다. 그곳에서 하숙을 하다 보니 눈치도 많이 보며 지냈다. 다행히 나와 같은 학년으로 경북여중에 다니던 경애가 수학문제를 잘 풀지 못해 내가 자주 도와주었는데, 지금도 나를 '머리 좋은 오빠'라고 부른다.

한번은 약목에 내려가지 않고 있을 때 수성들에 있는 논에서 벼 베기를 도와주고 돌아오다가, 해가 져서 어둠 속에서 자전거를 끌던 끝돌이 누나와 함께 삼덕동 앞 하수구에 빠진 적도 있다.

그 후 자취를 하게 되었는데, 대륜중학교에 다니는 옥현이 아저씨와 함께 대봉동에 있는 작은 진외가 댁 옆집 방을 얻어 몇 달간 자취를 하였다. 이후 통근열차가 운행되자 통학을 하게 되었다.

전쟁 중이라 통근열차는 군수물자를 실어 나르느라 자주 연착되었다. 때로는 약목역에서 자정쯤 열차를 타 대구역에 도착하면 이미 수업이 끝난 시간이기도 했다. 그래서 친구에게 노트를 빌려 필기를 옮겨 적곤 했다. 대구역에서 열차 출발이 늦을 때는 역원 몰래 정차 중인 통근열차에 먼저 올라가 공부하기도 했다.

학교가 일찍 끝난 날에는 기차 출발까지 시간이 남아 서점에서 서서 책을 읽었다. 읽고 싶은 책은 많았지만 살 돈이 없었으므로, 마음에 드는 책을 골라 서서 읽었다. 같은 처지의 학생들이 많았기에 서점 주인이 쫓아내면, 나는 읽던 페이지를 기억했다가 옆 서점에 가서 같은 책의 그 페이지를 펴서 읽곤 했다. 그때 읽은 책들은 지금도 내 인생에 큰 도움이 되었다고 생각한다.

어느 날은 학교가 일찍 끝나 김만복 선생님께서 음악부 악대 연습에 불러주셔서 작은북을 배우기도 했고, 또 유도부에 들어가 유도를 익히기도 했다.

다른 날에는 대구역에서 기다리다 친구들과 함께 군용병원 열차를 타고 가기로 했다. 전쟁 중이라 부상자를 싣고 내려왔다가 올라가는 열차가 많았는데, 가끔 왜관이나 약목에 정차하기도 했다. 운이 좋을 때는 내려서 무사히 귀가했지만, 정차하지 않을 때는 약목역 근처 커브 구간에서 뛰어내려야 했다. 처음에는 무사했으나, 한 번은 뛰어내리다 가시덤불에 걸려 옷이 찢어지고 등에 큰 상처를 입어 부모님께 크게 꾸중을 들은 뒤로는 다시는 군용열차를 타지 않았다.

또 어떤 날은 군수물자를 싣고 가는 화물열차를 탔다가 약목에 정차하지 않아 김천까지 가게 된 적도 있었다. 김천역에서 밤을 지내고 다음날 아침 대구행 통근열차를 타고 돌아오니, 약목역에는 어머님이 도시락을 들고 나를 기다리고 계셨다.

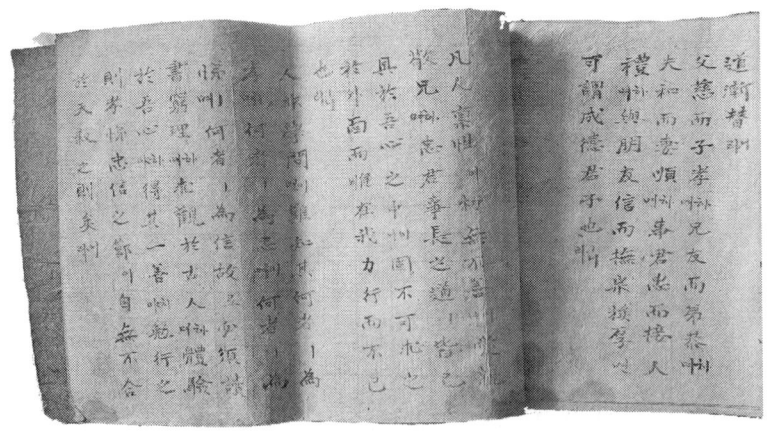

할아버지의 유묵의 내용(글씨)

6. 형님과 함께 자취하다

1952년이 되어 나는 계성중학교 3학년이 되었다. 같은 반에 배정되었고, 담임은 영어를 담당하신 이상화 선생님이셨다.

형님도 복학을 해야 했는데, 6·25 사변 전에는 경대사대부속중학교 3학년까지 다니셨다. 복학 후 부속중학교에 다시 다니려 했으나, 그 사이 학제가 '중학교 3년·고등학교 3년'으로 개편되어 고등학교에 진학하려면 입학시험을 봐야 했다. 그래서 형님은 부속고등학교 대신 1952년 4월 대구공업고등학교 입학시험에 응시하여 합격하였다.

통근열차가 다니지 않아 우리는 대봉동의 외사촌 누나네 근처에 방을 얻어 자취를 하게 되었다. 자취방은 매우 허술하여 비가 오면 물이 새고, 젖은 장작으로 밥을 짓느라 고생이 많았다. 형님은 공부를 해야 한다며 나 혼자 약목에 내려가 양식(쌀과 납작보리)과 용돈을 받아오게 했다.

그때는 전쟁 중이라 기차도, 버스도 다니지 않아 원대 나루 근처에서 화물트럭('추력')에 몰래 올라타고 약목까지 갔다. 운이 좋으면 약목까지 태워주었지만, 대부분의 운전사는 연료 사정이 나빠 타지 말라며 쫓아냈다. 억지로 타면 조수가 스타팅 핸들로 위협하기도 했다.

한 번은 친구 천병규와 함께 약목에 가려다 추력을 얻어 탔는데, 신동재를 오르던 중 힘이 약해 올라가지 못해 걸어서 정상까지 올랐다. 너무 늦어 배고픔을 참지 못하고 쉬고 있는데, 어둠 속에서 한 신사가 다가와 "배고프면 따라오라"고 했다. 그곳은 나환자촌이었는데, 그 신사는 "이분들은 깨끗한 분들이니 주는 밥을 먹어도 안전하다"고 했다. 우리는 배가 고파 그들이 준 밥을 먹고 하룻밤을 잤다. 다음날 아침이 되어보니 마을에 많은 나환자들이 살고 있었다. 우리는 신사께 인사드리고 서둘러 내려와 신동에서 다시 추력을 얻어 약목으로 돌아왔다.

자취방이 너무 열악하여 이사하게 되었고, 새로 얻은 곳은 화원약국(김덕룡 한의사) 집의 부엌 안의 작은 골방이었다. 주인 내외는 매우 인자한 분들이셨다.

그 무렵 외사촌과 이종사촌들이 자주 모였는데, 형님과 나, 외사촌 강오·장오, 이종사촌 석완·홍제 등이 함께 모여 놀기도 하고 방천 둑에 나가 놀기도 했다. 배가 고플 때는 자취방 앞에서 파는 국화빵을 사 먹는 것이 유일한 즐거움이었다.

때로는 등록금을 제때 내지 못해 정기고사를 치르지 못하는 일도 있었다. 돈이 부족하면 형님의 등록금을 먼저 내고 나는 뒤로 밀려 시험을 보지 못했다. 그런 경우 성적은 거의 '영점' 처리되어 중간고사와 기말고사 평균으로 산출되니 성적이 좋을 리 없었다.

통근열차가 다시 운행되자 통학을 하면서도 나는 꾸준히 공부했고, 실제 성적은 상위권이었으나 통지표에는 중간 정도로만 표시되었다.

졸업을 앞두고 고등학교 진학 원서를 냈는데, 집에서는 형님처럼 대구공고에 가길 권하였다. 그래서 대구공고 시험을 쳐 합격했으나, 담임 선생님께서 계성고등학교 진학을 권유하셔서 다시 시험을 쳐 합격하였다. 당시에는 실업계 우선 선발 후 인문계 모집이 있었는데, 나는 두 곳 모두 합격하여 계성고등학교 진학을 선택했다. 아버님은 대구공고에 가지 않은 것을 못 마땅해하셨다.

1953년 3월 26일, 계성중학교 졸업식 날. 다른 학생들은 학부모와 친지들이 함께 와 축하받았지만, 나는 혼자 졸업식을 마치고 나오며 왠지 눈물이 났다.

7. 계성고등학교에 입학하다

1953년 4월 1일, 계성고등학교에 입학하였다. 1학년 서반에 배정되었는데, 담임선생님은 영어를 담당하신 이극찬 선생님이셨다.

나중에 내가 경북대학교에 입학하여 보니, 이극찬 선생님은 정치학 전공으로 경북대학교 법대 교수로 계셨다. 즉, 영어가 전공이 아니셨던 것이다.

그 무렵 선생님께서 결혼을 하시자, 우리 반 학생들이 돈을 모아 반지를 하나 사 드리기로 했다. 반장인 이길순과 회계를 맡은 나, 두 사람이 함께 나가 조그마한 금반지를 사서 포장했는데, 큰 상자에 넣고 솜을 가득 채워 걸방(보자기)으로 싸서 들고 갔다. 조회 시간에 증정하니, 선생님께서는 속에 무겁고 큰 선물이 있는 줄 알고 받으셨다가, 교무실에 가서 열어 보시고는 크게 웃으셨다고 한다.

6·25전쟁 당시 '1·4후퇴'로 상황이 불리해지면서 통근열차가 다니지 않게 되어 다시 자취를 하게 되었다. 자취한 곳은 화원약국집으로, 위로 딸 둘은 이미 출가하였고, 딸 김태선과 막내아들 김태고가 있었다. 그들이 나에게 공부를 좀 가르쳐 달라고 하여 가르쳐 주었는데, 태선은 나보다 세 살 어리고 태고는 다섯 살 어렸다.

공부를 가르친 덕분에 태선은 제일여중에, 태고는 대구중학교에 입학하였고, 나중에는 태선이 제일여상, 태고는 대구상고에 각각 진학하였다. 그 덕분에 방세는 받지 않았다. 기차가 다니지 않을 때는 이곳에서 계속 자취를 할 수 있었다.

1953년 7월 29일, 6·25동란의 휴전협정이 조인되어 만 3년 1개월 만에 휴전이 이루어졌다. 그 후 통근열차가 다시 다니게 되었다.

겨울방학 때는 등록금을 마련하기 위하여 형님과 함께 기계로 새끼를 꼬아 팔기도 했다. 새끼틀을 준비하여 처음에는 집에 있는 볏짚으로 새끼를 꼬아 팔고, 그 돈으로 다시 볏짚을 사서 또 팔았다. 새끼 뭉치를 다섯 개씩 묶어 열 뭉치를 리어카에 싣고 가서 도정조합 마당에서 공매를 받았다. 조합 문 앞까지는 형님과 함께 갔으나, 공판장 안에는 나 혼자 들어가서 판매하고 돌아왔다. 형님은 "다른 사람이 보면 부끄럽다"며 나 혼자 가게 한 것이었다. 방학 동안 그렇게 모은 돈으로 두 사람의 한 학기 등록금을 마련하기도 했다.

고등학교 2학년이 되자 2학년 서반에 배정되었다. 담임 선생님은 화학을 담당하신 김상열 선생님이셨다. 서울대학교 약대를 졸업하신 분으로, 동산병원 약제부에도 관계하셨다. 담임 선생님의 영향으로 특별활동부에서 화학반에 들어가 활동하였다. 통학 중 오후에 시간이 남으면 과학실에 들어가 화학약품 이름을 익히고 여러 가지 실험기구를 만져보거나 실험관을 씻는 등으로 시간을 보냈다. 이러한 경험이 나중에 대학교 진학 시 화학과를 선택하게 된 계기가 되었다.

物有本末事有終始
知所先後則近道矣
錄大學經文句甲辰孟夏若山

大學之道在明德左親
民在止於至善
錄大學綱領句 若山

8. 형님이 조선대학교에 입학하다

1954년이 되면서 형님은 대구공고 기계과 3학년이었다. 진학 문제로 여러 가지 고민을 하시다가, 광주 조선대학교에서 전비장학생을 선발한다는 담임 선생님의 소식을 듣고 응시를 결심하게 되었다.

조선대학교 전비장학생으로 선발되면 학비 전액이 면제될 뿐 아니라, 기숙사에서 무료로 숙식하고 의복과 책, 그리고 다소의 용돈까지 지급받는다는 조건이었다. 당시로서는 물론이고 지금 생각해도 매우 파격적인 대우였다.

응시 조건은 학교 성적이 전교 1~2위 수준의 최 상위권이어야 했고, 학교장의 추천이 있어야 했다. 정확히는 알 수 없었지만, 형님이 통학 중에도 전교 1~2위를 다투는 우수한 성적이었기에 추천이 가능했던 것으로 보인다. 전국적으로 지원자가 많아 지역별로 시험을 보았는데, 영남지방은 대구에서 시험을 치렀다. 그 어려운 시험에 형님이 합격하였는데, 대구에서는 단 한 사람, 경북지역에서는 김천고등학교의 김청 한 사람뿐이었다.

우리 집에서는 모두 기뻐하였으나, 형님은 별로 좋아하는 기색이 아니었다. 나는 그 이유를 '서울대학교에 가지 못한 것' 때문이라 생각했다. 형님은 대구에 있는 다른 대학에 진학하고 싶어 다시 경북대학교 사범대학 사회과에 지원해 합격하기도 하였다. 당시 경대 사대 사회과는 대구 지역에서 사법시험 합격자가 많이 나오는 학과로, 경쟁률도 높고 우수한 학생들이 진학하는 곳이었다.

그러나 학비 문제 등 여러 이유로 결국 광주 조선대학교 공과대학 기계과에 전비장학생으로 진학하게 되었다. 어머님은 자주 보지도 못하고 식사며 의복이 걱정되어 몹시 아쉬워하셨다. 다행히 김수현 당숙께서 광주형무소 소장으로 계셔서, 형님은 휴일마다 당숙 댁에 들르기도 하고 나중에는 그곳에서 기거하기도 했다.

조선대학교 조 총장님의 투철한 교육 이념으로, 전비장학생 제도를 여러 차례 운영하여 우리나라 공과 계열의 우수 인재들을 길러낸 훌륭한 대학이었다.

9. 계성고등학교 3학년 졸업반이 되다

1955년 3월 2일, 계성고등학교 3학년이 되어 서반에 배정받았다. 담임 선생님은 영어를 담당하신 김이철 선생님으로, 서울사대 영문과를 졸업한 젊고 열정적인 분이셨다. 모든 일에 다른 반에 뒤지지 않으려 노력하셨고, 늦게까지 남아 학생들을 지도하셨다. 우리들이 졸업한 후에는 서울 성신여대 교수로 영전하시기도 했다.

통근열차가 다니지 않아 다시 자취를 하게 되었는데, 화원약국집에서 태선이와 태고를 가르쳐 주며 작은 부엌 안의 방에서 지냈다. 이때 약목국민학교 졸업생 중 경북중학교에 입학한 김영수 군, 경대 사대부중학교에 입학한 서중규 군이 나를 따라와 화원약국집 밖의 방에서 함께 자취를 하였다. 그들의 부모님들은 나에게 아이들을 잘 보살펴 달라 부탁하기도 했다.

그 후 김영수는 경북고등학교를 졸업하고 경북대 사대 체육과에 진학하여 졸업 후 대구교대 체육교수가 되었으며, 서중규는 사대부고를 졸업하고 경북대 의대에 진학하여 의사가 되었다.

1956년 1월, 대학 진학 문제로 고민하던 중 담임 선생님의 권유로 육군사관학교에 응시하여 1차에 합격하였다. 그러나 생가 조부님과 양가 조부님이 "사관학교는 무관(武官)의 길"이라며 진학을 반대하셨다. 억지로라도 진학하려 하자 조부님께서 담뱃대로 내 등을 때리셔서 상처가 나기도 했다.

그 후 서울대 공대 화공과와 경북대 사대 화학과 중 어디로 진학할지 고민하였다. 서울대는 다소 위험하지만 입학만 하면 가정교사 등으로 학비를 마련할 수 있고, 졸업 후 진로도 좋을 수 있었으나 합격 여부가 불확실했다. 경대 사대 화학과는 대구에는 공대가 없고 화학과는 사대에 있었기 때문에 현실적으로 고려한 선택이었다.

특히 내가 화공과나 화학과를 택한 것은 2학년 때 담임이셨던 김상열 선생님의 영향이 컸다. 서울대 진학을 생각할 때는 가정형편과 나 자신의 자신감이 문제였다. 형님도 집에 없고 나까지 서울로 가면 집안이 비게 되어 걱정도 되었다.

그래서 졸업 후 취직이 보장되고 학비가 적은 경북대학교 사범대학 화학과를 선택하였다. 입학시험을 치렀는데, 나와 비슷한 생각을 가진 학생이 많아 경쟁률이 6:1에 달했다. 커트라인도 높아 경북대에서는 의대보다 더 높았다고 한다.

그 결과, 나는 경북대학교 사범대학 화학과에 합격하였다.

3 장
청년기

1. 경북대학교 사범대학 화학과에 입학하다

1956년 2월 20일, 나는 경북대학교 사범대학 화학과에 합격하였다. 입학식은 같은 해 4월 1일에 거행되었으며, 1학년 담당 교수는 이상협 교수님으로, 전공은 무기화학이었다.

화학과에는 총 32명이 합격하였는데, 대구 시내 몇몇 학교를 제외하면 대부분 각 학교의 1, 2등 학생들이었다. 나의 학번은 4916번이었다.

등록금은 일반 대학의 절반도 되지 않았다. 사범대학생의 경우 수험료는 국가에서 부담했기 때문에 면제되었고, 기성회비만 납부하면 되었기 때문이다. 아버님께서 입학금을 마련하시느라 애쓰시는 모습을 보고, 나는 더욱 열심히 공부하여 장학생이 되기로 마음먹었다.

기차로 통학하다 보니 시간이 항상 부족했다. 대학 수업마다 필요한 교재가 있었지만 값이 비싸 구입할 수 없었고, 대신 도서관에서 책을 빌려 공부했다. 그러나 다른 학생들이 먼저 대출하는 경우가 많아 제때 빌리지 못할 때도 있었다. 그럼에도 불구하고 시간을 아껴 도서관을 자주 찾았고, 대출 담당 직원에게 미리 부탁해 남보다 먼저 책을 빌리기도 했다.

그렇게 노력한 끝에 2학기에는 장학생이 되어 등록금의 일부를 보탤 수 있었다.

1학년 때 배운 영어는 고등학교 때와는 전혀 다른 방식이었다. 김성혁 교수님께서 『다이제스트』를 교재로 사용하셨는데, 학점 따기가 무척 어려웠던 기억이 난다. 수학과, 물리과 학생들과 함께 강의를 들었는데, 첫 시험에서 10분의 1 정도만 합격했다. 대부분이 60점 언저리에 머물러 재시험을 치러야 했으며, 재시험 이후에도 일부 학생은 학점을 받지 못해 다음 학기에 다시 수강해야 했다.

화학과의 핵심 과목 중 하나는 일반화학실험이었다. 고등학교에서는 실험을 거의 할 수 없었기 때문에 모든 것이 새로웠고, 실험 결과가 정확히 나올 때면 신기하고 기뻐 시간 가는 줄 몰랐다. 기차 통학을 하며 대구역에서 경북대까지 매일 걸어 다닌 것도 이제는 좋은 추억으로 남아 있다.

1956년 5월 15일에는 대통령 선거가 있었다. 자유당의 이승만, 민주당의 신익희, 진보당의 조봉암 세 후보가 출마하였다. 신익희 선생은 5월 5일 호남 유세 중 급서하였고, 조봉암 후보가 전국을 돌며 유세를 이어갔다. 대구 유세는 경북대학교 앞 신천변에서 열렸고, 나도 학생들과 함께 참관했다. 한참 유세를 듣던 중 지루하여 신천의 돌 위에 머리를 괴고 쉬고 있었는데, 갑자기 왼쪽 얼굴이 마비되며 입이 돌아갔다. 이른바 '구안와사(口眼喎斜)' 증상이었다.

급히 기차로 집에 돌아오니 어머님께서 놀라며 대추나무로 기역자 모양의 고리를 만들어 주시고, 땀을 흘리게 하셨으나 효과가 없었다. 다시 대구로 내려가 자취하던 화원약국을 찾아가 원인을 말씀드리니 약을 지어 주셨고, 다려 먹었지만 별 차도가 없었다. 아버님께서 걱정하시며 친구 이선동 씨가 운영하던 약국에서 약을 짓고, 또 오른쪽 다리에 질경이즙을 내어 붙여 주시기도 하였다. 그렇게 며칠을 치료받은 끝에 거의 완치되었다.

2. 4H 운동을 하다

    1956년 2월, 대학에 입학한 후 심훈이 지은 소설 『상록수』를 읽으면서 마음속에 깊은 울림을 받았다.
    그 영향으로 나는 고향 남계 2동에 4H 클럽을 만들어 보겠다는 생각을 하게 되었다.
    그 길로 약목면사무소를 찾아가 당시 면장님이자 아버지의 친구이신 김진곤 면장님께 말씀을 드렸더니, 매우 반가워하시며 "약목면에서는 처음 있는 일"이라 하시며 크게 격려해 주셨다. 그리고 산업계를 담당하시던 김천조 씨를 소개해 주셨다.
    김천조 씨는 아버님과 각별한 친구 사이로, 우리 동네에서도 유지로 존경받던 분이었다.
    그분께서 4H 운동의 취지와 활동을 자세히 설명해 주시며, "왜관에 있는 칠곡군 농촌지도소를 찾아가 보라"고 권유하셨다.
    다음 날 나는 곧장 농촌지도소를 찾아가 소장님을 뵈었다. 말씀을 드리니 소장님은 무척 기뻐하시며, "칠곡군에서 군민이 자발적으로 결성하는 것은 남계 2동이 처음"이라며 칭찬해 주셨다. 그리고 필요한 모든 지원을 약속해 주셨다.
    그다음 날, 나는 다시 남계 2동의 신현극 동장님께 말씀을 드렸다. 동장님 또한 기뻐하시며, 아버님과 친한 친구이시라 두 분이 나를 불러 "잘해보라"고 격려해 주셨다.
    며칠 후, 동사무소 앞마당에서 약목면장님과 동장님, 그리고 마을 어르신들을 모시고 남계 2동 '횃불 4H' 창립총회를 열었다.
    집행부를 구성할 때 나는 회장을 맡았고, 부회장은 김태선, 총무는 배진해가 맡아 함께 운영하기로 했다.
    우리는 사업계획을 세웠다.

우리 동네를 깨끗하게 하기, 농촌의 일손 돕기, 야학을 통한 계몽운동, 불우이웃 돕기 - 이렇게 네 가지를 주요 목표로 정했다.

당시 동사무소에는 방송시설이 갖춰져 있어서, 마을마다 설치된 스피커를 통해 필요한 소식을 알릴 수 있었다. 동장님의 허락을 받아 우리 회원들에게 알림 방송을 수시로 하기도 했다.

첫 번째 사업으로, 매월 첫째 주 일요일 아침마다 동사무소 앞에 모여 마을 구석구석을 청소했다.

두 번째로는 일손이 부족한 집을 찾아 돕는 활동을 했다.

해방촌에 사시던 한 할머니께서 보리 수확을 하지 못하고 계셔서, 어느 일요일에는 회원들이 함께 찾아가 일을 도와드리기도 했다.

세 번째로는 해방촌의 빈집을 이용해 야학(夜學)을 열기로 했다. 면사무소에서 칠판 한 개를 지원받아 맨땅에 자리를 펴고 수업을 진행했다.

과목은 영어, 수학, 국어, 사회였으며, 매주 토요일과 일요일 저녁 7시부터 두 시간씩 공부했다.

토요일은 영어와 국어, 일요일은 수학과 사회를 가르쳤다.

담당 교사는 다음과 같았다.

영어·수학: 경북대학교 사범대 화학과에 다니던 나

국어: 경대 문리대 국문과의 신동철

사회: 청구대학 법과의 김옥현

처음에는 몇 명 안 되었지만, 시간이 지날수록 학생 수가 늘었다.

수업에 참여한 사람들은 초등학교를 졸업하고 중학교에 진학하지 못한 청년들이었으며, 나이와 상관없이 누구나 참여할 수 있었다.

특히 내 동생들의 친구들이 많이 왔는데, 그중에서도 영자, 영미의 친구들이 열심히 참석했다.

이 소문이 퍼지자 이웃 마을에서도 찾아오는 이들이 많아, 많을 때는 40명 가까이 되었다.

약목면에서도 그 소식을 듣고 종이와 분필 등을 지원해 주어 한층 더 힘이 났다.

이 활동은 내가 군대에 가기 전까지 꾸준히 이어졌다.

이 소식이 칠곡군 농촌지도소에 알려지면서, 다른 면에서도 우리를 본받아 4H 클럽이 속속 생겨났다.

우리 '횃불 4H'를 배우러 오는 사람들도 많았다.

이후 남계 3동과 신동에도 4H가 잇따라 만들어졌다.

칠곡군 농촌지도소는 4H를 만들고자 하는 각 면의 뜻있는 사람들을 모아놓고, 남계 2동 '횃불 4H'의 활동을 모범 사례로 소개하기도 했다. 그리하여 칠곡군 내 여러 4H가 생겨나자 칠곡군 4H 연합회가 결성되었고, 그 연합회에서 회장을 뽑을 때 내가 연합회장으로 선출되기도 했다.

그때 배운 학생들 가운데는 더 공부하고 싶다며 나를 찾아와 묻거나, 각자 다른 방법으로 공부를 이어가는 이들도 있었다.

돌이켜보면, 그 시절의 4H 운동은 나뿐 아니라 마을의 젊은 이들에게도 큰 꿈과 희망을 심어준 소중한 경험이었다.

3. 조부모님이 별세하셨다

큰아버님은 일찍이 큰어머님인 밀양 박씨와 결혼하여 사셨으나, 아들이 없이 1936년 5월 22일에 큰어머님께서 돌아가셨다. 이후 동래 정씨 큰어머님과 재혼하셨다. 아들을 몇 명 낳으셨으나 모두 오래지 않아 세상을 떠났다.

큰아버님은 답답한 마음에 여러 곳을 다니며 점을 보고 방법을 찾아보았으나 소용이 없었다. 그러던 중, "집을 옮기면 아들을 얻을 수 있다"는 말을 듣고, 동생 신자를 임신했을 때 산기가 있어 이웃집으로 가서 아이를 낳았더니 무사히 기를 수 있었다. 이후 숙자, 옥자, 성자도 같은 방법으로 다른 집에서 낳아 기르며 성장했다.

아들을 얻기 위해 집을 옮기기로 하였고, 마땅한 곳이 없어 가족회의를 거쳐 결정하였다. 그 결과, 아버님이 운영하시던 죽전의 정미소와 큰집의 논밭을 바꾸어, 큰아버님이 아들을 얻기 위해 죽전동으로 이사하기로 하였다. 1957년 봄, 바로 이사를 감행했다. 만약 큰집에서 아들을 얻지 못한다면, 내가 큰집으로 양자로 들어가야 할 형편이었다.

얼마 지나지 않아 큰아버님은 원골에 있던 정미소를 죽전동으로 옮기셨다. 그러나 같은 해, 1957년 음력 3월 30일, 생가 조부님(기옥)께서는 바라고 바라시던 손자가 태어나는 것을 보지 못하고 별세하셨다. (손자 영재는 다음 해인 1958년 11월 16일에 태어났다.) 아버님은 양자로 입적한 신분이었기에 상복은 입었으나, 작지(親子로서 의무적인 직위)는 없었다. 그럼에도 아버님은 친부모를 가까이서 봉양하지 못한 것을 깊이 후회하며 슬퍼하셨다.

아버님에 대해 잠시 살펴보면, 생가 조부님은 문화 류씨 큰할머니와 결혼하시어 1907년 6월 15일에 백부이신 종현님을 낳으셨다. 할아버님의 친형은 백부(휘 인탁) 앞으로 양자가 된 기상님과 함께 왜관에서 곡물상을 하다가 사업 실패로 빚을 지고 서로 헤어졌다. 기상님은 대구로 피신하여 도서방 고모와 용현 아저씨를 낳았고, 할아버님은 목포로 피신하여 공직에 있을 때 다른 한 할머니를 만나 숙부 복현님을 낳았다. 그 할머니가 돌아가시자, 숙부를 집으로 데리고 와 길렀다. 그리고 1912년 10월 16일, 아버님이 태어나셨다.

  할아버님은 사업 실패로 목포로 가셔서 면사무소 직원으로 취직하시고, 평택 임씨 할머니를 만나 구서방 고모 현이, 이서방 고모 숙이, 신서방 고모 복이를 낳으셨다. 아버님은 목포에서 학교를 다니다가 1928년 음력 6월 6일, 문화 류씨 할머님이 돌아가셨다는 소식을 듣고 돌아와 장례를 마쳤다. 당시 아버님의 나이는 16세였다.

  그해 아버님은 우리 집으로 양자로 들어와 약목 복성공립소학교로 전학하여 졸업하셨고, 이후 어머님과 결혼하셨다. 생가 조부님은 성주군에 취직해 있을 때 하숙집 주인의 소개로 다른 할머니를 알게 되어 명현, 장수 두 삼촌을 두셨다. 그러나 그 할머니가 돌아가시자 두 삼촌은 약목으로 데려와 평택 임씨 할머니가 길러주셨다.

  또한, 1951년 2월 18일, 6·25 전쟁 중에 생가 고모 세 분을 낳으신 평택 임씨 할머니께서 돌아가셨다. 전쟁 중임에도 많은 문상객이 찾아와 슬픔과 존경을 함께 표현했던 기억이 난다.

  생가 조부님이 돌아가신 후 얼마 지나지 않아, 양가 조부님께서 병으로 1957년 음력 5월 30일에 별세하시고, 보름 후인 음력 6월 15일에는 할머니께서 돌아가셨다. 아버님은 삼중으로 상을 입으시며 매우 힘든 시기를 보내셨다.

  그때마다 나는 상복을 입고 찾아오는 많은 문상객의 성명, 관향, 주소 기록을 붓으로 쓰게 하며 강제로 훈련을 받았다.

지금 돌아보면, 아버님은 나를 공부시키기 위해 일부러 문상객 기록을 한자로 쓰게 하신 것이었다.

그럼에도 아버님은 바쁘신 가운데서도 상복을 입으시고, 초하루와 보름마다 조부님 산소를 찾아 참배하셨다. 아버님과 어머님은 특별한 일이 없으면 아침저녁으로 상을 올리셨다. 이 모습을 바라본 집안 식구와 동네 이웃들은, 아버님과 어머님의 지극한 효심을 칭찬하고 존경하였다.

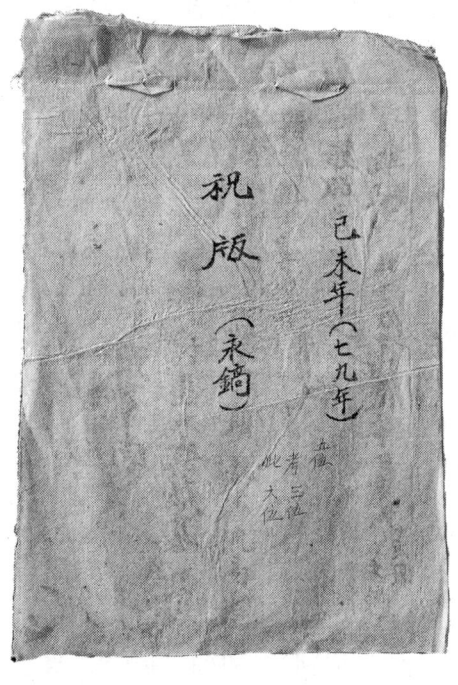

표지

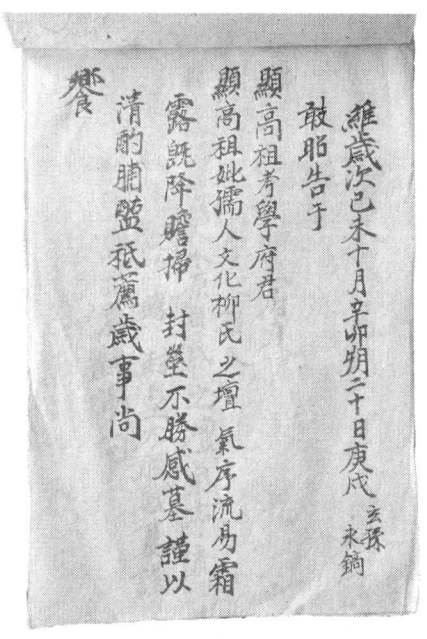

내용 일부

아버님의 유묵

4. 군대를 가게 되었다

  1958년 4월, 나는 3학년이 되었다. 우리 학과의 다른 학생들은 이미 군대를 많이 갔는데, 나는 일 년간 휴학을 하였음에도 나이가 비교적 적은 편이었다. 우리 과에는 여학생이 세 명 있었고, 오극수와 백영기는 나보다 두 살이나 많았다.
  3월, 군 입대 소집영장이 나왔다. 연기 신청을 할 수도 있었지만, 나는 군대에 입대하기로 결심했다. 그때 3학년 1학기 장학금을 또 받게 되었고, 그 돈에 조금만 보태면 1학기 등록금을 충당할 수 있었다. 만약 등록을 하지 않고 바로 군대에 가면 학도병이 되지 못하고 일반 병으로 복무해야 했다. 일반병은 3년 6개월을 복무해야 하지만, 학도병은 1년 6개월만 복무하고 빨리 제대할 수 있었다.
  그래서 장학금을 포기할 수 없었다. 부족한 금액은 친구 박붕화와 이광이 받은 장학금을 빌리고, 이학기 교수님에게도 돈을 빌려 등록했다. 나중에 집에서 갚기로 하고 군에 입대하였다. 그러나 제대할 때까지 그 돈을 갚지 못해, 박붕화와 이광이 직접 약목 우리 집까지 찾아오기도 했다. 제대 후, 두 친구에게 돈을 모두 갚고, 이학기 교수님께도 돈과 쌀 한 가마니를 가져가 미안하다는 말씀을 드리며 모두 갚았다. 하지만 졸업할 때까지 죄송한 마음은 늘 남아 있었다. 지금도 그 마음이 남아 있다.
  드디어 1958년 5월 22일, 군대 입대를 위해 대구역 광장에 집결했다. 대학생들만 모인 자리였는데, 우리 화학과에서는 나 혼자였다. 약목 친구로는 윤경율(대구대)과 조상래(청구대)가 같이 갔다. 집을 출발할 때, 어머님께서는 김밥을 싸주시고 간단한 세면도구와 내복을 챙겨주셨다. 그러고는 나를 잡고 눈물을 흘리시며 건강히 다녀오라고 당부하셨다. 우리 집에서는 나 혼자만 군대를 가니 걱정이 많으셨던 것이다. 형님은 왼쪽 팔을 다쳐 병종 판정을 받고 군대에 가지 못하셨다.

  대구역 광장에 모였을 때, 다른 집 부모님들은 대구역까지 나와 전송을 하셨지만, 우리 집에서는 아무도 오지 않았다. 특히 조상래의 부모님이 마중을 나오셨는데, 조상래는 노령에 낳은 외동아들이어서 신체가 조금 허약한 편이었다. 부모님은 나와 함께 가니 서로 잘 의지하며 다녀오라고 부탁하셨다. 그래서 우리는 정답게 함께 군대로 향했다. 조상래는 나보다 한 살 어렸지만, 초등학교는 2년이나 후배였다.

5. 논산 훈련소에 입소하다

　오전 11시경, 논산으로 가는 입대 장정을 태운 열차가 대구역을 출발하였다. 전송 나온 장정들의 일가친척과 애인, 친구들이 손을 흔들며 눈물을 흘리는 사람도 많았다. 열차 안에서도 장정 중 눈물을 흘리는 사람이 있었다. 어떤 사람들은 친구끼리 이야기하며 시간을 보내다가, 몇 시간을 지나 강경역에 도착하였다.
　우리가 도착하자, 인솔 장교가 우리를 군인으로 취급하며 꼼짝 못하게 하고 질서 정연하게 트럭에 태워 보충대로 데리고 갔다. 그곳에서 하루 밤을 보낸 뒤 신체검사를 받았다. 불합격인 장정은 귀가 조치되고, 합격한 사람들만 군번을 받았다.
　나와 함께 있던 조상래를 내 앞에 세워 서로 떨어지지 않으려 하며 군번을 받았다. 조상래의 군번은 0014277, 나는 0014278이었다. 앞의 00은 학생으로 입대한 SO군번이고, 일반인은 103…으로 군번이 나왔다. 윤경률은 등록금을 내지 않았으므로 일반 군번을 받았다.
　훈련소 내 부대 배치를 받았는데, 나는 25연대 16중대 4소대에 배치되었고, 조상래도 나와 함께 같은 소대에 배치되어 내 바로 옆자리에 좌석을 잡고 생활하였다. 조상래는 술을 좋아하여, 야외 훈련을 갈 때 그의 수통에는 술을, 내 수통에는 물을 넣고 나가기도 했다.
　우리 소대 인솔 담당 사병은 성질이 좋지 못했다. 기회만 있으면 돈을 요구하고, 심한 기압을 주기도 했다. 나중에 알아보니 그의 고향이 전라남도였다. 우리 중대의 중대장은 경북 김천 출신으로 우리에게 잘해주려 노력하는 듯했다. PRI 1단계 지도교관은 경상도 출신 장교로 우리에게 아주 잘해주어 조금 편안히 훈련을 받을 수 있었지만, PRI 2단계 지도교관은 전라도 출신 장교로 우리를 매우 혹독하게 훈련시켰고, 팔꿈치에서 피가 날 정도였다. 나중에 알게 된 사실이지만, 훈련소에서 일부러 배치가 계획되었다고 한다.

훈련 기간 동안에는 토요일 오후와 일요일 하루 동안 가족 면회가 가능했다. 첫 토요일 오후, 조상래의 부모님이 면회를 오셨다. 조상래가 먼저 호명되어 면회를 나간 뒤, 나도 호명되어 면회장에 나갈 수 있었다. 부모님은 장병의 군번과 이름을 적어 신청해야 면회가 가능했는데, 조상래 부모님이 신청해 주신 덕분이었다. 면회장에 도착하니, 고향에서 가져온 음식을 조상래와 나는 많이 먹고, 부대로 돌아오니 다른 장병들은 몹시 부러워했다. 조상래 부모님은 매주 면회를 오셨다.

그러나 우리 집에서는 훈련이 끝날 때까지 아무도 면회를 오지 않아 무척 서운했다. 훈련 마지막 토요일, 면회장에서 내 이름이 호명되었는데, 놀랍게도 형님이 왔다. 형님은 조선대학교를 다니며 졸업을 앞둔 학생으로, 방학을 마치고 약목에서 광주로 가는 길에 부모님에게 알리지 않고 혼자 간단히 빵과 과자, 음료수를 사가지고 나를 면회하러 온 것이었다. 형님을 처음 마주한 순간, 나는 눈물이 왈칵 쏟아졌다. 아무도 면회 오지 않을 줄 알았는데, 형님이 와주어 반갑고, 동시에 아쉬운 마음도 들었다. 그때도 조상래 부모님은 또 면회를 오셨다.

훈련 중 반가운 사람도 만났다. 약목 국민학교 선배이자 같은 동네에 살던 김옥배 형이었다. 우연히 친구와 이야기하던 중, 김옥배 형이 훈련소 특무대에 있다는 것을 알고, 기관사병에게 물어 연락이 닿아 만나게 되었다. 너무 반갑고 기뻤다. 다음날 훈련을 나가기 전에 중대본부에서 불러 특무대 사무실에서 하루 쉬도록 배려받았다. 특무대에서 나를 불러간 이후, 내무반 내에서도 나를 보는 눈빛이 달라진 것을 느꼈다.

훈련 기간 중 한여름이라 너무 더워, 화씨 100도가 되면 사람 체온과 같아 학과가 중지되기도 했다. 물이 부족해 어떤 훈련병은 논에 고인 물을 마셔 배탈이 나기도 했다.

훈련이 끝날 무렵, 우리 소대 담당 하사관이 전라도 출신으로 훈련병에게 돈을 빌리거나 금품을 요구하고, 여의치 않자 소대 내 소총 한 자루를 몰래 감추고 총 값을 요구하기도 했다. 우리들은 할 수 없이 돈을 모아 주었다.

훈련 종료 시, 운동장에서 훈련병들을 모아 소원수리를 받았다. 훈련 기간 중 불미스러운 일을 무기명으로 적어 내는 것이었다. 우리 소대원들이 총기 도난 사건을 적었더니, 그날 저녁 일부 소대원이 불려가 조사를 받았다. 돌아와서는 나에게 이야기하며, 중대본부에 특무대에 알리겠다고 하자, 다음날 총 값으로 받은 돈을 돌려주었다.

6. 보충병 생활

　논산훈련소에서 훈련을 마치고 부대에 배속되기 위해 배출대기소에서 발령을 기다렸다. 일반 군번을 받은 병사들이 먼저 호명되었는데, 대부분 후방으로 배치되었다. 이후에 호명된 SO 군번을 받은 병사들은 대개 일선 전방으로 배치되는 운명이었다. 우리를 태우고 갈 트럭이 도착하자, 병사들을 분산시켜 태웠고, 어디로 가는지 모른 채 하루 종일 달려 도착한 곳은 춘천에 있는 제3 보충대였다.
　하룻밤을 지내고 나니, 기관사병 한 사람이 와서 주산을 잘 놓는 사람은 손을 들라고 했다. 나는 자신 있게 손을 들었는데, 다른 한 사람도 더 있었다. 두 사람이 차출되어 2층 사무실로 가서 간단하게 주산 실력을 검사받았고, 나 혼자 합격이 되었다. 보충대에 있는 짐을 가져오게 했고, 좋은 침실과 내가 근무해야 할 곳을 안내해 주었다. 점심부터 부식이 좋은 밥을 먹고, 그날부터 사무 지시를 받으며 하루를 보냈다. 다음 날, 인사과장에게 인사를 드리고 신상명세서를 작성하여 제출했다. 인사과장이 이를 보더니, "이 사병은 SO 이기 때문에 안 된다"라고 말하며 나를 보충대로 돌려보내라고 했다. 몇 번이고 사정했지만 소용이 없어서 보충대로 돌아왔는데, 조상래가 오히려 더 기뻐하는 눈치였다.
　춘천보충대에서 다시 7사단으로 배치를 받았다. 군용 트럭에 올라타고 몇 시간을 달려 도착한 곳은 인제 원통리의 7사단 본부였다. 신고를 마치고 보충대 막사에 도착하니, 낡은 침구며 시설이 형편없었다. 제3 보충대와 마찬가지로 빈대가 너무 많아서 문틈 사이에 줄지어 있다가 밤이면 움직이는데 말로 다 할 수 없을 정도였다. 시간만 나면 빈대를 잡아오도록 했고, DDT 약을 마구 뿌려도 잘 죽지 않았다.

그 다음 날, 보충병들을 집합시키고 100여 명의 대표 내무반장을 뽑았다. 인솔 장교가 "신체 건강하고 통솔력이 있으며 구령을 잘 할 자신이 있는 사람은 손을 들라"고 하자, 나는 번쩍 손을 들고 하겠다고 말했다. 아무도 나서는 사람이 없었다. 보충병들 중에는 학도병이 약 20명 정도 있었으나, 기관 사병 심부름만 할 것이고 며칠 후면 다시 배치될 것이므로 귀찮다고 아무도 지원하지 않았다. 옆에 있던 조상래도 못하게 말렸지만, 나는 이미 차출되어서 어쩔 수 없이 내무반장이 되었다.

그 다음 날부터 아침 일찍 기상하여 사역을 나갔다. 차를 타고 약 30분 동안 가서 작업을 했는데, 바로 숯을 굽는 작업이었다. 오전에는 사병 한 사람마다 키 크기 정도의 길이와 두 손으로 잡을 정도의 굵기인 나무 5개를 베어오면 휴식을 했다. 오후에도 같은 요령으로 나무를 베어 모았다. 모인 나무를 이미 파 놓은 굴속에 나란히 세워서 위를 덮고 하루 정도 불을 붙여서 숯을 굽는 방식이었다. 숯을 굽고 나면, 싸리대를 베어 가져와 엮어서 숯을 담을 통을 만들었다. 이 통에 숯을 담아 트럭에 싣고 가는 것이었다. 이와 같은 일을 두 달 정도 한 후에 각 대대로 배속되었다. 그동안 나는 내무반장으로 사역도 면하고 보충병들의 인원 파악과 인솔을 맡아 지내니 다른 보충병보다 훨씬 편하게 지냈고, 건빵이며 부식도 남보다 많이 먹을 수 있었다. 그런데 조상래는 다른 보충병보다 몸이 좀 약해서 나는 늘 걱정하며 돌봐주었다. 때로는 나무를 하러 갈 때 나와 같이 가서 함께 해오기도 했으며, 나는 그때까지 담배를 많이 피우지 않아서 남은 것은 언제나 조상래에게 주었다.

약 2개월이 지난 후에는 다른 곳으로 작업장을 옮겼다. 우리가 하던 숯 굽는 일은 다음 보충병에게 넘기고, 우리는 좀 더 굵은 나무를 베어 제재하는 작업을 했다. 높은 곳에 있는 나무를 베어 놓으면 우리는 운반하는 일을 맡았다. 10명이 한 조가 되어서 큰 나무 둥치를 끌고 산 밑의 제재소까지 운반했는데, 오전에 한 번, 오후에 한 번씩 하는 것이었다. 나무 제재하는 일을 10여 일 한 후에 최종 부대에 배치되었다. 조상래는 5연대 1대대 1중대 1소대에 배치가 되었다. 나는 5연대 1대대 2중대 1소대에 배치되는 것을 알고 인사 담당자를 찾아갔다. 담배 한 보루를 주고 사정을 하여, 결국 조상래와 같이 1대대 1중대 1소대로 배치를 받고 함께 한 내무반에서 근무하게 되었다.

7. 연대 작전과에서 근무하다

5연대 1대대 1중대 1소대에 배치된 지 하루가 지났을 때, 중대 본부에서 연락이 왔다. 중대에 방문하니 차트를 작성할 수 있는 사병을 구한다며 연대 작전과로 가보라는 지시가 있었다. 후에 알게 되었는데, 보충병 시절 저를 인솔했던 상사가 추천하여 가게 된 것이었다.

작전과에 가니 저에게 차트를 그려보라는 임무가 주어졌다. 지시대로 작성을 마쳤더니, 곧바로 파견이 결정되어 그날부터 연대 작전과에서 파견 근무를 시작하게 되었다. 매우 편안한 환경에서 지냈으며, 식사 역시 장교 급으로 대접받았다.

그러던 중, 7사단 본부에서 화생방 교육용 교재 제작을 위해 사병 중 화학 전공자를 차출하여 보내라는 공문이 도착했다. 그 공문을 보는 순간, '내가 가야겠다'고 결심하고 작전과 장님께 말씀드렸다. 과장님 덕분에 사단 본부로 이동할 수 있었다.

사단 본부에 도착하여 신고하자 사단 작전과로 안내되었다. 작전과 안의 별도 내무반으로 안내받아 들어서니, 이미 한 사병이 기다리고 있었다. 서로 인사를 나누었고, 곧 육사 출신의 중위 한 분이 와서 앞으로 할 일을 지시했다. 그 사병은 연대 공대 화공과 3학년 재학 중 군대에 왔다고 했으며, 나와는 동급생이 되어 함께 근무하게 되었다.

약 1개월에 걸쳐 화생방 교재를 제작했다. 참고 문서는 담당 장교가 구해왔으며, 우리는 여러 문건을 참고하여 구상했으나, 자료가 빈약하여 작업에 어려움이 있었다. 나중에 이 교재가 1군 산하 모든 부대의 교재로 사용된다는 사실을 알고 나 역시 크게 놀랐다.

이 임무를 마치고 연대에 귀대하자, 연대 작전과에서는 나를 특별한 시선으로 보며 더욱 잘 대해주었다. 며칠 후면 10월 1일 국군의 날이었는데, 5연대에서 1개 소대를 차출해야 했고, 각 대대에서 인원을 선발했다. 우리 중대에서 나를 차출해야 한다는 연락이 와서 원 소속 중대로 돌아갔는데, 당장 내일 행사에 참석하라는 지시를 받았다. 이에 장구를 꾸려서 연대로 이동한 뒤 다시 사단 본부로 향했다.

　하루 동안 장구 꾸미는 법 등을 교육받고 연병장에 집합하여 장비 검사를 받았다. 당시 사단장이 직접 검열에 나섰는데, 마침 사단장이 교체되어 하갑청 소장이 전출하고 박정희 소장이 1군 작전 참모장 겸 7사단 사단장으로 부임한 직후였다. 박정희 사단장은 작은 말채찍과 같은 지휘봉으로 철저히 검사하는 모습을 보며, 군대의 기강이 이러해야 함을 깨달았다.

　박정희 소장이 7사단 사단장으로 부임한 후, 사병들의 식사 수준이 향상되었다. 한 번은 사단장이 예고 없이 일선 중대의 식사 시간에 불시 방문하여 사병들의 식사 상황을 살피고, 부족한 점은 이유를 물어 즉시 개선하도록 지시했다. 이 소식이 각 부대에 알려진 후, 사병들의 식사량과 식단의 질이 전반적으로 개선되는 계기가 되었다.

　1군 사령부에서 주최하는 10월 1일 국군의 날 기념행사를 마치고 귀대하여 다시 연대 작전과에서 근무를 이어갔다. 며칠이 지나자 1대대 1중대에서 나를 호출했다. 영문을 모른 채 중대에 갔는데, 이유도 없이 엎드리게 한 후 몽둥이로 구타하며, 중대의 허락 없이 연대 작전과에 파견 나가 있었다는 것을 이유로 들었다. 나는 사정을 이야기하고 결국 파견을 가지 않기로 했다. 실제 이유를 얼마 후에 알았는데, 우리 중대의 교육계가 갑자기 제대하게 되어 나를 불러다가 교육계를 맡기기 위해 벌인 일이었다고 한다.

8. 중대 교육계를 맡아 보다

 5연대 작전과에서 파견 근무를 마치고 1중대로 돌아와 교육계를 담당하게 되었다. 마침 1대대 작전과에 국민학교 동창인 정지묵이 있는 것을 알게 되었다. 정지묵은 전투경찰로 근무하다가 군에 입대하여 대대 3과, 즉 작전과에서 선임하사로 하사 계급장을 달고 근무하고 있었다. 실질적으로는 상등병이었지만, 대대 내 작전에 관한 업무를 처리하기 위해 작전과장의 지시로 하사 계급장을 달고 근무하는 상황이었다. 교육계에서 처리해야 할 모든 업무는 연대 작전과에서 대대 작전과를 통해 오기 때문에, 연대와 대대 작전과의 업무 흐름을 잘 알고 있던 나는 무척 쉽게 일할 수 있었다.
 1중대 중대장은 김능수 대위였는데, 중대장 숙소로 와 달라는 연락을 받고 찾아갔다. 중대장 숙소는 가정집에 세를 들어 살고 있었다. 마침 중대장의 처제가 되는 여학생이 김천에서 올라와 서울에 있는 중대장 집에서 같이 지내고 있었다. 중대장이 나를 부른 이유는 그 여학생의 가정교사로 지도를 좀 해줄 수 있겠느냐는 부탁 때문이었다. 이야기를 나누던 중 중대장이 김천 사람인 것을 알고 인사를 나누고 대접을 받으니 거절할 수 없었다. 결국 일과 후 몇 달 동안 지도를 해주었다. 몇 달 후에 중대장이 다른 부대로 이동하게 되어 가정교사 일은 그만두게 되었다. 나중에 알았는데, 운이 좋았는지 그 학생이 숙명여대에 진학했다는 소식을 들었다.
 5연대가 예비 연대에서 전투 연대로 바뀌어 전방에 배치되면서 향로봉에서 근무하게 되었다. 우리 중대가 처음에는 사단 수색 중대의 임무를 띠고 향로봉 앞의 무명고지에서 근무했다. 바로 옆 고지가 건봉산이었고, 그 사이에 무명고지가 있었는데, 우리와 교대했던 27사단의 장병 중 이곳에서 근무하다가 야간에 목이 잘린 사고가 있었다고 전해 들었다. 그러면서 근무 초소를 철통같이 지키지 않으면 목숨이 위험하다고 주의를 주었기에, 우리들은 긴장 속에서 철저히 근무에 임했다.

　얼마 지나지 않아 좋은 소식이 들려왔다. 3중대가 맡고 있던 향로봉 정상의 상황실로 이동하라는 것이었다. 처음에는 3중대가 계속 맡기로 했으나, 3중대 교육계에 사고가 발생하여 1중대와 교대하게 되었다고 한다. 우리 1중대가 향로봉 상황실을 맡게 되었고, 교육계인 나는 상황실에 근무하게 되었다. 이곳은 아주 중요한 임무를 맡고 있는 곳으로, 상황실 내에는 별도로 관측하여 보고하는 1급 비밀실이 있어 자격증을 소지하지 못한 사람은 출입이 금지되어 있었다. 나도 교육을 받아 1급 비밀 취급 자격증을 가지고 있었기에, 사단 본부에서 파견 나온 관측 장교인 중위와 함께 근무했다. 정상적인 상황일 때는 하루 세 번씩 상부에 상황을 보고하고, 비상시에는 수시로 신속하고 정확하게 보고해야 했으므로, 이 일은 무척 어렵고 정확성을 요하여 24시간 교대로 무전기에서 눈을 뗄 수 없는 곳이었다.

　얼마 지나자 업무에 익숙해져 오히려 편하고 시간이 많아졌다. 그중에서도 중대 교육계로서의 일도 봐야 했고 사무 처리도 해야 했다. 대대장의 지시로 매일 아침 각 소대에서 사역병 10명씩을 차출하여 오전 중에 잣나무에서 잣송이를 한 마대씩 따오게 했고, 오후에도 한 마대씩 따오게 했다. 며칠 모아서 불에 구워 잣을 까서 모아두었다가 대대에서 가져가 팔아 대대의 후생 사업으로 사용했다. 수확한 잣을 보관할 창고가 없어서 우리 관측실에 임시로 보관했는데, 관측 장교와 나는 다른 사람 모르게 잣을 베치카(벽돌 난로)의 열로 구워 많이 먹기도 했었다. 그러던 중에 사병이 잘못하여 지뢰를 밟아 사고가 난 적도 있었다.

향로봉에 근무하는 병사들은 겨울 내의를 반납하는 일이 없었다. 한여름에도 추워서 입어야만 했었다. 겨울이 시작되면 9월 말부터 눈이 오고 얼음이 얼기도 했다. 가을에 사라호 태풍이 와서 소란일 때도 이곳은 추워서 내의를 입고 있었다. 겨울에는 눈이 너무 많이 와서 밤새도록 제설 작업을 해야 했는데, 눈이 쌓이고 또 쌓여서 삼각 막사의 지붕 끝이 눈에 닿아 건물을 분간할 수 없을 정도였다. 그러던 어느 날 저녁, 계속 눈이 내리는데 밤에 제설 작업을 마치고 다음날 아침 인원 점검을 하니 사병 한 사람이 없었다. 비상사태가 발생한 것이었다. 전원이 나서서 사람을 찾았으나 찾을 수 없어서 다시 눈 속을 수색하니, 언덕 아래에 떨어져 동사한 것을 발견하고 온 부대가 큰 소동이 일어났다. 이 사병을 전사자로 처리한 적도 있었다.

  군대에 근무하는 중에 두 번의 휴가를 다녀왔는데, 휴가 명령이 나면 이보다 더 기쁜 것이 없어 마음은 먼저 집에 와 있는 듯했다. 처음 휴가를 왔을 때, 청량리역까지 부대 트럭으로 실어다 주면 군용 열차를 타고 밤새도록 달려 대구역에 도착했다. 군인들만 개찰하는 RTO를 통해서 나오는데, 누군가가 내 이름을 부르는 것이었다. 돌아보니 고등학교 동창생인 홍종락이 헌병 중위 계급장을 달고 나를 부르는 것이었다. 옆 사무실에 가서 이야기하고 나왔는데, 홍종락은 간부 후보생으로 입대하여 헌병 병과를 받아 대구 16 헌병대에 배치되어 있었다.

  휴가 중에 아버님의 심부름으로 공주형무소 소장으로 계시던 종숙부(수현)님을 찾아뵈러 갔었다. 종숙부님께서는 광주형무소 소장으로 계시다가 그해 공주형무소 소장으로 오셨는데, 아버님이 공주형무소 내에 솜 타는 기계를 놓아주기로 하셔서 내가 공주로 심부름을 간 것이었다. 그날 저녁에 작은 일이 있었다. 우리가 저녁을 먹고 있는데, 모르는 낯선 사람이 찾아오더니 큰 보자기를 주고 간 것이었다. 얼마 후에 종숙부님이 돌아오시어 종숙모님께 이것이 무엇이냐고 물어보시고는 큰 야단이 난 것이었다. 알지도 못하는 사람에게서 받는 것은 반드시 무슨 사연이 있으니 당장에 이것을 본인에게 돌려보내라고 하셨다. 그래서 사람을 시켜 돌려보내는 것을 보고, 나는 마음속으로 공직 생활은 이렇게 하는 것이 맞는 일이라고 생각하며, 나도 나중에 공직에 있을 때는 이런 마음을 가져야겠다고 다짐했다.

휴가에서 돌아가서 얼마 되지 않아 중대 선임하사가 나를 부르더니 사단에서 보급품을 수령하러 갔다가 오라는 것이었다. 보급계가 휴가를 갔기 때문에 내가 가서 대신 수령해 와야만 했다. 사단 본부에 가서 보급품을 싣고 진부령 고개를 넘는데, 갑자기 보급품을 싣고 가던 자동차가 좁은 비탈길을 내려가다가 미끄러져서 몇 길이나 되는 낭떠러지로 굴러떨어졌다. 자동차 뒤 보급품 위에 타고 가던 나와 사병 두 명이 낭떠러지로 굴러 같이 떨어져 순간적으로 정신을 잃고 나무뿌리 덩이를 잡고 있었는데, 다행히 운전병과 인솔 장교 포함 5명 모두 약간의 찰과상만 입고 큰 부상자가 없어 천만다행이었다.

1959년 여름을 지나서 우리 연대가 예비 연대가 되어 고성으로 이동을 했다. 이때 우연히 부대 앞에서 우리 부대로 전입 온 김택현 아저씨를 만나기도 했다. 우리 중대 보급계를 보던 유 병장이 제대를 하게 되었다. 보급계 조수로 일하던 조상래가 선임하사 입회하에 인수인계를 받았는데, 보급계 유 병장이 제대하여 가고 난 후에 중대장의 지시로 다시 점검을 하니 보급품이 대공포판 등 많이 부족하여 큰일이 났다. 조상래가 인수인계를 받았으므로 조상래의 입장이 곤란하게 되었다. 며칠 후면 사단에서 일체 검열이 예정되어 있어 사태가 심각했다. 중대장의 지시로 나와 선임하사가 출장을 가게 되어 유 병장의 고향인 전남 순창을 급하게 달려갔다. 아직 유 병장은 도착하지도 않았고 물품도 보이지 않아서 유 병장 집에는 아무 말도 하지 않고 이틀 밤을 지낸 후에 다시 유 병장 집에 갔더니 큰 짐 두 뭉치가 도착하는 것을 보고 있었다. 늦게 유 병장도 도착하는 것이었다. 유 병장을 만나자 죽이고 싶을 만큼 화가 났지만 막상 만나고 보니 할 말을 잊고 있었다. 짐을 풀어보니 여름 군복 5벌이 없어지고 나머지는 그대로 있었다. 그 속에는 대공포판도 들어 있는 두 뭉치의 짐을 찾아 돌아올 수 있었다.

얼마 후에 내가 제대한다고 하자, 중대에서 인심을 잃지 않았는지 중대 선임하사가 회식 준비를 위해 속초에까지 오징어를 사러 갔었다. 태어나서 처음 속초 바닷가를 가보고 오징어가 이처럼 많은 줄 몰랐다. 준비해 간 돈으로 오징어를 사니 세 바구니나 되어 부대에 와서 멋진 회식이 되기도 했다.

1959년 11월 22일, 기다리던 제대하는 날이 왔다. 중대장님에게 제대 신고를 하는데, 중대장이 나를 붙잡아 안고 한참 동안 말을 잇지 못하며 아쉬워하면서 나를 보내주었다. 내가 근무하는 동안 우리 중대에서 수많은 병사들이 제대를 해도 이와 같은 일은 없었는데, 나와는 특별히 많은 큰일을 함께 하면서 사고가 있어도 서로 믿고 맡겨주어 말없이 처리해준 관계가 있었기 때문이었다. 두 명의 사병이 사망한 후의 사고 처리와 보급품 도난 사건 등을 나와 상의하여 무난히 처리했던 일들이 중대장과 나 사이에 서로 믿음이 있었기에 무사히 처리할 수 있었다는 기억이 난다. 나와 조상래는 끝까지 같이 근무하고 같이 제대를 하여 부대에서 제공해준 자동차를 타고 서울에 도착하여 조상래와 헤어졌다. 나는 서울 형님에게 가서 만나보고, 조상래는 바로 약목으로 향했다. 중대장과는 서로의 인연을 잊지 못하여 제대한 후에도 몇 번 편지를 주고받기도 했었다.

9. 제대를 하고 돌아오다

　1959년 11월 22일에 제대하여 처음으로 찾아간 곳은 서울에 근무하고 있던 형님 댁이었다. 형님은 광주 조선대학교 공과대학 기계과를 졸업하고 대학원에 진학하여 그 대학의 교수로 남기를 대학 측에서 원했었다. 전액 장학생으로 4년 동안 공부를 시켰으니 당연히 요구할 수 있는 일이었으나, 형님은 집안 사정을 이야기하며 산업계로 나가기를 간절히 원했다. 결국 대학에 남지 않고 산업체로 가기로 결정하여 서울의 기아산업주식회사에 입사해 와 있었다.

　그때 형님이 하숙하던 집이 지금의 우리 형수님 댁인데, 하숙집에서도 형님이 워낙 점잖고 성실한 것을 보고 나중에 사윗감으로 생각했던 것이다. 하루를 쉬는 동안 밖에 나가 주위를 산책하고 돌아오다가 아주 예쁜 처녀를 만났는데, 그분이 지금의 우리 형수님이 될 줄은 당시에는 전혀 눈치채지 못했다. 그때 형수님은 양재학원 선생님으로 근무하고 있었다.

　내가 집으로 돌아가려고 하자, 내 모습이 너무 초라해 보였는지 형님이 아끼던 단 하나뿐인 새 양복을 동생인 나에게 제대 선물로 주는 것이었다. 나는 사양했지만, 형님이 말씀하시기를 "나는 이제 봉급도 받고 하니 새로 양복을 맞추어 입을 수 있지만, 너는 이런 양복을 맞추어 입기가 쉽지 않을 것이다"라고 하시면서 나에게 주셨다. 나는 그 양복을 입고 약목의 집으로 돌아왔다.

　며칠 후, 입대하기 전에 친구들(박붕하, 이광)과 이학기 선생님에게 빌렸던 돈을 갚기로 했다. 제대할 때 받은 돈과 형님에게서 받은 돈에 집에서 고추를 판 돈 등을 모아 갚기로 했다. 친구들에게는 약간의 돈을 더 보태어 전했고, 이학기 교수님께는 쌀 한 가마니를 사서 가지고 간 기억이 난다. 지금도 두 친구와 돌아가신 이학기 교수님께 고맙고 미안하다는 생각이 든다.

아버님께서는 남계동에서 작은 떡방아간과 타면기를 설치하여 운영하시던 집을 영수 형님께 팔고, 복성동에 정미소를 새로 짓기로 하셨다. 복학하기까지 시간이 있어서 나는 공장을 짓는 일을 도왔다. 공장의 대들보로 쓸 나무가 마땅치 않아 남계 3동 두만리 산에 가서 나무 몇 그루를 사 가지고 베어 오려고 했다. 낮에는 싣고 오면 경찰서에서 단속하므로, 해질 무렵 남계동에 살던 박 씨와 내가 소 달구지를 몰고 산에 가서 대들보가 될 나무를 싣고 오다가 어둡고 길이 험하여 달구지가 넘어졌다. 소와 달구지, 그리고 두 사람이 넘어졌으나 아무도 다치지는 않았다. 다시 일으켜 세우기가 힘들어 고생하고 있는데, 집에서 기다리던 아버님이 우리가 늦게까지 오지 않자 걱정이 되어 손전등을 들고 일꾼 한 사람을 데리고 찾아오셨다. 다행히 아버님 덕분에 무사히 집에까지 돌아올 수 있었다.

그 후, 우리들은 직접 벽돌을 만들고 공장을 지었다. 기계를 사 가지고 와야 하는데 돈이 없어서 박 씨에게 곡식을 빌렸다. 나중에 곡식에 이자를 붙여 갚기로 하고 빌린 곡식으로 기계를 사고, 남계동의 집을 팔아 비용을 충당하여 공장을 완성했다. 살림살이도 복성동으로 옮기면서 새로운 삶이 시작되었다.

얼마 후에 공장 인허가가 나와 운영하게 되었는데, 일할 사람이 마땅치 않아 영위 형님이 함께 일을 하기로 하면서 정미소를 운영하게 되었다.

10. 경대 사대 화학과에 복학하다

　1960년 3월, 나는 경북대학교 사범대학 화학과 3학년으로 복학했다. 복학 수속을 밟는데, 2년 전에 납부했던 등록금보다 인상된 차액을 추가로 더 내야만 했다. 그때의 생각으로는 군대에 가기 전에 굳이 등록을 했던 것이 아무 의미가 없다는 후회가 밀려왔다. 물가가 오르고 등록금이 많이 인상되어 전에 등록한 것은 큰 혜택이 없었다. 나의 경우, 남의 돈까지 빌려서 등록하고 군대에 가서 고생한 후에야 갚았기 때문에 더욱 후회스러웠다.
　군대에 갈 당시에는 제대 후 복학을 하려면 미리 등록하고 간 학생에게만 복학 자격이 주어진다고 했었다. 하지만 제대하고 보니, 등록하지 않고 군대에 간 사람도 모두 등록만 하면 복학이 가능했다. 또한 학도병으로 가지 않고 일반 병으로 입대하여 후방에서 특수 병과를 받아 편하게 지내던 사람들도, 각 부대에서 학도병으로 신청만 하면 학도병으로 인정받아 1년 반 근무 후에 제대하고 복학할 수 있었다. 이러한 상황을 보면서 원칙대로 따른 사람만 손해를 본다는 생각이 들었다.
　수강 신청을 하는데, 우리보다 2년 후배들과 함께 강의를 들었다. 나와 같이 제대하고 함께 수강하는 사람은 세 명이었는데, 우리는 서로를 '제대 파'라고 부르면서 학교에서 특별 대우를 받았다.
　나는 기차로 통학했는데, 통근 열차에 학생들이 너무 많아 여러 가지 문제가 발생했다. 결국 통근 열차별로 학생 대표를 뽑게 되었는데, 김천 방면 통학생 대표를 뽑을 때였다. 나도 모르는 사이에 왜관에서 통학하던 화학과 2년 후배 김효선이 나를 추천하여 억지로 통학생 대표가 되었던 기억이 난다.

학기 초, 학생들이 등록금을 가지고 등교할 때가 많았다. 하루는 여학생 한 사람이 다급하게 울면서 통학생 대표인 우리를 찾아왔다. 등록금을 잃어버렸다는 것이 이유였다. 그때 통근 열차 안에는 소매치기가 많아서 종종 분실물이 생겼는데, 이 학생도 소매치기에게 당한 것이었다. 마침 같이 통학하던 힘이 센 체육과 김영수 군 등이 함께 타고 있어서, 열차 내 소매치기의 두목쯤 되어 보이는 사람을 찾아오게 했다. 통학생 대표로서 내가 사정 이야기를 하고 돈을 찾아줄 것을 부탁했더니, 그 소매치기도 양심이 있었던지 대구역에 도착할 때쯤 되어 그 돈을 가지고 와서 학생에게 돌려주기도 했다. 이런 일이 있고 난 후에는 학생들의 분실물이 많이 줄어들었다.

학교에서 돌아오면 아버님이 정미소에서 일을 하셨는데, 방에서 공부만 하고 있을 수가 없었다. 저녁 식사 후에는 아버님을 도와드렸고, 때로는 혼자서 공장 일을 처리해야만 했다. 일이 많을 때는 밤을 새워가면서 정미소 일을 하고, 잠도 제대로 자지 못한 채 아침 일찍 밥을 먹고 통근 열차를 타고 학교에 가기도 했다.

11. 4·19 혁명이 일어나다

  1960년 2월이 되면서 자유당 정권의 부패가 극에 달하자, 대구에서 경북고등학교 학생들과 시내 학생들이 자유당 정권의 부패를 규탄하는 2·28 학생 의거를 일으켰다. 이 의거는 4·19 혁명의 도화선이 되었고, 이후 전국 곳곳에서 시위가 발생했다. 대구에서도 일부 시위가 있은 후, 4월 19일에는 서울의 대학뿐만 아니라 전국 대학생들이 대규모 시위를 벌였다.
  경북대학교에서도 시위가 이어졌고, 사회 전반이 무질서해지자 일부 깡패들이 경찰서나 파출소 등을 파괴하는 사태까지 발생했다. 이에 학생들이 파출소를 지키고 치안을 유지하는 선무반이 조직되었다. 우리 사범대학 이과의 제대한 학생들은 달성경찰관 파출소를 담당하는 선무반이 되어 완장을 차고 며칠 동안 파출소에서 근무했다. 우리가 도착하기 전에 이미 파출소의 유리창은 깨져 있었고, 경찰관은 한 사람도 없었다. 얼마 후 사복 차림의 한 남자가 나타나 조용히 "내가 파출소 소장인데, 기물과 장비들을 잘 관리해 줄 것을 부탁한다"고 말하고 떠났다. 우리는 무사히 파출소를 지키며 근무를 마쳤다.
  이후 대구 시내가 조용해지자, 학생회에서는 각 출신 시·군에 가서 선무 활동을 하기로 결정했다. 우리 칠곡군 선무반장으로 내가 지명되어, 칠곡군청에 가서 파견 취지를 설명했다. 그리고 왜관읍사무소와 경찰서 등을 순회한 후, 다음 날이 약목 장날이므로 약목으로 가기로 하고 해산했다.
  다음 날은 약목 장날이라 사람들이 많이 모였다. 우리 선무반은 먼저 약목면사무소를 찾아가 김진곤 면장님을 뵙고 인사를 드렸다. 김진곤 면장님은 아버님과 두터운 친구 사이셨고 나도 잘 알고 있던 분이어서, 우리를 대구에서 온 칠곡군 담당 선무반이라고 소개했다. 그리고 확성기와 마이크를 빌려줄 것을 부탁드리니, 면장님께서 적극적으로 협조해 주셨다.

  우리는 확성기를 약목 장터 옆 다리 위에 설치하고, 함께 참여한 선무반 학생들(나와 신동철, 김효선, 신순식, 김영수 외 3명)을 모인 청중에게 소개했다. 이어서 반장인 내가 마이크를 잡고 현재의 시국 현황을 설명하고, 다 같이 안심하고 평화롭게 살기를 바란다는 당부를 전했다. 약목에서의 행사는 이것으로 끝이 났다. 다음 날에는 북삼면으로 이동했다. 북삼면에서도 면사무소를 찾았지만, 사람들이 모이는 장소가 마땅치 않아 그대로 경찰 파출소와 여러 곳을 돌아보고 오는 것으로 활동을 마쳤다.

  우리들의 선무 활동은 며칠간 계속되었다. 학교에 갔더니 강의도 대부분 휴강 상태였고, 운동장에서는 선무반으로 활동하던 학생들이 각 지역의 여러 가지 현황을 수합하여 토론하기도 했다.

12. 교생 실습을 하다

　1961년 4월, 신학기가 시작되면서 교생 실습을 나가게 되었다. 먼저 초등학교에서 교생 실습을 했는데, 경북대학교 사범대학 부속 초등학교 4학년 1반에 배치되었다. 4학년 1반 담임 선생님은 여선생님으로, 다른 과목들은 참 잘 지도해 주셔서 교생들 모두 만족했지만, 체육 과목은 여선생님이 잘 지도하지 못하므로 교생들에게 나누어 수업을 하도록 했다.
　그러던 어느 날, 한 교생이 체육 시간에 철봉에 매달려 도는 운동을 시키다가 학생이 땅에 떨어져 팔을 심하게 다치는 사고가 발생했다. 교생들과 선생님은 깜짝 놀라 다친 학생을 업고 병원에 가서 치료를 받게 했고, 학부모를 만나 사과했다. 이 사건 이후, 교감선생님이 실습 나온 교생 전원을 불러 모아 학생 지도의 어려움에 대해 강의를 했고, 우리는 교직이 얼마나 어려운지 깊이 느끼게 되었다.
　다음은 고등학교 교생 실습 차례였다. 인문 계열 학생들은 경대 사대 부속 고등학교에서 실습했고, 우리 자연 계열 학생들은 대구공업고등학교에서 교생 실습을 하게 되었다. 화학과 교생들은 장천실 선생님의 지도로 화학 수업을 진행했다. 교생 실습이 끝날 때면 공개 수업을 하게 되어 있었는데, 교생 전체의 연구 수업을 할 대표를 정하는 과정이 있었다. 매년 돌아가면서 했으므로 이번에는 화학과에서 공개 수업을 해야 할 차례였다.
　화학과 교생 중에서 대상자를 정해야 했는데, 나는 그날 약목에 있는 우리 정미소에서 밤에 일을 하다가 손을 다쳐 하루 결석을 하게 되었다. 그런데 하필 그때 공개 수업을 할 교생을 정했다고 하며, 결석한 나를 교생 대표로 연구 수업을 하도록 정해 놓았다. 다음 날 내가 출석하니 장천실 선생님이 나를 불러 놓고, 내가 가장 적임자로 정해졌으니 준비를 하라고 하셨다. 나는 그 말을 듣는 순간 할 수 없다고 말씀드렸으나, 모든 학생들이 추천한 것이니 번복할 수 없다며 수업을 잘 해달라고 부탁하셨다. 나는 출석도 하지 않았는데 나를 정한 것은 부당하다고 항의했지만, 수정되지 않고 그대로 수업을 해야만 했다. 집 정미소 일을 돕다가 생긴 일이라 더 이상 항의할 수도 없어 그대로 준비하여 수업에 임했다.

이과 전공 4개 학과(수학과, 물리과, 생물과, 화학과) 교생 약 100명의 대표로 내가 수업을 하게 되면서 준비 과정이 너무나 힘들었다. 교재에 따른 실험 준비물인 괘도와 필요한 약품 등을 준비하는 데 화학과 교생들이 도와주었으나 고생을 많이 했다. 처음 짜보는 수업 교안도 내 혼자 만들어 지도해 주시던 장천실 선생님의 수정을 받았지만, 미숙한 점이 많아 몇 번을 고쳐서 겨우 완성했다. 수업 내용은 '물의 전기 분해 실험' 단원으로, 비교적 쉽게 수업할 수 있으리라 자신하고 수업을 시작했으나 어려움이 많았다.

첫째, 처음 공개하는 수업이라 긴장이 많이 되었다. 둘째, 참관자가 너무 많아서 당황하고 떨렸다. 참관하는 사람들은 교생 약 100여 명, 대구공고의 교생 지도 교사 등 약 20명, 경대 사대의 이과 지도 교수 약 20명 등이나 되었다. 셋째, 수업하는 장소가 교실도 실험실도 아닌 강당에서 진행되어 너무 떨렸고, 마이크 없이 육성으로만 하니 사람이 많아 잘 들리지도 않았다. 심지어 수업 내용도 알고 있는 것인데도 질문에 답을 잘 못했던 기억이 난다.

1961년 가을에 형님이 결혼을 했다. 서울에서 결혼식을 올렸으므로 많은 사람이 참석하지 못하고 친척들만 참석했던 기억이 난다.

13. 경대사대화학과를 졸업하다.

 1962년 2월 24일이 되어서 4년 동안 다니던 화학과를 졸업하게 되었다. 그러나 모두들 기분이 좋지 않았다. 이유는 각급 학교로 발령이 나지 않는다는 것이었다. 몇 년 전까지만 하여도 교사가 모자라서 준교사 교육을 시켜서 임용발령을 내 주었으나 지금은 예상을 잘못하여 사대 졸업생도 임용 발령이 나지 않는다는 것이다. 졸업을 앞두고 발령받기를 희망하는 도를 신청을 받았는데 경북을 지망하는 사람이 너무 많아서 성적순으로 정하였다. 30명의 졸업생 중에서 나는 성적이 3위를 하여 5명을 뽑는 경북을 다행히 배정받을 수 있었다.

 그러나 1위인 한 사람만 발령이 나고 나머지는 발령대기 상대여서 임용되지 못하고 집에서 대기하고 있었다. 강원도 전라도 충청도 경상남도를 배정받은 졸업생은 대부분 배정을 받았다. 좋지 않는 곳이라고 배정받기를 꺼리던 도에서 발령이 더 잘 나는 것을 보고 후회하기도 했었다. 그러나 사립학교에 가는 것은 생각도 못하고 오직 공립학교에 발령받기를 고대하고 매월마다 도교육청에 가서 문의를 하면 조금만 기다리라고 하는 것이었다. 또 다음 달에 가서도 같은 대답만 있을 뿐이었다.

 교육청에 있는 사람들의 이야기를 들어보면 아는 사람을 통해서 약간의 사례를 하면 가능하다는 이야기를 듣고 집에 와서 상의하였으나 별로 해결책이 나오지 않았다. 그래서 왜관에 계시는 고모님을 찾아가서 도와 돌라는 직접적인 이야기는 하지를 안 하고 의사를 물어보았는데 거절을 당하고 돌아오면서 낙동강 인도교 위를 걸어오면서 여러 가지 생각이 났는데, 심지어 강에 뛰어내릴 생각도 했었다. 어리석은 생각이었으나 우연히 나온 짓이라는 것이나 짧은 생각에는 있을 수 있는 것이라고 생각된다. 그때 보다 얼마 전에 왜관 고모의 둘째 아들인 장순규가 자살을 하였다. 장순규는 나와 동갑으로 나보다 생일이 조금 빠른 것으로 알고 있는데 자랄 때는 서로 만나면 왜관과 약목이 어디가 좋은지를 자랑하면서 서로의 학교성적도 서로 경쟁하고 지나온 사이로 우리 집보다 형편이 좋았고 또 나는 어릴 때부터 집안에서 진학시키지 않으려고 하는 차이로 나는 계성중학교에 진학하고 순규는 경북중학교에 진학하고 고등학교도 나는 계성고등학교를 진학하고 순규는 경대사대부고를 진학하였다. 언제나 나는 순규와 선의의 경쟁 상대였다. 그러나 대학교는 나는 경대사대화학과를 가고 순규는 경대법대 법학과를 가고 나서도 우리 두 사람 사이의 경쟁은 계속되었다. 그러던 어느 날 학교에 가는데 왜관에서 같이 통학하던 학생 한 사람이 나에게 순규가 자살했다는 소식을 전해주어서 급히 왜관에 와보니 사실로 자살하였던 기역이 난다. 순규는 군대를 그때까지 가지를 않고 얼마 후에 군대에 가기로 영장이 나와 있었던 것이었다.

순규는 자살하기 전에 신부님께 편지를 써서 보냈는데 신부님이 늦게 편지를 보니 자살하겠다는 내용이 있다고도 하나 정확한 내용은 아무도 모르고 일을 당한 것이었다. 그 후에 왜관 고모를 뵙기가 어려웠고 일 년이 지나도 그 생각이 나는 것이었다. 그래서 고모를 찾아간 것이 나의 잘못임을 알고 나중에는 그렇게 아니 하기로 생각했었다.

14. 여동생 영자의 결혼

 1962년 가을, 여동생 영자가 결혼하게 되었다. 어느 날 아버님이 나를 부르시더니 "동생 영자부터 시집을 보내려고 한다"고 말씀하셨다. 아는 사람의 소개로 좋은 신랑감이 있다며, 이미 신랑감을 보았으니 혼사를 정하기 전에 네가 한 번 만나보고 오라는 것이었다.
 시키시는 대로 대구에 내려가 다방에서 신랑감인 송석우를 만났는데, 내가 보기에는 마음에 흡족하지 않았다. 만나보고 집으로 돌아와 아버님께 솔직히 말씀드리며 강력하게 반대했다. 어머님도 내 말을 듣고 불가하다고 하시어 온 집안이 소란스러워졌다. 내가 워낙 강력하게 반대하자 아버님은 마당에 세워두었던 **빨랫줄** 받침장대로 나를 때리려 하셨고, 나는 뒷골목으로 도망치는 일까지 있었다.
 그러나 아버님의 고집을 아무도 꺾을 수 없어서 결국 혼인이 그대로 이루어졌다. 약목의 집에서 구식으로 결혼식을 마쳤는데, 오랜만에 우리 집에서 결혼식이 열리니 주위 사람들과 친척들이 많이 참석하여 성황을 이루었던 기억이 난다.
 결혼식을 마치고 이틀 후, 동생을 시집으로 보냈다. 아버님은 당신은 갈 수 없으니 나에게 디올(연화동)까지 동생 영자를 데려다주는 상객으로 다녀오라고 말씀하셨다. 어쩔 수 없이 인솔자 자격으로 길을 나섰다. 디올에 도착하니 여러 사람이 마중 나와 우리 일행을 맞아주었다. 그대로 돌아오려고 생각했지만, 적극적으로 만류하는 바람에 그곳에서 하룻밤을 묵었다.
 다음 날 아침, 동생과 작별하는 이별의 예의 상을 받고 마주앉았다. 나는 앞으로 너는 송씨댁 식구가 되니 약목 집은 생각하지 말고 잘 살라고 당부했는데, 자꾸 눈물이 나오는 것이었다. 눈물이 난 이유는 세 가지 때문이었다.

첫째, 디올 송석우의 집이 우리 집보다 형편이 넉넉하지 못해 동생이 고생할 것을 염려했기 때문이다. 둘째, 동생이 어려서부터 너무 고생을 많이 했다는 점 때문이었다. 죽전에서 공장을 할 때 초등학교를 졸업한 어린 동생이 공장 일꾼들의 식사를 만들고 온 살림을 도맡아 살았다. 셋째, 오빠인 우리들을 공부시킨다고 정작 동생은 중학교도 진학하지 못하고 이곳으로 시집왔다는 사실 때문이었다.

인사를 마치고 그 집 대문을 나와 걸어오는데 눈물이 펑펑 쏟아졌다. 뒤돌아보니 동생도 울고 있는 것이 아닌가. 나는 어떻게 하든지 동생을 도와주어야겠다고 다짐하면서 돌아왔던 기억이 선명하다.

아들 송준호, 송준하, 딸 송준아, 송준영이 있다.

15. 쌀로 만든 티밥을 만들어 팔다

1962년 가을이 되도록 교사 발령이 나지 않자, 나는 아버님을 도와 정미소 일을 하고 있었다. 그때 박인서의 자형이 되는 이 서방이 대구 대신동에서 제과점을 하고 있었는데, 우리 집에 왔다가 돌아가면서 나에게 쌀로 튀밥(티밥)을 만들어 팔면 상당한 이익이 생길 것이라고 귀띔해 주었다.

이에 나는 정미소 일을 하는 틈틈이 쌀을 떡 만드는 보일러에서 나오는 증기로 쪄서 말린 다음, 대구에 가지고 가서 튀밥 기계에 넣어 튀겨서 파는 일을 계획했다. 이 일을 시작하면서 아버님께 구체적인 상의도 없이 나 혼자의 생각으로 일을 벌였다. 아버님께서는 그다지 환영하시지는 않았지만, 내가 하는 일을 적극적으로 말리지도 않으시고 지켜보셨다. 교사 발령도 나지 않고 기다리는 중이니, 경험 삼아 해보도록 내버려 두신 것이다.

이 일을 위해 나무로 건조용 채반을 50개 정도 만들고, 쌀을 찔 솥도 새로 마련하여 온 식구가 매달려 일을 했다. 첫 번째 물건을 만들어 자동차에 싣고 대구에 도착하자, 이 서방은 나에게 직접 과자 생산 공장에 가져가서 튀밥을 튀겨오라고 했다. 그런데 쌀을 잘못 말려서 습기가 남아 있는 바람에 좋은 튀밥이 되지 못했다. 결국 제값을 받지 못하고 약간의 손해를 보았다.

돌아오는 길에 이 서방 자형을 찾아가서, 나는 튀밥 만들 쌀만 공급하면 되는 줄 알았는데 내가 직접 강정을 만드는 과정까지 하게 하는 것은 잘못된 것이라고 항의했다. 그러자 자형은 나에게 조금이라도 더 이익을 보게 하기 위해서였다고 해명했다. 나는 앞으로 더 잘 만들어서 가져오기로 약속하고 돌아왔다.

그다음부터는 시설을 보완하고 건조 방법을 개량했더니, 짧은 시간에 상당히 좋은 제품이 많이 생산되었다. 이것을 차에 싣고 가서 제품을 만들어 팔아 어느 정도 수입이 있었다. 그래서 보다 더 많은 양을 만들어 가지고 가서 팔기도 했다.

그러나 그 후 얼마 지나지 않아 정부에서 쌀로 과자를 만드는 것을 금지하는 조치가 내려졌다. 결국 많은 양을 해보지도 못하고 시설 투자에 쓴 돈만 남았던 기억이 난다.

이것은 내가 태어나서 처음으로 사업을 해보았다는 의미가 있었고, 작은 사회생활의 경험이 되었다. 구체적인 계획 없이 무작정 시작하여 시행착오를 겪고 나서, 앞으로 무엇을 하더라도 정확히 계획을 세워서 해야겠다는 귀한 교훈을 얻었다.

訥於言 敬於行

有志者 事竟成

16. 정미소 일을 돕다가 부상을 입다

대학교 졸업 후 집에 머무르는 동안에는 주로 정미소 일을 맡아 했다. 인부를 한 사람 쓰기도 했으나 내가 집에 있으니 인부가 필요 없게 되었다. 아버님이 정미소 일을 보지 못하실 때면 나 혼자서 일을 처리했다.

우리 집 정미소에는 정미기(쌀 찧는 기계), 정맥기(보리 찧는 기계), 제분기(밀가루 만드는 기계), 떡 만드는 기계, 타면기(솜 타는 기계) 등 다양한 기계들이 있었다. 가을에는 주로 정미기를 돌렸고, 여름에는 정맥기와 제분기를, 명절 때는 떡 만드는 기계가 주로 사용되었다. 가을이 되면 종종 솜 타는 일을 하러 오는 손님도 있었다.

하루는 천장에서 돌아가는 큰 바퀴가 헛돌아서 사다리를 타고 올라가서 틈에 끼우는 쇠(스피루)를 박고 있었다. 이것이 잘 들어가지 않아 힘껏 쳤더니, 쇠 조각이 튀어 내 왼쪽 눈에 맞았다. 눈이 보이지 않고 눈알에 피가 비치는 것 같아 급히 병원으로 달려갔다. 의사는 잘못하면 실명할 수 있으니 잘 치료해 보자고 했고, 나는 안대를 하고 한 달을 지냈지만 낫지 않았다. 결국 대구의 안과 병원을 찾아가 치료를 받았던 기억이 난다. 지금도 왼쪽 눈이 좋지 않은 것은 이 때문이 아닌가 생각한다.

또 다른 날에는 손님이 솜을 타러 와서 타면기를 돌리고 있는데, 갑자기 피댓줄이 벗겨졌다. 타면은 되지 않는데 기계만 천천히 돌고 있었다. 타면기는 큰 원통으로 되어 있어 한번 돌고 나면 멈추는 데 상당한 시간이 걸린다. 나는 빨리 정지시킬 목적으로 벗겨진 피댓줄을 오른손으로 잡고 바퀴에 대는 순간, 순식간에 "쾅!" 하는 소리와 함께 내 몸이 천장으로 올라가는 것이었다. 정신을 차렸더니 오른손이 피댓줄과 같이 감겨서 온몸이 공중에 떠 있었다. 주위 사람들이 전기 모터를 정지시키고 나를 끌어 내려놓았다. 정신없이 조금 지나니 손에서 피가 솟아 흐르고 있었다. 급하게 상처 부위를 천으로 묶고 병원으로 달려가 보니, 오른손 엄지 쪽이 약 10cm 가량 찢어져서 뼈가 보였고 출혈이 심했다. 마취를 하고 10바늘 정도 꿰맸던 기억이 난다. 지금도 오른손을 보면 그때 생긴 상처의 흉터가 선명하며, 손이 조금 불편하다.

나만이 상처를 입은 것이 아니라 온 식구들이 조금씩 다쳤지만, 그중에서도 심하게 다쳤던 사람은 영임이(공서방 댁)였다. 음력설에 떡을 만들기 위해 쌀을 가루로 빻는 기계에 붓고 가려고 하는데, 쌀이 빨리 내려가도록 밀어 넣다가 손가락이 같이 딸려 들어가 두 개의 손가락 끝 부분이 떨어져 나가 병원에서 치료를 받았던 기억이 있다.

그 후에도 큰 사건이 있었다. 내가 학교에 취직하여 간 후에, 선옥이 아버지가 우리 정미소에서 일을 하다가 피댓줄에 감겨 큰 상처를 입고 입원했다가 결국 사망한 일도 있었다.

17. 결혼을 하게 되었다

1963년 여름이 되자, 아버님께서 '난국회'(칠곡, 성주, 선산 등 지역 유지들의 모임으로 아버님이 회장도 맡으셨다) 모임에 다녀오신 후 나에게 결혼할 것을 권하시며 한번 선을 보라고 하셨다.

나는 강하게 거절했다. 아직 직장도 없고 생활할 기반도 마련되지 않은 상태에서 결혼은 시기상조라고 말씀드렸지만, 아버님은 내 생각을 받아들이지 않으셨다. "때가 되었으니 결혼하는 것이 옳다"는 말씀이었다. 나로서는 답답하고 화가 났다.

이런 사정을 의논할 곳도 없어 답답한 마음에 대구로 내려가, 삼립공업사 공장장으로 계시던 형님을 찾아가 상의했으나 결론은 나지 않았다. 그 무렵 어머님께서 신부 될 사람을 직접 만나보고 오시더니, 마음에 든다며 적극적으로 권하셨다. 결국 나는 부모님의 뜻을 거스를 수 없어, 형식적으로나마 한번 만나보기로 했다.

신부의 집은 관호동에 있었다. 수원 백씨 집안으로, 부친은 백승기 씨, 모친은 진양 강씨이셨다. 신부는 이남 삼녀 중 차녀로, 이름은 백순자(白順子)였다. 1942년 7월 26일생으로, 당시에는 집안 살림을 돌보며 집 앞 과수원 일을 하고 있었다.

같은 마을에 사시는 안동 김씨 왕고모님께서 신부에 대해 "착하고 마음씨가 고우며 마을에서도 인품이 좋기로 소문났다"며 적극 추천하셨다.

신부는 여동생 영미와 약목초등학교 동기생이었고, 또 왜관의 고종 여동생 장순임은 신부와 순심여자중학교 동기생이었다. 장인 되실 백승기 어르신은 아버님과 약목국민학교 동기이자 '난국회' 회원으로 아주 가까운 사이였으며, 장모님은 우리 집 정미소에서 쌀을 찧으러 오실 때마다 나를 보시고는 미리부터 좋은 인상으로 기억하고 계셨다고 한다.

나는 마음이 약한 편이라 부모님의 뜻을 강하게 거절하지도 못했다. 내 의견을 말씀드려도 통하지 않았다. 다시 답답한 마음에 대구로 내려가 형님께 도움을 청했으나, 형님은 "결혼은 네 인생이니 네가 스스로 결정해야 한다"고 하셨다. 결국 별다른 해결책 없이 돌아오니, 아버님께서는 이미 혼인에 따른 사성(四姓)을 써서 보내셨다는 것이었다.

얼마 후 결혼 날짜가 잡혔다. 1963년 11월 20일, 바로 그 날이었다.

결혼 날짜가 정해지고 나니 마음이 안정되지 않았다. 취직이라도 해야겠다는 생각에 여러 곳을 찾아다녔는데, 그중 '대성연탄'에서 채용 제안을 받았다. 면접을 보니 바로 다음 날부터 출근하라는 것이었다. 그러나 마음이 내키지 않아 결국 그만두었다.

결혼식이 가까워올 즈음, 갑작스러운 일이 생겼다. 서울에 계시던 당숙 수현님(형무소장 역임)이 위독하시다는 소식이 전해진 것이다. 아버님은 급히 서울로 올라가시고, 나는 정미소 일을 보았다. 다음 날 아버님이 내려오시며 "당숙이 위중하여 며칠을 못 버티실 것 같다"고 하셨다.

며칠 뒤, 결국 당숙께서 돌아가셨다는 연락이 왔다. 그날이 1963년 11월 17일, 나의 결혼식 사흘 전이었다. 장례식 날짜가 하필이면 결혼식 당일과 겹치게 되었다.

결국 아버님과 나는 결혼식을 위해 아침 일찍 관호동으로 향했다. 우리가 떠난 뒤, 서울에서 영구차가 도착해 장례를 치르게 되었다. 그렇게 정신없이, 우리는 전통 혼례를 올렸다. 약목 집의 장례 소식은 말도 꺼내지 못한 채, 마음속으로만 깊이 담고 있었다.

   대구에서 대학 동기인 김대현, 박상구 등이 와주어 그나마 마음이 위로되었다.

   이틀 뒤 집으로 돌아오니, 기뻐야 할 날임에도 집안 분위기가 무거워 결혼한 집이라는 실감이 나지 않을 정도였다. 지금 돌이켜보면, 그날의 결혼은 기쁨보다 숙연함과 책임이 더 크게 남았던 기억이다.

信望愛

18. 서울 중앙공업연구소의 촉탁으로 근무하다

1963년 4월이 되자 발령이 나지 않아, 더는 무작정 기다릴 수가 없었다. 그래서 취직을 하기로 마음먹고 여러 곳에 연락하던 중, 서울의 중앙공업연구소(현 한국과학기술원, KAIST 의 전신)에서 신입사원을 모집한다는 소식을 듣고 응모하기로 하였다.

원서를 작성해 우편으로 보냈으나, 며칠 후 원서가 반송되어 돌아왔다. 이유는 공대 화공과 졸업생이 아니라는 것이었다. 나는 사범대 화학과를 졸업했으므로 지원 자격이 없다는 통보였다.

그다음 날 경북대학교에 찾아가 상의했더니, 중앙공업연구소의 유기합성과를 담당하는 분이 서울대학교 성좌경 교수님이며, 경북대학교 문리과대학 화학과의 이대수 교수님과 잘 아는 사이이니, 이대수 교수님의 추천서를 받아 접수해 보라는 조언을 들었다.

그래서 곧 이대수 교수님을 찾아뵈었다. 교수님은 내가 유기합성을 배울 때 정성을 다해 가르쳐 주셨고, 나를 아껴주시던 분이었다. 사정을 말씀드리니 교수님께서는 흔쾌히 허락하시며 추천서를 써 주셨고, 직접 성 교수님께 전화까지 해 주셨다.

나는 다시 서울로 올라가 성좌경 교수님을 찾아갔으나, 마침 출장이셔서 뵙지는 못했다. 대신 직원에게 사정을 이야기하였더니 원서를 받아 주며 "시험 날짜를 통보하겠다"고 하였다.

얼마 후 시험일 통보를 받고 서울에 올라갔다. 시험장은 서울대학교 과학관이었는데, 모집인원은 단 두 명이었다. 그런데 지원자는 120여 명, 무려 60:1의 경쟁률이었다. 대부분 서울대, 연세대, 고려대, 한양대 등 공대 출신이었고, 공대 출신이 아닌 사람은 나 혼자뿐이었다.

시험은 오전에 이론 3시간, 오후에 실기 2시간으로 치러졌다. 아는 만큼 최선을 다해 응시했지만, 결과는 한 달 후 개별 통지로 알려준다고 하였다. 나는 약목으로 내려와 결과를 기다리던 중 결혼식을 올렸다.

아내는 당시의 풍습에 따라 시댁으로 바로 오지 않고 처가에 머물렀다. 그리고 얼마 후 통지가 왔는데, 불합격이었다. 예상하던 결과였지만, 그래도 중앙공업연구소에서 꼭 일해보고 싶다는 마음을 버릴 수가 없었다.

다시 경북대 이대수 교수님을 찾아가 상의드리니, "촉탁으로 근무하는 방법이 있다"는 말씀을 해 주셨다. 그래서 곧 서울로 올라가 중앙공업연구소 유기합성실의 성좌경 교수님을 찾아가 이대수 교수님의 소개서를 제출하며 간절히 부탁드렸다. 교수님은 어렵게 허락해 주셨고, 나는 그렇게 촉탁연구원으로 근무하게 되었다.

약목에 내려가 처가에 들러 사정을 말씀드린 후, 다시 서울로 올라와 근무를 시작했다. 숙식할 곳이 없어 함께 촉탁으로 일하던 김형과 연구소 근처에서 방을 얻어 자취를 하였다.

내가 맡은 일은 시험관과 실험기구를 세척하고 정리하며, 실험 결과를 정리하는 것이었다. 한겨울에도 실험은 계속되었다. 자세한 연구 내용은 알 수 없었으나, 합성수지의 제조에 관한 연구였다.

우리 실험실에는 성좌경 교수님 외에도 네 분의 박사님이 함께 연구 중이었다. 연구소는 서울대의 한 건물을 빌려 사용하고 있었는데, 난방이 잘 되지 않아 겨울에는 유난히 추웠다. 시험관을 씻을 때면 너무 추워서 김형과 나는 눈물이 날 정도로 고생한 적도 있었다.

김형은 연세대 공대 화공과 출신으로, 고향이 김천이었으나 자주 내려가지 못했다. 그래서 나도 덩달아 고향에 자주 갈 수 없었다.

 설날 무렵 고향에 내려갔더니, 화학과의 김대현 군이 영천에 있는 사립 산동고등학교에서 3월부터 근무해 달라는 부탁을 전해왔다. 그래서 서울로 올라가 중앙공업연구소에 사표를 제출하고 영천으로 내려와 교직에 몸담게 되었다.

4장
장년기

1. 산동중·농업고등학교에서 근무하게 되다

1964년 3월 초, 김대현 선생의 소개로 산동농고의 조규동 교장선생님을 대구에서 만나 뵙고, 산동농고에 근무하기로 약속하였다. 교장선생님께서는 빠른 시일 내에 부임해 주기를 원하셨다. 그 후 학교로 부임하기 위해 필요한 서류들을 준비하였다.

그때 아내는 옛날 풍습에 따라 일 년 동안 처가에 머물다가 신행을 해야 한다는 관습이 있어, 처가에 있었다. 나는 처가에 들러 영천으로 근무를 가게 되었으므로 자주 오지 못할 것임을 알리고, 영천군 화북면 삼창동으로 향하였다.

3월 17일, 산동중·농업고등학교에 도착하여 교직원들에게 인사드리고 사무를 배정받아 근무를 시작하였다. 산동학교는 중학교와 농업고등학교가 병설된 학교로, 중학교는 각 학년 2개 반, 고등학교는 각 학년 1개 반씩으로 구성된 아담한 시골 학교였다.

학교의 설립자는 초대 영천 지역 국회의원을 지내신 조규설 선생으로, 나의 고등학교 동기생인 조영호(서울대학교 음악대학 음악전공) 군의 부친이시라는 사실을 부임 후에야 알게 되었다. 부임해 보니 고등학교 동창인 정순용 선생도 그곳에서 근무하고 있었다.

대부분의 선생님들이 경북대학교 출신으로, 매우 우수한 분들이 많았다. 숙소는 서무과장 남 선생님 댁의 아랫방을 박상근 선생님과 함께 사용하였고, 식사는 큰 대문집에서 하였다.

내가 담당한 교과는 중학교 1·3학년 수학, 중학교 3학년 물상, 고등학교 1·2·3학년 화학, 고등학교 2·3학년 토양비료 과목 등이었다.

처음으로 정식 교단에 서게 되어 무척 두려웠으나, 교생 실습과 '횃불 4H' 야학 활동을 통해 이미 학생을 가르친 경험이 있어 어느 정도 자신은 있었다. 과목이 많아 교재를 연구하는 데 시간이 많이 걸렸지만, 그만큼 보람도 컸다.

같이 하숙하던 박상근 선생님은 알고 보니 우리 형님과 경대 사대부중 동창이셨다.

첫 번째 맡은 담임은 중학교 1학년 2반이었다. 반은 남학생 반과 여학생 반으로 나뉘어 있었다.

고등학교 3학년에는 군에서 하사로 제대한 뒤 복학한 학생이 있었는데, 나와 나이가 같았다. 그는 전교 학생회장이었고, 아침 조회 시간마다 학생들을 정렬시킬 때 우렁찬 구령으로 질서 있게 대열을 잡았다. 그 구령 소리가 너무 힘차고 또렷하여, 체육선생님이 정렬시킬 때보다 더 빠르고 정확하게 진행될 정도였다.

또한 고등학교 3학년에는 여학생이 여섯 명 있었다. 그중 한 학생은 나이가 많았는데, 내 아내와 동갑이었다. 그녀는 동생들의 학비를 직접 벌어 공부를 시킨 뒤, 늦게 학교에 입학한 성실하고 착한 학생이었다.

나는 2주에 한 번씩 고향 약목에 다녀오곤 했다. 집에 들렀다가 곧바로 관호동의 처가에 들렀으며, 그 다음 날은 다시 영천으로 가야 했다.

그때마다 장모님께서는 "이제 신행을 하고 영천에 가서 살림을 차려라." 하시며 걱정하셨지만, 당시 우리 집 형편으로는 신행을 할 수 있는 여유가 없었다.

2. 長男 重桓이가 태어나다

　1965년 3월, 신학기가 되어 중학교 3학년 담임을 맡게 되었다.
　겨울방학 동안 약목에 머물며 관호동 처가에 갔더니, 결혼 후 1년이 지났으니 빨리 신행(新行)*을 하라며 독촉이 있었다. 그래서 빠른 시일 내에 날을 정해 신행하기로 하였다. 그러나 처가 임신 중이었으므로 출산 후에 신행하기로 하고 다시 영천 학교로 돌아왔다.
　막상 신행을 하고 영천에서 새살림을 차리려면 돈이 필요했다. 부임 후 얼마 되지 않았지만, 약간의 돈이라도 저축해 두기 위해 학교에서 거래하던 서점 주인이 운영하는 '산통**'에 들었다. 학교 선생님들도 많이 참여하고 있었기에 나는 아무 의심 없이 산통에 들었고, 신혼살림을 꾸리는 데 도움이 되기를 바랐다.
　그런데 뜻밖에도 서점 주인이 남의 보증을 서준 일로 손해를 입어, 자기 집의 돈과 산통에서 받은 돈을 모두 그곳에 써버린 탓에, 우리가 넣은 산통이 깨져 버려 돈을 한 푼도 돌려받지 못하게 되었다.
　이 사정을 들은 하숙집 주인이 급히 서점주인 집으로 달려가 내 사정을 이야기했더니, 그 집의 큰 독 두 개를 내 돈 받을 몫으로 가져다주었다. 하숙집 주인은 그것을 팔아 돈으로 바꿔 주겠다고 하였다.
　나는 서점 주인에게 미안한 마음이 들어 직접 찾아가 보았다. 그러자 서점 주인은 "그 독을 우리 집에 그대로 두면 다

---

* 결혼식을 마친 뒤 신부가 남편의 집(시댁)으로 처음 가는 일
** 여러 사람이 일정한 금액을 정해 주기적으로 내고, 돌아가면서 그 돈을 한 사람이 받는 계(契).

른 사람들이 가져갈 수 있으니, 먼저 가지고 가서 파시오."라고 하였다. 그래서 시장에 내다 팔아 약간의 돈을 얻을 수 있었다.

그 일로 마음이 편치 않아 3월 말에 관호동 처가에 들렀더니, 아내는 만삭의 몸으로 걱정이 많은 모습을 보였다. 나는 다시 영천 학교로 돌아왔다.

그리고 1965년 음력 4월 8일, 학교에서 수업 중이었는데 약목에서 급히 전화가 왔다. 전화를 받아보니, 장남 중환이가 약목면 관호동 처가에서 오후 9시 15분경 출생했다는 소식이었다.

영천에서 근무하느라 곁에 있어 주지 못한 것이 몹시 미안했다.

아버님께서 아이의 이름을 지어주시며, 항렬자가 '桓'자이니 외삼촌 重鉉의 이름자에서 '重'을 따면 좋겠다고 하셨다. 그래서 이름을 重桓(중환)이라 지었다.

그다음 일요일에 처가에 가서 이 사실을 알리고, 약목에 들러 출생신고를 부탁한 뒤 학교로 돌아왔다.

한 달여가 지나 신행을 하게 되었으나, 당장 처를 데리고 갈 형편이 못 되어 처는 약목 집에 홀로 남기고 나 혼자 영천으로 올라와 있었다.

3. 뒤 늦게 신혼살림을 차리다

　결혼하고 1년 반이 지나서야 비로소 새살림을 차리겠다는 생각을 하고 어머님께 말씀드렸더니, 여러 가지 준비할 것도 많지만 집에서는 아무것도 해줄 수 없으니 너희들이 알아서 하라고 하셨다.
　그래서 교장선생님께 말씀드렸더니 학교 사택이 비어 있으니 그곳에서 살림을 하라고 하시어 무척 고마운 생각이 들었다.

　여름방학 후 살림을 차리기 위하여 삼창동 언덕 위에 있는 사택을 가보니, 얼마 동안 비워두었던 집이라 며칠 동안 청소를 하고 방의 무너진 곳을 간단히 수리하였다. 방학이 끝난 뒤에는 짐을 옮겨 살림을 시작할 수 있도록 준비를 마쳤다.
　여름방학이 시작되어 약목에 갔더니 처는 이미 새살림을 할 생각에 마음이 부풀어 있었다. 방학이 끝난 뒤, 1965년 8월 20일경 영천군 화북면 삼창리에 있는 산동중학교 관사에서 처음으로 살림을 시작하였다.

　약목에서 가져온 것은 이불 한 채와 입을 옷가지뿐이어서, 수저며 살림살이 같은 필요한 물건들은 모두 영천 시장에 가서 새로 장만하였다. 옆방에는 실과를 담당하시는 강양섭 선생이 혼자 기거하고 있었고, 뒷집에는 삼창국민학교 선생님이 살고 계셨다.

　관사는 담장도, 대문도 없이 집 한 채만 덩그러니 있는 곳이라 한적하지는 못했으나, 내가 몸담을 집이라 생각하니 쓸고 닦으며 깨끗하게 하려고 애썼다. 빈 마당을 일구어 채소를 심고 가꾸며 즐겁게 살고자 하였다.

살림을 차리고 나니 학생들은 나를 미혼인 총각으로만 알다가, 아이를 데리고 살림을 차렸다는 소식을 듣고는 처도 보고 아기도 보겠다며 하교시간마다 우리 집에 들르곤 했다. 처음으로 살림을 차렸다 하여 부모님도 오시고, 처부모님도 찾아오시어 매일 손님을 맞이했다.

　겨울이 되자 작은 처제가 우리 집에 와서 양봉근 선생님의 사모님께 털내의 짜는 기계를 배우기도 하였다.

謹勤恭儉

4. 여동생 김영미가 결혼하다

　1966년 여름방학이 되었을 무렵, 아버님께서 급히 약목으로 오라는 연락을 하시기에 서둘러 내려갔다. 약목에 도착하니, 아버님께서는 갑자기 영미의 신랑감이 생겼으니 함께 신랑 집을 방문하자고 하셨다. 신랑 될 사람은 요즘 우리 집 정미소에서 잠시 일을 돕고 있는 사람이라고 하셨다.
　알고 보니 그 사람은 영진이 어머님과 알고 지내던 집의 아들이었다. 신랑 될 사람을 만나 이야기를 나누어 보니, 성은 순흥 안씨이고 이름은 상수라 하였으며, 충청남도 영동군 심천면 출신의 얌전한 사람이었다.

　우리 동생 영미는 비록 소아마비가 있었지만, 그 점만 아니면 훌륭한 신부감이었기에, 신랑감을 고르기가 쉽지 않았다는 생각이 들었다. 멀리 충청도까지 시집을 보내야 한다고 생각하니 마음이 편치 않았다.
　그러나 이미 혼담이 오간 뒤라, 한번 가보기로 하고 아버님과 신랑 될 안상수를 따라 기차를 탔다. 심천역에 내려 작은 산을 하나 넘으니, 영진이 외삼촌이 계신 곳에 도착하였다. 인사를 드리고 안상수에 대해 물어보니, "참 착한 사람"이라는 평을 들었다.
　그 길로 조금 더 가니 안상수가 살고 있는 마을에 이르렀는데, 이미 해가 저물고 있었다. 안상수의 집에 도착하여 조부님과 부친을 만나 인사를 드렸고, 저녁에는 마을의 친척 되는 분 몇 분이 찾아와 이런저런 이야기를 나누다 하룻밤을 묵었다.
　다음 날 아침 일찍 영동으로 나와 기차를 타고 약목으로 돌아왔다. 돌아와서 나는 아버님께 영미를 시집보내기에는 그곳이 너무 외지고 교통도 불편하니 좋지 않다고 반대 의견을 분명히 말씀드렸다. 어머님께서도 내 뜻에 동의하셨으나, 아버님은 혼사를 반드시 성사시키겠다는 입장이셨다. 결국 아버님의 뜻대로 혼인은 진행되었다.

혼인날을 정하고 약목에서 옛 방식으로 혼례를 올렸다. 혼례를 마친 뒤, 나와 아버님이 신부를 모시고 신랑 집으로 함께 갔다. 신랑 집에 도착해 보니, 전번에 보았을 때와는 다른 점이 너무 많았다.

저녁 무렵이 되어 부엌 앞을 보니, 큰 독이 놓여 있었고 그곳에서 술을 빚어 마시고 있었다. 그런 모습을 보고는 마음이 무척 불편하고 실망스러워, 그날 바로 돌아왔다. 약목에 돌아와 어머님께 그 사정을 자세히 말씀드리니, 어머님께서도 몹시 걱정스러워하셨다.

아들 안윤찬, 딸 안라, 안윤정, 안창남이 있다.

5. 차남 동환이가 태어나다

영천 산동농고에 부임하여 근무한 지도 벌써 2년이 지나 있었다. 우리 집에는 늘 손님들이 찾아와 외로움을 느낄 틈이 없었다. 마침 처형 댁도 영천으로 이사를 왔고, 우체국에 근무하시던 동서 김봉수 씨께서도 영천우체국으로 전근을 오셔서 가까운 곳에 살게 되었다. 덕분에 자주 왕래하며 서로 의지할 수 있었고, 처제도 늘 우리와 함께 지내서 한결 마음이 든든하였다.

학교생활에도 이제 여유가 생기고, 마음에도 어느 정도 안정을 찾을 수 있었다. 그렇게 지내던 중 1967년 음력 11월 28일, 학교에서 수업을 하고 있는데 갑자기 전화 연락이 왔다. 전화를 받아보니, 차남 동환이가 오전 10시 10분경에 태어났다는 소식이었다.
그 말을 듣고 수업을 마치자마자 서둘러 집으로 달려갔다.

집에 도착해 막 태어난 동환이를 보니 안심이 되었고, 산모에게 "수고했다"는 말을 전할 수 있었다. 마침 출산이 가까워 며칠 전 장모님을 모셔 두었기에 마음이 한결 놓였고, 덕분에 별 탈 없이 순산할 수 있었다. 산후 조리도 무난하게 잘 마칠 수 있었다.

차남이 태어났다는 기쁜 소식을 약목의 아버님께 전하고, 이름을 지어 주시기를 부탁드렸다. 며칠 후 아버님께서 전화를 주시어 말씀하시기를, "형의 이름이 重桓이니 동생의 이름은 東桓이라 하는 것이 좋겠다"고 하셨다. 重(무거울 중) 자와 東

(동녘 동) 자는 모두 日자 가운데에 세로로 긋는 획이 있어 서로 통하는 글자라, 형제간의 우애가 깊을 것이라는 뜻도 담겨 있다고 하셨다.

그 말씀을 처와 상의한 끝에, 차남의 이름을 東桓(동환)이라 짓기로 하였다. 그다음 일요일에 약목에 가서 부모님께 인사를 드리고, 출생신고도 마친 뒤 영천으로 돌아왔다.

6. 일급정교사가 되다

　1967년 여름방학을 이용하여 일급정교사를 위한 연수를 받기로 하였다. 교직 경력이 3년 이상인 자만 신청이 가능했는데, 우리 학교에서는 나 혼자만 신청하였다. 학교에서는 일급정교사가 별로 없어 나를 한편으로는 부러워하면서, 다른 한편으로는 시기하는 눈치였다. 그 이유는 출장비를 학교 교비로 지원해야 했기 때문이다. 다른 사립학교에서는 출장비 없이 연수를 받는 경우가 많았으나, 우리 학교 교장 선생님께서 나를 특별히 배려해 주셔서, 출장비 전액을 교비로 지원해 주겠다고 약속해 주셨다.
　연수가 시작되자, 나보다 3년 선배임에도 아직 연수를 받지 못했던 선배들이 이번에 나와 함께 연수를 받게 되어 있었다. 숙소는 형님 댁에서 자며 출퇴근하였다. 당시 형님은 삼립산업주식회사의 공장장으로 근무하시면서 동촌 공장 내 사택에서 살고 있었고, 이미 두 아들과 한 딸을 두고 계셨다. 토요일이면 영천의 우리 집에 들렀다가, 일요일 오후에 다시 대구로 돌아가 연수를 받기도 하였다. 방학 중에는 아이들과 함께 약목에 가거나 관호동 처가를 들리기도 하였다.
　다음 겨울 방학 때에도 또 한 번 연수를 받았다. 이때도 역시 동촌 형님 댁에서 저녁에 와서 잠을 자며 연수를 마쳤다. 그 결과 1968년 1월 27일자로 정식으로 일급정교사가 되었다. 우리 학교에서는 일급정교사가 몇 명 되지 않아 다른 선생님들이 매우 부러워하였다. 일반 대학 출신 선생은 준교사에서 이급 정교사를 거쳐 일급 정교사가 되므로 절차가 어렵고, 연수 대상자가 많으면 사립학교 선생들은 애초부터 신청을 포기하는 경우가 많았다.

7. 산동농업고등학교의 학생회의 활동에 적극 참가하다

(1) 전국 농업고등학교 학생 경진대회에 참가

 1967년도 전국 농업계 고등학생들의 활동 결과를 가지고 경진대회를 개최한다는 공문이 왔다. 우리 학교에서도 몇 가지 꼭 참가해야 한다는 규정에 따라, 교무회의의 결정으로 생산품 하나와 실습에 사용한 물품 하나를 출품하기로 하였다. 생산품은 조진호 선생님이 담당하여 우수작품인 호박 등을 출품하고, 실습지에서 생산된 것을 출품하였다.
 또 하나는 내가 토양비료를 담당하고 있었으므로, 내가 작품 하나를 출품해야 했다. 우리 학교에서는 이번이 처음이었고, 더욱이 나는 농고에서 이런 대회의 경험이 없어 당황하고 있었다. 그래서 대구에 가서 대구농고에 근무하는 선생님 한 분을 만나 몇 년 전 대회 출품작과 방법을 설명받고 돌아왔다. 실과 선생님들과 상의한 결과, 출품 주제를 토양으로 정하고 제목을 "토양의 종류에 따른 산성도 차이"로 정하였다. 각종 토양을 수집하여 성분을 분석하고 산성도를 측정해 출품하였는데, 그 결과 은상을 수상하였다.

(2) 영천 군민체육대회에 씨름부 출전

 1967년 5월 개최된 영천 군민체육대회에 우리 학교의 여러 부가 출전했는데, 씨름부도 포함되었다. 씨름부를 담당할 선생이 없었으나, 고등학교 동창인 정순용 선생이 나를 추천해 주었다. 정 선생이 내가 고등학교 시절 유도부에 있었던 것을 기억하고 추천한 것이었다.

계성고등학교에 다닐 때 김상연 체육 선생님에게 씨름 기술을 배운 적이 있어, 씨름부를 지도하기로 하였다. 학생들과 함께 열심히 연습한 결과, 군민체육대회에서 우승하였다. 그 후 도민체육대회에 출전할 자격을 얻어 약 한 달 후, 대구 시민운동장에서 영천군 대표로 출전하였다. 내가 감독으로 참가하였고, 그 결과 도내에서 동메달을 수상하기도 했다.

(3) 수학여행을 다녀오다

1967년 10월, 고등학교 2, 3학년이 함께 수학여행을 가기로 하였다. 학생 수가 학년에 한 학급밖에 되지 않아, 2, 3학년을 합쳐야 버스 한 대를 전세 내어 수학여행을 갈 수 있었다. 행선지는 경주와 해인사로 정하고, 2박 3일 일정으로 떠났다.

경주에서 1박을 하고, 버스로 해인사로 이동해 1박하였다. 그런데 해인사에서 큰 사고가 발생했다. 우리가 투숙한 여관에는 여학생이 두 방, 남학생이 네 방, 교사들은 입구 쪽 한 방을 사용하였다. 밤이 되어 학생들이 재미있게 놀고 있었는데, 전주고등학교 학생들이 담을 넘어 우리 학교 여학생 방으로 들어오려 하여 남학생들과 충돌이 일어났다. 인솔 교사 4명이 나와 말렸지만, 쉽게 진정되지 않았다. 결국 양측 학생들 사이에 투석전이 벌어졌고, 전주고 학생 한 명이 돌에 맞아 머리에 심한 상처를 입었다.

경찰관 몇 명이 출동해 공포탄을 쏘아 간신히 진정되었다. 전주고 교사와 우리 학교 교사가 만나 학생들을 진정시킨 뒤, 부상 학생을 버스에 태워 합천 읍내 병원에 입원시키고 돌아왔다. 다음 날 일찍 출발해야 했는데, 이유는 첫째, 경찰서에서 조사하러 오기 때문이었고, 둘째, 부상 학생 치료비 문제 때문이었다. 영천 학교로 돌아와 몇 일을 지내자, 전주에서 사람들이 학교로 찾아와 "부상 학생이 심각하게 다쳤으니 대책을 세워 달라"고 하여, 치료비 일부를 지급하고 합의를 보고 문제를 해결하였다.

8. 동생 영우를 산동중학교로 전학시키다

동생 영우는 작은 처남 백삼현과 함께 대륜중학교에 입학하여 다니고 있었으나, 학교의 등록금을 내지 않아 2학년 중간에 제적된 사실을 형님이나 나는 모르고 있었다. 너무 무관심했던 것이다. 약목에 갔을 때 어머님께서 그 사정을 말씀해 주셨다.

어머님께서는 우리에게 알리면 걱정할 것을 염려하여, 어떻게든 돈을 장만해 등록금을 마련하려 하셨으나 집안 사정이 뜻대로 되지 않아 이런 결과가 생긴 것이었다. 나는 대륜중학교에서 근무하는 서 선생님에게 연락하여 상황을 자세히 알아보았다. 서 선생님은 나와 일급정교사 강습 동기생으로 잘 알고 있어서, 영우의 학교 내 상황을 자세히 알려주었다. 내용을 확인해 보니 1학년 후기와 2학년의 등록금을 한 번도 내지 않아 이미 제적된 상태였다.

할 수 없이 산동중학교로 전학을 보내기로 하였다. 그러나 쉽지 않았다. 대륜중학교를 그대로 다니게 하려면 복학 수속을 거쳐 1학년을 다시 다녀야 하므로 학년이 한 학년 늦어져 매우 어렵게 되었다. 산동중학교로 억지로 옮기려 해도 전학 서류 문제가 있어 교장선생님께 상세히 말씀드리고 적당한 방법을 강구하기로 하였다. 교감선생님과 상의한 끝에, 1967년 4월에 영우를 2학년으로 전입시키기로 결정하였다.

우리가 살고 있는 학교 사택에는 방이 두 칸 있었으나, 하나는 잘 쓰지 않아 구들장도 없고 난방도 되지 않았다. 인부를 시켜 방을 수리하고 영우가 거주할 수 있도록 하였다. 2학년으로 전학시킨 덕분에 1968년 3월, 영우는 3학년 1반에 배정되었다. 그동안 하지 못한 공부를 나와 함께 보충하며 따라가도록 하였다.

  그 소식은 시골의 작은 학교라 금세 퍼져, "우리 선생님의 동생이 우리 학교로 전학 왔다"는 이야기가 전교생에게 알려졌다. 나는 걱정이 앞섰다. 영우의 성적이 좋지 않으면 내 입장이 곤란할 것이었기 때문이다. 그래서 영우에게 알아듣게 조언을 해주었다. 다행히 5월에 처음 실시한 중간고사에서 상당히 좋은 성적을 거두어 안심할 수 있었다. 그렇게 하여 영우는 산동중학교 학생이 되었다.

9. 산동농고에서 3학년 담임을 맡아 높은 대학 입학 성적을 내다

1968학년도에는 산동농업고등학교 3학년을 담임하게 되었다. 2학년 때부터 담임을 맡아 학생들의 사정을 잘 알고 있었는데, 이번에는 대학에 진학하고자 하는 학생들이 유난히 많았다. 그래서 '어떻게든 많은 학생들을 진학 시키겠다'는 마음으로 학생들과 상의한 끝에, 방과 후에 남아 특별과외를 실시하기로 하였다.

그 시절에는 예비고사 제도가 있어서, 이 시험에 합격하지 않으면 대학 입학원서를 낼 수가 없었다. 예비고사 합격자는 각 대학 정원의 약 두 배 정도로 제한되었기 때문에, 우선 예비고사 합격자 수를 늘리는 것이 급선무였다.

그 다음 일요일, 나는 대구로 내려가 고등학교 3학년 담임을 맡고 있던 친구를 만나 진학지도에 관한 정보를 수집하였다. 학교로 돌아와서는 진학을 희망하는 학생들과 상의하여 보충교재를 단체로 구입하고, 방과 후에 함께 공부하기로 결정했다. 이후 대구의 서점에서 동아출판사에서 발행한 전과목 요약 핸드북을 내 돈으로 여러 권 구입해 학생들에게 나누어 주었다. 그리고 매일 방과 후 약 두 시간씩 학생들과 함께 공부하였다.

이 사실을 교장 선생님께 보고 드렸더니, "참 잘하고 있다"며 크게 격려해 주셨다. 우리 학교는 농업고등학교로, 한 학급에 약 60명 정도의 학생이 있었는데, 그중 25명이 예비고사에 응시하였다. 전년도에는 응시자 10명 중 4~5명 정도만 합격하곤 했기 때문에, 이번 응시 규모는 이례적으로 많았다. 몇몇 선생님들은 "무리하는 것 아니냐"고 걱정하셨지만, 나는 열심히 공부한 학생들의 노력을 믿었고, 희망하는 학생 전원에게 원서를 제출하도록 했다.

시험 당일, 학생들을 인솔해 대구로 가서 여관을 잡고 하룻밤을 묵으며 마지막 복습을 함께 했다. 다음날 시험장은 사대부고(師大附高)였다.

약 한 달 후, 예비고사 합격자 명단이 발표되었다. 우리 학교에서는 응시자 25명 중 18명이 합격하고, 2명만 불합격하였다. 사상 유례없는 좋은 성적이었다. 교장 선생님을 비롯해 학교 전체가 크게 기뻐하였다.

이후 본고사에서도 좋은 결과가 나왔다. 서울 중앙대학교 1명, 경북대학교 1명, 대구교대 5명 등 총 16명이 대학에 진학하였다. 또한, 경상북도교육위원회에서 교장 선생님 앞으로 연락이 와, "금년도 졸업생 중 진학하지 않은 학생 가운데 성적이 우수한 학생 5명을 추천하면 일정 기간 연수 후 시골 국민학교 준교사로 임용하겠다"는 공문이 도착했다. 이에 따라 우리 반 졸업생 중 해당자를 선발해 보낸 적도 있었다.

그 해는 산동농고가 개교한 이래 가장 좋은 성적을 거둔 해였다.
학교도, 학생들도, 그리고 나 또한 그 어느 때보다 뿌듯한 한 해였다.

10. 어머님이 돌아가시다

 어머님께서는 영우 때문에 걱정을 많이 하시다가, 산동중학교로 전학을 시키고 나서야 비로소 마음을 놓으시며 무척이나 좋아하셨다. 그때부터 나날이 안정된 생활을 하고 계셨다. 그러나 우리들은 어머님의 건강에 대해서는 너무나도 무관심했다.

 1968년 5월 어느 날, 학교에서 수업을 하고 있는데 약목에서 급한 전화가 왔다. 받아보니 어머님이 몸이 좋지 않아 대구 병원에서 진료를 받으셨다는 소식이었다. 마침 그날이 토요일이라 수업을 마치자마자 급히 약목으로 달려갔다.
 어머님을 뵈니 겉으로 보기에는 큰 이상이 없는 듯했지만, 그래도 병명을 분명히 알아야겠다고 생각했다. 그때 형님은 다시 서울로 올라가 기아산업에 근무하고 있었다. 형님께 전화를 걸어 어머님의 병에 관해 상의했으나 별다른 도움은 되지 않았다.
 나는 혼자서 고민하다가 아버님과 상의한 끝에, 다음날 다시 진료를 받아보기로 하였다. 그러나 시간을 더 지체할 수 없다고 생각해 월요일에는 학교에 늦게 간다고 미리 연락을 하고, 어머님을 모시고 대구로 내려갔다.

 대구에 와서 동산병원 산부인과에 근무하던 권덕기 의사를 찾았다. 그는 외가 쪽으로 어머님의 먼 조카이자, 나와는 대봉동에서 함께 자취하며 공부했던 고등학교 동창이었고, 경북대 의대 동기이기도 했다. 나는 사심 없이 병명을 알려달라고 부탁했다.
 그때 처음으로 들은 말이 "자궁에 이상이 있다"는 것이었다. 더 정밀한 검사를 해야 정확히 알 수 있다고 했다. 지금 생각하면, 그것은 암의 징후를 확인하기 위한 조직검사였다. 검사를 의뢰해놓고 어머님을 약목에 모셔다드린 뒤, 나는 영천으로 돌아갔다.

며칠 후 다시 약목에 가보니 어머님이 하혈을 하시며 상태가 나빠졌다. 급히 다시 대구로 내려가 권덕기를 찾았더니, 검사 결과가 나왔는데 자궁암 말기라는 것이었다. 그 순간 하늘이 무너지는 것 같았다.

우리 어머님은 평생 고생만 하시고, 자식들의 효도 한 번 제대로 받아보지도 못한 채 병에 걸리셨다는 것이 너무나도 가슴 아팠다. 나는 어머님을 동산병원에 입원시킨 뒤 약목으로 올라가 아버님께 사실을 알리고 대책을 의논했지만, 뾰족한 수가 없었다. 다시 대구로 내려가 권덕기와 치료 방법을 상의했으나, 그 당시 의술로는 말기 암환자에 대한 치료가 약물요법 외에는 없었다.

결국 약물치료를 하기로 하고, 약을 구입해 약목으로 모셔와 치료를 시작했다. 그러나 시간이 지날수록 병은 더욱 악화되었다. 어머님은 병명을 모르신 채 약을 드셨지만, 차도가 없자 고통이 점점 심해졌다.

그러던 어느 날 급히 연락이 와서 영천에서 달려가 보니 어머님이 위독하셨다. 다시 대구 동산병원에 입원하셨고, 약과 주사 치료로 잠시 차도가 있는 듯 보였다. 그러나 그것은 병이 나은 것이 아니라, 진통제로 고통만 줄이는 것이었다.

결국 어머님은 고통을 이기지 못하시고 1968년 음력 10월 21일에 운명하셨다. 향년 56세.

한창 자식들의 효도를 받으셔야 할 나이에 세상을 떠나시니, 우리 형제들은 그저 불효자식일 뿐이었다.

형님은 그때 기아산업 부공장장으로 계셨고, 나도 산동농업고 등학교에서 교사로 근무 중이었다. 마땅히 더 잘 모셔야 했건만, 그런 때에 어머님을 잃게 되니 슬픔이 이루 말할 수 없었다.

어머님은 우리 집에 출가하신 뒤 하루도 근심 없는 날이 없었다.
층층시하의 며느리로서 맡은 일을 한 치의 어긋남 없이 해내셨고, 시조부모님을 정성으로 봉양하셨다. 또한 양자로 들어온 아버님을 따라 생가와 양가의 복잡한 가정을 꾸려나가시며 조금도 소홀함이 없으셨다.
삼대양자인 집안으로 출가하여 아들 삼형제를 낳고 행복하게 사시는 듯했으나, 큰형님이 약제 사고로 세상을 떠난 뒤 아버님이 외도를 하시자, 어머님은 말 못할 고생을 겪으셨다. 이제야 우리 형제가 제자리를 잡고 효도라도 드리려던 찰나에 돌아가셨으니 그 슬픔이 더 컸다.

형님은 너무 바빠 어머님이 편찮으셔도 자주 찾아뵙지 못해 애통해 하셨고, 또 아버님의 외도를 원망하며 상중에 아버님께 언성을 높이는 일도 있었다. 그때 나는 슬픔을 이기지 못하고 그 자리에서 기절을 했다. 잠시 후 깨어나 보니 의사가 와서 나를 치료하고 있었고, 그제야 집안의 다툼도 멈추었다.
이렇게 해서 어머님의 장례를 치르게 되었다.

장례는 내가 어릴 때부터 조직했던 남계동 '상신친목계'의 계원들이 운구를 맡아주었다. 그분들이 무척 수고해 주셔서 지금도 고맙게 생각한다. 우리 집안의 할아버지, 할머니, 그리고 어머님의 상례 때마다 이 친목계가 운구를 맡아 주었다. 형님은 객지에서 생활한 기간이 길어 계원이 없었기에, 나의 계원들이 도맡아 해주었다.

【어머님의 평생 고생】
　어머님은 삼대 양자인 집안으로 시집오셔서 평생을 일만 하시고 하루도 편한 날이 없으셨다.

　첫째, 양가 시부모님을 봉양하시며 새벽부터 저녁 늦게까지 세 끼를 정성껏 준비하시고 잠시도 게으르지 않으셨다.

　둘째, 가족의 옷을 위해 무명옷, 명주옷, 삼베옷까지 손수 길쌈을 하시니, 온 동네에서 부지런하기로 소문이 나셨다.

　셋째, 큰형님이 약제 사고로 돌아가신 뒤, 그 책임을 어머님께 돌린 아버님은 평생 용서하지 않으시고 외도를 하셨다. 그럼에도 어머님은 한마디 원망도 하지 못한 채 묵묵히 집안을 지키셨다.

　할아버지와 할머니가 돌아가신 뒤에는, 아버님이 없는 틈을 타 쌍둥이 어머니가 찾아와 욕설을 퍼붓고 곡식을 요구해도, 줄 것이 없어 욕을 먹으며 사셨다. 그리하여 병이 생기고, 결국 편히 살지 못한 채 세상을 떠나셨다.
　지금 돌이켜보면 너무도 슬프다. 그때는 아무 말도 못하다가, 어머님이 돌아가신 날 밤에 형님이 아버지께 항의하며 크게 다투었다. 나도 함께 항의하다가 기절을 했고, 의사가 왕진을 왔으며, 내가 깨어나자 집안은 온통 울음바다가 되어 있었다. 그 후로 형님과 아버님 사이의 사이는 더욱 멀어졌다.

　이렇게 해서 어머님의 일생은 고생과 인내 속에 마감되었다. 그분의 삶을 떠올릴 때마다 지금도 가슴이 미어진다.

11. 영우가 김천고등학교에 입학하다

영우가 산동중학교로 전학한 뒤부터 마음이 한결 편안해지고 생활도 안정되었다. 그래서인지 공부에도 열중하게 되어 성적이 눈에 띄게 향상되었다.
1968년 3학년 1학기 말에는 이미 학급에서 10위권 안에 들었고, 2학기가 되자 성적이 더욱 오르더니 최상위권까지 올라섰다.

그 무렵 입학원서를 낼 학교를 정해야 했는데, 학교 선택이 쉽지 않았다. 대구 시내의 중·하위권 학교를 택하면 무난히 합격할 수 있었지만, 상위권 학교는 경쟁이 치열했다. 나는 영우와 상의한 끝에, "조금만 더 열심히 하면 상위권 학교에도 충분히 갈 수 있다"는 결론을 내렸다. 영우도 자신감을 보였기에, 담임 양봉근 선생님과 상의하여 경북대학교 사범대학 부속고등학교에 원서를 내기로 했다.

다음날 원서를 접수했더니 경쟁률이 무려 3대 1이었다. 그래도 최선을 다하면 가능하리라 믿고 공부에 매진하여 시험을 치렀으나, 아쉽게도 불합격 통지를 받았다. 그때의 실망감은 컸다.
나는 영우에게 "2차 모집을 하는 학교를 찾아보자"고 권했지만, 영우는 마음에 드는 학교가 없다고 했다. 오히려 "재수를 하겠다"고 하니 걱정이 앞섰다.
그런데 뜻밖에도 관호동의 작은 처남 백삼현이도 1차 시험에서 떨어졌다는 소식을 들었다. 그즈음 신문을 보니, 김천고등학교에서 학급 증설로 인해 신입생 두 개 반을 추가 모집한다는 공고가 실려 있었다. 나는 곧 약목에 있던 영우에게 연락해, 김천고등학교 추가 모집 시험에 응시하자고 했다.

이 사실을 처남 삼현이에게도 알려 함께 시험을 보게 되었는데, 한편으로 걱정이 되었다. 혹시 두 사람 중 한 명이라도 떨어지면 서로 마음이 상하지 않을까 염려되었다.
다행히 결과는 매우 기뻤다. 영우와 삼현이 두 사람 모두 합격한 것이다. 그러나 또 하나의 걱정이 생겼다. 영우가 합격은 했지만, 이제 공부할 환경을 어떻게 마련해 줄 것인가 하는 문제였다.

12. 산동중·농업고등학교를 사직하고 김천으로 이사하다

영우가 김천고등학교에 입학하게 되자, 공부할 환경을 마련해 주기 위해 나도 김천으로 이사해야겠다는 생각이 들었다. 그래서 약목에 계신 아버님께 상의 드리려고 집에 갔다.

그런데 집에 가 보니 낯선 분이 계셨다. 누구냐고 여쭈니, 아버님께서 새로 여자를 한 분 두셨다고 하며 나에게 인사를 시켜주셨다. 김천에서 살던 분인데, 성은 장씨로, 우연히 아버님과 인연이 닿아 함께 지내게 되었다는 것이었다.

어머님이 돌아가신 뒤로 아버님께서 외로이 지내시다 새로 맞아들였다고는 하지만, 영조의 어머니도 아직 계신 터라 마음 한편으로는 불편한 감정이 들었다. 그러나 자식 된 입장에서 달리 무슨 말을 할 수도 없었.

그보다 당장 영우의 공부 문제가 더 시급했다. 그래서 아버님과 상의 끝에 나 역시 김천으로 학교를 옮기기로 하였다. 마침 김천에는 김천고등학교가 있었고, 거기에 근무하는 선생님 한 분이 떠올랐다.

그분은 1969년 1월 말, 내가 일정 강습을 받을 때 같은 조로 지내며 친하게 된 김문호 선생님이었다. 김 선생님은 김천고등학교에서 화학을 담당하고 계셨다. 나는 곧 연락을 드렸고, 김 선생님은 교장선생님과 상의해보고 결과를 알려주시겠다고 하셨다. 며칠 뒤, 2월 초에 김천에서 만나자는 연락이 왔다. 그래서 김천으로 내려가 다방에서 성 교장선생님을 만나뵙고, 김천고등학교로 옮기기로 약속하였다.

이후 산동고등학교에는 영우의 진학 관계 등을 설명하고 사직원을 제출했다. 틈나는 대로 김천에 가서 셋방을 예약하고, 이사 준비를 마쳤다. 김천고등학교 교무실에도 들러 인사를 드리고 영천으로 돌아와 학교 업무 인계를 마친 후, 본격적으로 김천으로 이사했다.

그런데 그 무렵, 뜻하지 않은 변고가 생겼다.
김천에 도착하여 김천고등학교로 연락했더니, 내가 부임할 수 없게 되었다는 통보를 받은 것이다. 이유인즉, 김천고등학교 재단이사장인 김세연 이사장이 자기 회사의 직원이자 화학 전공 후배인 함 선생을 데려와, 내가 맡기로 했던 자리에 그를 임명했다는 것이었다.

이미 이사까지 마친 상황이라 정말 난감했다. 교장선생님께 항의했지만 뚜렷한 대답은 듣지 못했고, 다만 "내년에는 꼭 채용될 수 있도록 하겠다"는 약속만 받을 수 있었다.
걱정이 커져서 서울에 있는 형님께 사정을 이야기했더니, 형님은 잘 알고 지내던 오 변호사에게 알아보겠다고 하셨다. 하루가 지나 형님에게서 연락이 왔다. 다행히 김천에 있는 성의상업고등학교에서 마침 화학 교사를 구하고 있다는 소식이었다.
성의상고의 화학 선생이 갑자기 서울 성심여고로 전근을 가게 되어 공석이 생겼고, 김천중학교의 김종철 선생님께 찾아가 상의해 보라고 했다. 그날 저녁에 곧 김 선생님을 만나 상황을 설명 드렸더니, 성의상고로 가는 것이 좋겠다고 하셨다.
그리하여 문제는 원만히 해결되었다. 나는 성 교장선생님을 다시 찾아뵙고, "내년에는 꼭 김천고등학교로 다시 채용되도록 해주겠다"는 약속을 다시 받았다.

13. 성의중·상업고등학교에서 근무하게 되다

    1969년 2월 27일, 나는 성의중·상업고등학교로 가서 김성환 교장 신부님을 찾아뵙고 인사를 드린 후 그동안의 사정을 말씀드렸다. 신부님께서는 반갑게 맞아주시며 근무를 허락해 주셨다.
    그리하여 3월 2일, 성의중·상업고등학교 교무실에 가서 선생님들께 인사를 드리고 근무를 시작하였다.

    성의학교는 천주교 재단에서 설립한 학교로, 김수환 추기경께서 직접 설립하시고 초대 교장으로 재직하시기도 한 뜻깊은 학교였다. 추기경께서는 학교를 각별히 사랑하셔서 개교기념일마다 잊지 않으시고 매년 찾아오셔서 교직원과 학생들을 격려해 주셨다.
    남자부는 지좌동에 있는 성의중·상업고등학교, 여자부는 평화동의 성의여자중·상업고등학교로, 처음에는 한 학교로 운영되다가 나중에 분리되어 두 학교로 나뉘게 되었다. 나는 남자부인 성의중·상업고등학교에서 근무하게 되었다.
    상업고등학교이기 때문에 화학뿐만 아니라 물리, 지학까지 담당해야 했고, 시간이 남아 중학교 수학까지 맡게 되었다. 담임은 중학교를 우선 맡았다. 또 상업고등학교이지만 대학 진학을 희망하는 학생들을 위한 반이 따로 편성되어 있었다.

    내가 맡은 교무 분장은 전임 선생님이 담당하던 일을 그대로 이어받는 것이어서 신임교사로서 책임이 무거웠다. 교무계획, 학교방송, 과학실 관리까지 맡게 되었으니 짐이 상당히 컸다. 그러나 나는 열심히 해보기로 마음먹고 학년 초부터 휴일도 반납한 채 출근하여 일하였다.

그 모습을 보신 교장 신부님께서 나를 무척 아껴주시며 교장실로 불러 특별한 격려를 해주셨다. 신부님께서는 "우리 함께 학교를 잘 운영해봅시다."라고 말씀하시며 큰 힘을 주셨다.

학교 방송시설은 이전 학기까지 고장이 잦아 소리가 제대로 나지 않아 고생이 많았는데, 내가 맡은 후부터는 소리도 잘 나오고 원활히 운영되었다. 이를 본 교장 신부님께서는 칭찬을 아끼지 않으셨다.

그 무렵 수업 계 담당 선생님이 가정사로 인해 시간표가 아직 완성되지 않아 임시 시간표로 운영되고 있었다. 수업이 제때 진행되지 않자 교감선생님께서 나에게 시간표를 작성할 수 있겠느냐고 물으시며 부탁하셨다. 나는 "한번 해보겠습니다."라고 대답하였다.

상고와 중학교가 병설된 학교라 시간표가 매우 복잡하고, 작성 후에는 늘 불평이 많다는 이야기를 미리 들었다. 그래서 가능한 한 불만이 생기지 않도록 신중히 해보기로 했다.

그날 당장 모든 선생님께 각자가 희망하는 시간표를 제출해달라고 부탁했고, 받은 희망표를 참고하여 그날 밤 늦게까지 남아 시간표를 작성했다. 교무과장이 남아 함께 도와주어 비교적 일찍 마칠 수 있었다.

다음 날 완성된 시간표를 발표하자 선생님들은 놀라워하였다. 대부분 자신이 원하는 시간대와 크게 다르지 않았고, 무엇보다 짧은 시간에 정확히 만들어낸 점을 보고 나를 다시 보는 눈빛이었다.

그전에는 시간표 담당 선생님이 불평을 많이 들어 욕을 먹거나 심지어 주먹다짐까지 있었다고 들었는데, 이번에는 불평하는 이가 단 한 사람도 없었다.

이 소식을 들은 교장 신부님께서 나를 불러 자세한 사정을 물으시기에 과정을 말씀드렸더니, 신부님께서는 무척 기뻐하시며 크게 칭찬해 주셨다.

粗蹄家色廬朱樓健覺光陰變昭收
采禾消長恒日月新如迎送來春秋
為咱化儀三軍走衣好桂星七月餘
可愛梅光珠又美謹濱楊漁江沙
祖父魯岡公詩家善感吟孫永勳謹書

14. 평화동 김창용의 집으로 이사하다

　임시로 급히 이사해 놓은 곳은 평화동 시장 뒤의 단칸방이었다. 방이 너무 좁아 새로 집을 구해 옮기기로 하였다. 김천고등학교에 입학한 영우와 삼현이를 함께 데리고 살기에는 공간이 너무 협소했기 때문이다.

　며칠 동안 적당한 집을 찾아다녔으나 마땅한 곳을 쉽게 찾을 수 없었다. 그러던 중 우연히 계성고교 동창생 김창용을 길에서 만나 사정을 이야기하니, 그가 자기 집에 방이 있으니 함께 지내자고 제안하였다.
　김창용의 집을 찾아가 보니 방이 두 칸 있었다. 그래서 함께 살기로 하고, 남들과 같은 조건으로 전세 계약을 맺은 뒤 이사를 하였다. 이사를 마치니 아내와 아이들이 무척 기뻐하였다.

　김창용은 왜관 출신으로, 나와 함께 계성중·고등학교를 다닌 동창이었다. 경북대학교 수의대를 졸업한 후 김천축협에서 근무하고 있었다. 아이들은 두 아들을 두었는데, 우리 아이들보다 두 살가량 많았다.
　그 집에는 모두 방이 네 칸 있었고, 김창용 가족이 두 칸을, 우리가 두 칸을 사용하기로 하였다. 우리는 안쪽 방을 쓰고, 영우와 삼현이는 바깥방을 쓰며 지내기로 했다.

　새로 이사하고 나니 가구가 필요하여 처음으로 농(장롱)을 사고, 학생용 책상 두 개도 마련하였다. 그제야 비로소 '이제 우리도 가정을 제대로 꾸렸다'는 생각이 들었다.

김창용의 집에는 젖을 짜는 양 한 마리와 닭 몇 마리가 있었다. 그들은 양젖을 짜서 매일 가족들과 함께 마셨다. 집은 비교적 조용하고 아담했으나, 비가 오면 진흙탕이 되어 미끄럽고, 바로 아래에는 연탄공장이 있어 검은 재가 날아오기도 했다.

자전거를 한 대 사서 출퇴근을 하기로 했다. 마침 학교 선생님이 자전거 판매점을 소개해 주셔서, 중고 일제 '기와이모' 자전거 한 대를 구입했다. 그 자전거는 당시 국산 새 자전거보다 값이 비쌌다. 그런데도 내가 4년 동안 타고 나서 팔 때에도 처음 산 가격 그대로 받을 수 있을 정도로 품질이 좋았다.

그 무렵, 나도 언젠가는 집을 사서 남들처럼 살 수 있을까 하는 생각이 들었다. 그래서 더욱 열심히 살아야겠다는 마음을 다잡았다.

이사 후에는 부모님을 모시고 식사도 하고, 처부모님을 모셔 함께 식사도 했다. 그제야 비로소 '이제야 살림을 제대로 하고 있다'는 생각이 들었다.

학교 선생님들을 모셔 집들이를 하면서, 처음으로 '이제 나도 사람답게 살고 있구나' 하는 감회를 느꼈다.

15. 아내가 병이 나서 수술을 하다

1969년 여름방학 무렵, 아내가 배가 아프다고 하여 병원에 가 보기로 했다. 김천에 있는 진내과병원을 찾아가니, 의사는 "별로 심각한 병은 아니고 위궤양 정도로 보이니 약을 먹으면 나을 것"이라고 말했다.

그 말에 따라 약을 먹으며 치료했으나 차도가 없었다. 다시 병원을 찾아가니, 이번에는 "좀 더 큰 병원에서 종합검진을 받아보라"며 대구 파티마병원을 소개해 주었다. 파티마병원은 성의학교와 같은 재단이었기에, 교장 신부님의 소개를 받아 찾아갈 수 있었다.

병원 내과에서 진료를 받고 여러 검사를 받은 결과, 위암이라는 진단이 내려졌다. 청천벽력 같은 소식이었다. 가족과 상의 끝에 결국 수술을 받기로 하고 다시 파티마병원에 입원하였다.

그러나 수술은 예정된 시간보다 훨씬 일찍 끝났다. 이상한 예감이 들어 기다리고 있는데, 주치의가 나를 불렀다. 수술을 집도한 의사는 잠시 침묵하더니 조심스레 말을 꺼냈다.

"암세포가 위에서부터 주위 임파선까지 너무 많이 전이되어 수술을 도저히 할 수 없어, 개복만 하고 그대로 덮을 수밖에 없었습니다."

그 말을 듣는 순간, 눈앞이 캄캄해지고 세상이 무너지는 듯했다. 아무 말도 나오지 않았다. 옆에 있던 아버님과 장모님, 처남 등 가족들은 모두 울음을 터뜨렸다.

며칠 후 퇴원하여 김천의 집으로 돌아왔다. 의사의 권유에 따라 환자에게는 암이라는 사실을 알리지 않았다. 그러나 시간이 지나도 차도가 없고 통증이 심해지자 아내는 점점 짜증을 내며 괴로워했다. 그 모습을 지켜보는 것이 너무나 고통스러웠다.

진 내과병원을 다시 찾아가 약을 받아 복용해 보았지만, 별다른 효과는 없었다. 장모님은 밤낮으로 간호를 하시며 "다른 좋은 방법이 없을까" 하시며 한약을 지어 오시기도 했다.
또 어떤 사람의 말을 들으시고는 굿을 해보자고 하셨다. 아무런 소용이 없을 것을 알면서도, 실낱같은 희망이라도 붙잡고 환자를 조금이나마 위로하고자 하는 마음이었다.
그래서 김천에서 가장 용하다는 무당을 불러 하루 종일 굿을 하기도 했다. 물론 효과는 없었다. 친구 김창용은 독실한 기독교 신자였기에 못마땅했을 법도 했지만, 아무 말 없이 내 사정을 이해해 주어 무척 고마웠다.

시간이 갈수록 아내의 몸은 점점 더 쇠약해졌다. 아무것도 먹지 못하고 밤새도록 나를 곁에 두길 원했다. 그래서 나는 아내 곁에서 밤을 지새우는 날이 많았다. 다음날이면 학교에 출근해야 했지만, 피곤한 줄도 모르고 지냈다.
통증이 너무 심할 때는 병원에 데리고 갈 수도 없어, 진내과 의사를 찾아가 사정을 이야기하고 왕진을 부탁하기도 했다. 하지만 효과는 거의 없었고, 진통제를 주사하는 것이 고작이었다.

16. 아내가 세상을 떠나다

아내가 병이 난 지 반년이 지나자 병세는 더욱 깊어져 갔다. 식사도 하지 못하고, 의식도 흐려져 사람조차 잘 알아보지 못했다.

그러던 어느 날, 겨울방학이 되어 아내가 "약목으로 가자"고 먼저 말을 꺼냈다.

우리 가족은 혹시나 약목에 가면 나을지도 모른다는 희망으로 택시를 타고 약목의 집으로 향했다.

도착하자 아내가 잠시 정신을 차려 사람을 알아보는 듯해 안도했지만, 이내 갑자기 의식을 잃고 말았다.

급히 약목 병원에 왕진을 부탁하니 의사는 "며칠을 넘기기 어렵겠다"고 했다.

그때까지만 해도 미약한 희망이 있었으나, 그 말을 듣고 나니 온몸의 힘이 빠지고 앞이 캄캄해졌다.

그래도 혹시 기적이 일어나길 바라며 하루하루를 버티던 중, 아내가 갑자기 나를 찾았다.

내가 곁에 다가가 손을 잡으니, 아내는 그 손을 꼭 쥐고 놓지 않으며 무언가 말을 하려 했지만 끝내 표현하지 못한 채 나만 바라보다 눈을 감았다.

"중환이 엄마!" 수없이 불러보았지만 아무 대답도 없이 아내는 조용히 숨을 거두었다.

1969년 음력 12월 18일 오전 10시경이었다.

병이 악화되어 수술이 불가능하다는 말을 들었을 때 이미 각오는 했지만, 막상 일을 당하고 보니 세상이 무너지는 듯했다.

모든 것이 내 탓인 것 같아 가슴이 미어졌다.

앞으로 어떻게 살아가야 할지 막막하기만 했다.

아버님이 계셨지만 나는 통곡조차 하지 못하고, 마음속으로만 울며 장례를 치렀다.

신양산 선영 근처에 묘소를 정하고, 중환이와 함께 마지막으로 통곡하며 장례를 마쳤다.

집에 돌아오니 아직도 아내가 곁에서 "아프다"고 말하는 목소리가 들리는 듯했고, 나는 중환이와 동환이를 안고 울었다.

삼우제를 마치고 김천 집으로 돌아오니, 김창용 내외가 우리를 맞아 위로해 주었다.

시집가지 않은 여동생 영임이가 따라와 집안을 정리하고, 어린 중환이와 젖먹이 동환이를 돌보느라 큰 수고를 했다.

방학 중이라 학교에 가지 않아도 되었지만, 너무 오래 쉬면 안 될 것 같아 출근을 했더니 교실도, 집도 모두 허전하기만 했다.

큰방 한켠에 마련한 빈소에 조석으로 제사를 올리며 중환이와 나는 매일같이 아내를 그리워했다.

아이들을 볼 때마다 엄마가 생각나 눈물이 나왔다.

아이들이 먹고 싶다, 가지고 싶다 하는 것이 있으면 뭐든 사주고 싶어 시장을 돌며 이것저것 사들고 오기도 했다.

처음엔 동생 영임이가 밥을 해주었고, 나중에는 사정상 영분이와 처가의 막내 처제 시현이도 와서 도와주었다.

그 정성과 도움들이 얼마나 고마웠는지 모른다.

얼마 지나지 않아 영우와 삼현이가 고등학교 2학년이 되어 대학 진학 준비를 해야 했고, 양가 식구들이 모두 힘에 부칠 정도로 뒷바라지가 어려워졌다.

나는 수업 중에도 늘 아이들 생각에 마음이 놓이지 않았다.

수업이 끝나면 교감선생님께 양해를 구하고 곧장 퇴근해 아이들을 돌봤다.

동환이는 아직 너무 어려 약목의 집에 잠시 맡겼다.

그곳에는 새로 아버님을 도우며 지내던 장씨라는 분이 계셨는데, 그분의 본가가 김천이라고 했다.

그분이 나를 알아보고는, 김천의 아는 처녀인 신홍자 씨가 약목 집에 놀러 와 우리 동환이를 돌봐준 적이 있다고 전해 주었다.

그 말을 듣고 나는 마음속으로 깊이 고마움을 느꼈다.

아내 백순자는 평생 고생만 하다가 세상을 떠났다.

나는 그날 이후로 스스로 다짐했다.

1. 무슨 일이 있어도 중환이와 동환이를 잘 키워, 엄마 없는 아이로 불리지 않게 하겠다.
2. 남에게 뒤지지 않는 바르고 당당한 사람으로 키우겠다.
3. 집안 식구들과 화목하게 지내며 가정을 지켜 나가겠다.

17. 성의중학교 과학반을 맡아 지도하다

성의학교에 부임한 이후, 나는 성의중학교의 과학반을 맡아 지도하게 되었다.

과학반은 주로 특별활동 시간에 활동을 했지만, 필요할 때는 방과 후 시간을 이용해 실험과 실습을 해야 하는 경우가 많았다.

그래서 부담이 적지 않았다.

특별활동 시간만으로는 충분하지 않아, 학생들이 나를 찾아와 새로운 과제를 함께 실험해 보고 싶다는 말을 자주 하였다.

그럴 때마다 나는 새로운 계획을 세우고 준비를 해야 했는데, 당시 집안 형편이 복잡하고 아이들만 집에 남아 있는 상황이라 마음이 늘 조급했다.

고모나 처제가 돌봐주긴 했지만, 아이들은 언제나 나만 찾곤 했다.

그러던 중 1970학년도, 경상북도 교육청에서 도내 중학생을 대상으로 하는 실험·실습 경연대회 공문이 학교로 도착했다.

우리 학교에서도 처음으로 참가해 보기로 결정하였다.

나는 중학교 3학년 학생들 중 몇 명을 선발해 훈련을 시키기로 했다.

그중 하춘수 학생(훗날 대구은행장으로 재직함)이 대표로 참가하였다.

시골 학교이다 보니 실험 경험이 적고, 실험 기구나 시설이 부족해 어려움이 많았다.

그러나 다행히 우리 학교는 천주교 재단이 운영하는 학교라 다른 학교보다 상대적으로 좋은 시설을 갖추고 있었다.

그때부터 교사들도 수업 중 실험을 자주 시도하며 실습 위주의 교육을 강화하였다.

대회를 앞두고는 쉬는 날도 없이 연습을 계속했다.
집에서는 어린 두 아들이 아버지를 기다리고 있었지만, 나는 어쩔 수 없이 아이들을 남겨두고 학교에 나와 대회 준비에 매달렸다.
드디어 대회 당일, 참가 학생들을 데리고 대구로 내려가, 대회장 근처 여관에서 하룻밤을 묵었다.
다음 날 대회에 참가했는데, 참가 학교가 30여 개교나 되었고 대부분 우리보다 시설이 훨씬 좋은 도시 학교들이었다.
인솔교사들 중에는 나의 선후배들도 있었고, 모두가 많은 훈련을 거쳐 준비해 온 듯 보였다.

대회가 끝난 뒤 결과 발표를 기다리는데, 우리 학생들은 자신이 없어 큰 기대를 하지 않았다.
그런데 뜻밖에도 우리 학교가 처음 참가했음에도 불구하고 2등을 차지했다.
모두 놀라고 기뻐하며 환호했다.

학교로 돌아와 결과를 보고하니 교장 신부님께서 크게 기뻐하시며 많은 칭찬을 해 주셨다.
그날의 보람과 감격은 지금도 잊을 수 없다.

18. 혼인을 하게 되다

중환이 엄마가 세상을 떠난 지 1년도 되지 않았지만, 가정형편이 너무 어려워 큰 애를 먹고 있었다.
여동생들과 처제가 교대로 집안 살림을 맡고 있었지만, 불편한 점이 많았고, 어린 두 아이들도 정 붙일 곳이 없어 늘 불쌍하게 보여 마음이 아팠다.
그런 중에 아버님과 함께 살던 분이 김천의 친한 집 딸을 소개하면서, 약목의 집에 놀러 와 있던 우리 동환이를 보고 예뻐해 주었다는 소식을 들었다.

그 일이 있고 난 후, 아버님이 김천에 오셔서 나에게 재혼을 권하셨다.
나는 단호히 거절했다. 그 이유는, 아내가 떠난 지 아직 1년도 지나지 않았고, 내 마음속에는 아직도 아내가 함께 있는 듯한 생각이 들어 잠시라도 마음을 다른 데로 두는 것이 어렵다고 느꼈기 때문이었다.
또한 아내의 동생인 삼현이가 함께 있어 아내를 떠올리게 하는 점도 이유였다.
한 달이 지난 뒤 아버님이 다시 찾아오셔서, 내 어려운 상황을 살피고 다시 재혼을 권하시며 다음에는 충분히 생각해 보고 답하라고 하셨다.
좋은 상대를 찾아보라 하시고 약목으로 돌아가셨다.

그때 나는 여러 가지 생각에 잠겼다.
집안 살림을 돌보던 여동생도, 처제도 사정으로 오지 못해, 결국 내가 밥을 짓고 아이들을 돌보며 학교에 가야 했다.

토요일이면 중환이와 삼현이는 약목의 집으로 가고, 우리 식구만 남았다.

외식을 하러 평화동 식당에 가면, 동환이가 "엄마는 어디 갔어요?"라고 묻기도 하여, "멀리 볼일 보러 갔다"라고 거짓말을 하였다.

엄마가 있어야 할 나이에 없다는 것이 무척 미안하고 슬펐다.

아이들을 안고 울면서, 이것이 내가 잘못해서 생긴 일인지 생각하며 마음 아파하기도 했다.

동환이를 약목에 보내고 나면, 나와 영우, 삼현, 중환이가 남아 밥을 해 먹거나 시장에 가서 음식을 사서 먹었다.

약목에 있던 동환이가 여러 사람의 도움으로 잘 지내고 있다는 소식을 듣고, 마음속으로는 다행스럽게 생각했다.

며칠 후 아버님이 다시 오셔서 재혼 문제를 말씀하시자, 나는 한번 생각해보겠다고 답했다. 그 후 얼마 지나지 않아, 김천의 처녀가 있으니 다방으로 나오라는 연락이 왔다.

그 다방에서 처음 만난 사람이 신홍자(申弘子)라는 처녀였다. 김천에 살며, 평산 신씨이고, 할아버지는 이북 황해도 출신이었다. 아버님은 이미 돌아가셨고, 어머니는 문채선 씨로, 2남 4녀 중 둘째 딸이었다. 위로 두 오빠가 있었으며, 나에게는 너무나 과분한 혼처였다.

나중에 알게 되었지만, 얼마 전 약목에서 동환이를 돌봐주던 그 처녀라는 것을 알고 안심이 되었다.

중환이 엄마 없이 10여 개월을 지나면서 아이들에게 미안함과 고생스러움을 느꼈지만, 조금 더 힘을 내면 좋은 날이 올 것이라 생각하며 결혼을 미루었다. 하루는 학교에서 돌아오니, 중환이가 동네 아이들과 싸움이 나서 홀로 울고 있는 모습을 보았다. 그때 중환이 엄마가 있었으면 좋았을 것이라는 생각에 마음이 더 아팠다.

여러 날 고심하며, 결혼 문제를 여러 사람과 상의했다.

관호동 처가, 서울의 형님, 주변 선생님들과 상의하며 여러 경우를 고려했다. 그 결과, 재혼이 지금의 어려움보다 나은 생활을 가져올 수 있겠다는 결론을 내리고 결혼하기로 결심했다.

1970년 10월 21일(경찰의 날), 김성환 교장 신부님의 주례로 김천 문화회관에서 결혼식을 올렸다.

결혼식 당시 마음이 무겁고, 앞으로의 생활과 해야 할 일이 머릿속을 스쳐 지나며 걱정이 앞섰다.

신혼여행은 설악산 관광호텔로 갔다.

여행 중에도 두 사람은 앞으로의 생활과 다가올 어려움을 이야기하며 서로 마음을 다졌다.

김천의 집으로 돌아오니, 집안이 다시 살아 있는 듯 활기가 느껴졌지만, 마음 한켠에는 여전히 무거운 걱정이 남았다.

새로 맞이한 신홍자 아내와 서로 믿고 성실히 살아가며, 어려움 속에서도 가족과 부모님을 잘 모시고, 중환이와 동환이를 우리의 자식으로 잘 키우자고 서로 다짐했다.

19. 김천 제일학원에서 강의를 하다

　1970 년 여름 방학이 시작될 무렵, 영어를 담당하던 이하기 선생이 나에게 사설 학원에서 중학생 수학 강의를 해볼 의향이 없는지 제안했다. 나는 가정 사정으로 어렵겠다는 말로 사양했었다. 당시 나는 중학교 1 학년과 3 학년 학생들에게 수학을 가르치고 있었는데, 학생들이 김천 제일학원을 운영하는 오문환 원장과 잘 알고 있었고, 그 학생을 통해 이하기 선생에게 제안이 들어온 것이었다.

　그러던 중, 갑자기 오문환 원장에게서 연락이 와 만나게 되었다. 오 원장은 제일학원에서 중학생 대상의 수학 강사를 찾고 있는데, 학생들 사이에서 나의 평판을 듣고 부탁하는 것이니 사양하지 말고 꼭 강의를 맡아 달라고 요청해왔다. 나는 방학 중이었으므로 방학 기간 동안만 강의를 하기로 결정했다.
　방학 동안 나는 중학교 1 학년 대상 강좌와 3 학년 대상 강좌 두 시간을 맡아 한 달 동안 강의했다. 1 학년 반은 '수학의 기초' 책을 중심으로, 3 학년 반은 '수학 3000 제' 책을 중심으로 가르쳤다.

　방학을 마치고 강의를 그만두려 하자, 오문환 원장이 학원 개원 이래 학생 수가 가장 많았고 강의 인기도 높다며 계속 강의를 해달라고 간곡히 부탁했다. 그래서 나는 방과 후에 3 학년 반만 한 시간씩 강의를 이어가기로 했다. 이렇게 바쁜 일정을 보내던 중에 나는 재혼을 했다.

겨울 방학이 시작될 무렵이 되자, 오문환 원장이 이번에는 고등학생들을 대상으로 화학을 강의해 줄 것을 다시 요청했다. 당시 김천에는 김천고, 성의상고, 성의여상고, 금릉고, 김천여고 등 고등학교가 많았지만, 학원은 제일학원 하나뿐이었다. 오 원장의 친척 조카가 김천고등학교에 다니고 있었는데, 같은 학년인 성의상고 학생으로부터 내가 성의상고에서 화학을 가르친다는 이야기를 들었다고 한다. 서울대학교 이과에 지원하려면 화학을 선택해야 하므로, 나에게 화학 강의를 듣고 싶어 하는 학생들이 많으니 강의를 부탁하는 것이었다. 나는 이 요청을 거절할 수 없어 겨울 방학 동안만 강의를 하기로 했다. 이 기간에 영우와 삼현이도 함께 화학 강의를 들었다.

1971년에도 학원에서 수학 강의를 계속하고 있었으나, 그해 7월에 문교부에서 현직 교사는 학원에서 강의할 수 없다는 규정이 생겼다. 이 규정 때문에 나도 그때부터는 학원 강의를 그만두게 되었다.

20. 김천시 평화동 충권이네 집으로 이사를 하다

1969년부터 살던 친구 김창용의 집에서 이사를 하게 되었다. 김창용이 미국에 사는 처형의 주선으로 이민을 가게 되었기 때문이다. 김창용의 처가는 장인이 목사일 정도로 독실한 기독교 신자 집안이었고, 김창용의 집안 역시 기독교 신자였다. 이민을 가는 것 역시 기독교 신자라는 배경이 작용했다고 한다. 김창용은 김천의 축산협동조합 직원으로 일하며 단란하게 살고 있었다.

김창용이 미국으로 가게 되면서 집을 팔아야 했는데, 그는 나에게 다른 사람보다 헐값으로 줄 테니 그 집을 사기를 권했다. 하지만 나는 살 수가 없었다. 돈도 없었지만, 언젠가는 대구에서 기반을 잡을 것을 생각하고 있었으므로 집을 사지 않았다. 결국 집을 구하기로 하고 적당한 곳을 전세로 찾기 시작했다. 며칠 동안 집을 구하러 다녔지만 적당한 곳이 없었다.

1971년 12월 말, 학교 선생님의 소개로 평화동 충권이네 집에 전세로 이사를 하게 되었다. 충권이네 집 주인은 중소기업을 하는 사람으로, 원래는 세를 놓지 않으려고 했으나 내가 특별히 부탁하여 세를 얻을 수 있었다. 이때 영우와 삼현이는 곧 졸업을 앞두고 있었다. 방이 두 칸만 있으면 우리 식구 살기에 적당하다고 생각하여 그곳으로 이사했다.

당시 텔레비전 방송이 막 시작되던 때라, 앞집 오 간호사 집에서 텔레비전을 처음으로 구입하여 시청하고 있었다. 우리 집 아이들은 동네 아이들과 같이 그 집에 가서 텔레비전을 구경했다. 오 간호사 집에는 딸이 하나 있었는데, 또래 아이들을 꾸짖을 수도 없어서 무척 애를 먹었던 기억도 있다. 우리가 사는 집 아래 방에는 성의여고 선생님이 살면서 같이 의좋게 지내기도 했다.

題報遠齋(제보원제)

芳山抱報齋　溪水繞南街
崇祖盡敦睦　後孫追遠齋

방산이 보원제를 안고 있고
남계천의 물이 남쪽거리를 둘러 있네
조상을 숭배함에 돈목함을 다하고
후손들은 조상을 생각하고 제사를 잘 모시네

愼終如始(신중여신)

일을 끝을 삼가 하기를 처음의 마음 같이하라

21. 영우와 삼현이가 졸업을 하다

1972년 1월, 영우와 삼현이가 김천고등학교를 졸업하게 되었다. 영우는 열심히 공부하여 3학년 때는 자기 반에서 3, 4등 정도를 했다. 김천고등학교에서 이 정도 성적이면 예상외로 아주 잘한 것이었다.

나는 아버님, 형님과 영우의 진학에 대해 상의하고, 영우와도 충분히 의논한 후에 우선 육군사관학교에 응시해 보기로 했다. 육군사관학교에 원서를 내고 시험을 보았는데, 1차 필기시험에는 합격했다. 합격한 학생은 2차 시험 원서를 낼 때 군의 고위 장성급 추천서가 필요했다. 우리 집안에는 군에 근무하는 사람이 없었기에 종자형이 되는 박 서방 대령과 상의했다. 박 대령은 자신의 추천서를 붙여 제출해도 좋을 것이라 하여, 그분의 추천서를 붙여 2차 원서를 제출했다. 2차 시험은 신체검사와 면접시험을 보고 돌아왔다. 며칠 후에 불합격 통보가 났다.

그 후 3학년 담임 선생님과 상의하여 1차 시험을 서울대학교 상과대학에 지원하기로 했다. 무리한 도전이라는 것을 알고 영우에게 경북대학교에 다시 가기를 권했지만, 본인이 서울대에 시험 보기를 원해서 원서를 제출했다. 영우는 서울 형님 댁에 머물면서 시험을 보았다. 그 결과는 불합격이었다. 결국 1년 동안 재수하여 내년에 진학하기로 했다.

삼현이는 경북대학교에 응시했으나 역시 불합격이 되었다. 그래서 삼현이도 재수하기로 하고 둘이 모두 집으로 돌아왔다.

22. 집에서 수학 과외를 시작하다

　1970년 여름 방학부터 제일학원에서 수학 강의를 하면서, 얼마 지나지 않아 나의 강의 방식이 이전의 여러 수학 선생님들보다 더 재미있고 알기 쉽게 가르쳐준다는 소문이 퍼지기 시작했다. 여러 곳에서 문의 전화가 걸려왔고, 일부 학부모는 자기 집에 와서 과외를 해달라거나, 학생 몇 명을 모아줄 테니 지도해달라고 부탁하기도 했다. 나는 학원 강의 시간 때문에 도저히 할 수 없다고 말했지만, 아무도 믿지 않고 무조건 시간을 내서 가르쳐주기를 원했다.

　며칠 후, 집주인 아주머니가 찾아와 자기 딸이 중학교 3학년인데 어떻게든 수학을 가르쳐 줄 것을 간절히 부탁했다. 결국 1971년 여름 방학 중반부터 집주인 딸과 요청하던 여학생 몇 명을 모아 집에서 수학 과외를 시작했다. 학원에서는 학생들이 너무 많아 상세하게 가르치지 못했던 내용을 더 자세히 가르쳐주었더니, 공부하고자 하는 학생 수가 더욱 늘어났다.
　그런데 소문을 듣고 성의중학교 남학생들의 학부모들이 찾아왔다. 그들은 여학생들만 과외를 해주면서 자기 학교 선생님이 정작 자기 학교 남학생들에게는 수학 과외를 해주지 않는 것은 부당하다며 교장 선생님을 찾아가 항의하겠다고 했다. 나는 시간이 없었지만 어쩔 수 없이 남학생들의 수학 반을 만들어서 강의하기 시작했다.

　방학이 끝난 후에는 시간이 부족하여 집에서 과외를 하지 않기로 했다. 그랬더니 과외를 받던 학생들의 학부모들이 다시 찾아와 계속 강의를 해달라고 부탁했다. 학교 수업도 있고 학원 수업도 있어 도저히 할 수 없다고 말했지만, 그들은 나의 입장은 생각하지 않고 계속해서 과외 수업을 요청했다. 결국 어쩔 수 없이 밤늦게까지 계속해서 수업을 해야만 했다. 매일 남학생 반과 여학생 반 두 반을 수업할 수 없어 격일로 남녀를 나누어 수업했다.

  수업을 계속하는 동안에도 학생 수가 늘어나 애를 먹기도 했지만, 개인적으로 싫지는 않았다. 다만, 몸은 무척 피곤하여 쉬고 싶기도 했다. 약목에도 자주 내려가 보아야 했지만 뜻대로 되지 않아, 여러 번의 제사를 모실 때만은 빠짐없이 참여해야 했다.
  이처럼 집안 식구들에게는 말도 못 하고 나 혼자만 조심하며 지내는 날이 계속되면서, 친한 친구들과는 자연스레 멀어지고 있었다.

23. 중환이가 김천초등학교에 입학을 하다

　1971년은 우리 집에 많은 변화가 있던 해였다. 아버님께서는 복성동의 정미소를 팔고 남계 2동에 새 집을 지어 이사를 하셨다. 이 시기에 아내는 임신한 것이 잘못되어 낙태를 하기도 했다. 바쁘게 지나는 가운데 비로소 대구에서 대학 동창생들의 모임에도 참석했고, 계성고 동창이자 경대 사대 화학과 동창인 박상구가 미국으로 이민을 간다고 하여 우리 부부가 같이 가서 김대현 동창과 세 가족이 처음으로 모이기도 했다.

　1972년 2월 초, 우리 중환이의 취학 통지서가 배달되었다. 처음으로 맞이하는 아들의 취학이라 감회가 깊었다. 중환이 생모가 없는 형편에서 처음으로 국민학교 학생이 된다는 생각에 무척 놀랍기도 했고 한편으로는 대견스러웠다. 중환이가 새어머니를 잘 따르며 말을 잘 들어주어 한편으로는 고마운 생각이 들었다.

　3월 2일, 중환이가 김천국민학교 1학년에 입학하게 되었다. 아내(중환이 엄마)가 가방과 학용품을 사주고 여러 가지를 준비해 주는 것을 옆에서 지켜보면서 마음속으로 기뻤다. 학부모 모임에도 참석하고, 모자가 한마음이 되어 숙제도 해주고 잘 돌보아주는 중환이 엄마가 너무 고맙고 안심이 되었다.
　그런데 집에 있던 동환이도 중환이를 같이 따라다니면서 둘 사이가 무척이나 가까워졌고, 서로 이해하는 듯 보여 흡족한 마음이 생겨나기도 했다.

24. 동생들이 결혼을 하였다

어머님의 상을 당하고 정신없이 지내다가, 또 중환이 어머니가 병이 나면서 나는 정신없이 살았다. 중환이 어머니의 상을 치르는 어려운 상황이라 동생들이 결혼을 할 때도 별로 신경을 쓸 형편이 아니었다.

·영조는 1969년에 아주 신씨와 결혼했는데 나는 참석하지 못했다. 아들 승환, 민환, 딸 정은이 있다.

·영분이는 1971년에 영일 정씨 화국이와 결혼할 때는 참석했다. 아들 정치호, 딸 정은경, 정은하, 정은섭이 있다.

·영임이는 1970년에 곡부 공씨 국조와 결혼할 때 참석했다. 아들 공병일, 딸 공미정이 있다.

·영애는 1972년에 성주 도씨 계번이와 결혼했다. 일찍 죽었다.

25. 성의상업고등학교 2학년 학생들과 수학여행을 다녀왔다

1972년에 나는 성의상업고등학교 2학년 담임을 맡게 되었다. 성의상고에 부임한 후 작년에 고등학교 1학년을 담임했고 이어서 2학년을 담임하게 되어, 무엇인가 좀 더 잘해보고자 학생들과 약속하고 열심히 지도했다. 우리 반은 진학하려는 학생들로 구성되어 있어서, 오후에 한 시간 정도를 별도의 자율학습 시간으로 정해 부족한 학과를 자체적으로 보충하는 시간을 마련하기도 했다. 그래서 4월 말에 수학여행을 다녀와서 단합된 마음으로 공부를 하려고 계획을 세웠다. 행선지는 설악산으로 정하고 2박 3일 일정으로 다녀오기로 했다.

그런데 갑자기 경대 사대 화학과 동기생인 대구 남산여자고등학교에 근무하는 김동식 선생으로부터 만나자는 연락이 왔다. 오후에 대구에 갔더니 그가 대구 남산여고로 자리를 옮길 생각이 있는지를 물어왔다. 갑자기 생긴 일이라 뭐라고 말하지 못하고, 김천에 가서 상의한 후에 연락해 주기로 하고 돌아왔다.
수학여행을 다녀온 후에 성의 학교에도 사정을 알리고 집안 사람들과도 상의하기로 생각하고 우선 수학여행을 떠났다.

성의상고에서 설악산으로 수학여행을 가는 것은 이번이 처음이었다. 그래서 교장 신부님이 걱정되어 나를 불러 각별한 주의를 주셨다. 나는 2학년 학년 주임이면서 학생과장까지 맡고 있었으므로 책임이 더욱 무거움을 알고 있었다.
4개 반이었으므로 버스 4대를 대절하여 설악산으로 출발했다. 설악산에 도착하니 벌써 오후가 되어 가까운 비선대를 다녀왔다. 1박을 하고 다음 날에는 건들 바위를 보고 울산바위까지 갔다 오기로 하고 올랐다. 학생들이 울산바위에 올라가는 동안 나와 다른 선생님 한 분이 뒤에서 따라 올라가고 있었는데, 먼저 올라간 학생들이 일부는 벌써 내려오고 있었다.

그날 대구 구남여자상업고등학교 학생들도 수학여행을 와서 우리 학생들과 같이 울산바위를 올라가고 있었다. 우리 학교 학생들 중에서 먼저 내려오던 학생들이 구남여상 학생들의 모자를 많이 빼앗아 가지고 내려오는 것이었다. 내가 학생들을 모아 놓고 모자를 전부 회수하고 있는데, 구남여상 학생들이 나에게 거세게 항의했다.
그때 학생들과 같은 운동복 차림을 한 사람이 더 세게 항의하기에, 내가 큰 소리로 학생 취급을 했다. 그랬더니 그 여자가 모자를 벗고 나에게 항의하는데, 보니까 여선생님이었다. 그 여선생님은 내 앞에서 울면서 항의하며 소란이 일어났다. 이때 다행히 고등학교와 대학교 동창생인 조용문 선생이 구남여상의 인솔 교사로 나타났다. 조용문 선생에게 사실을 잘 설명하여 무사히 일이 마무리될 수 있었다. 다시 1박을 하고 김천으로 무사히 돌아왔다.

26. 성의중 상업고등학교를 사직하다

　수학여행을 다녀온 후, 나는 성의상업고등학교의 김성환 교장신부님께 대구 남산여자고등학교로 자리를 옮기겠다며 가정형편과 부득이한 사정을 말씀드렸다.

　김성환 교장신부님은 나를 무척 좋아하셨고, 늘 무엇이든 상의하며 지내셨다. 그런데 내가 떠난다고 하자, 손을 잡고 한참 동안 말을 못 하시며 무척 실망하시는 눈치였다.

　마지못해 하신 말씀은 이러했다.
　"우리 학교를 버리고 꼭 떠나야만 하겠는가? 나와 함께 이 학교를 잘 만들려 했는데, 떠난다니 어떡하란 말이냐? 절대로 못 보내겠다."

　교장신부님은 나를 보내지 않으려 대구 남산여자고등학교장에게 전화를 하려고까지 하셨다.
　더구나 나의 결혼식에서 주례도 해주시고, 나를 2학년 주임과 학생과장으로 배정해주셨기에, 내가 그 은혜를 배반하는 것 같아 마음이 아팠다.
　그러나 아이들 교육 문제와 나의 진로를 고려해야 했기에, 결국 대구로 가야만 했다.
　또한, 아내가 두 번이나 유산한 경험이 있어 출산과 건강 문제 때문에 더 절박한 상황이었다.

　저녁에 과외로 지도하던 학생들에게도 미안한 마음이 컸다. 이 학생들은 대부분 성적이 좋지 않은 학생들이었고, 이제

막 학업에 취미를 붙이려는 단계였다.

  내가 과외를 해주지 않으면, 학업에 대한 흥미가 사라질까 걱정되었다.

  1972년 4월 말, 나는 대구로 내려가 남산여자고등학교 오덕환 교장선생님을 만나 부임 의사를 전달하고, 김천으로 돌아왔다.

  5월 2일 성의상고에 가서 아침조회 시간에 전교 학생들에게 이임 인사를 하고 학교를 나왔다.

  막상 떠나려니, 정들었던 학교생활이 주마등처럼 떠올라 눈물이 났다.

  교문 앞까지 교장신부님과 동료 선생님, 학생들이 전송해주었다.

  담임을 맡았던 학생들은 나를 따라와 이삿짐을 옮기고, 내가 떠날 때까지 도와주었다.

27. 대구 남산여자고등학교에 부임하다

1972년 5월 2일, 김천에서 대구로 이삿짐을 싣고 왔다.
전번에 내려와 미리 확보해둔 대구시 중구 삼덕3가 271-3, 공군 이소령 댁 아랫방 2칸으로 짐을 옮기고 정리했다.
이 집을 전세로 얻은 이유는 세 가지였다.
삼덕국민학교와 가까워 아이들이 학교를 다니기 편리하다.
남산여고와 거리가 가까워 출퇴근이 편리하다.
삼덕동이 대구에서 주거지로 가장 좋다고 판단했기 때문이다.

다음 날, 5월 3일 아침 일찍 남산여자고등학교에 등교해 오덕환 교장선생님께 인사를 드리고 교무실에서 선생님들에게 부임 인사를 했다.
최갑태 교감선생님과 정창화 교무과장님은 나에게 교무기획을 맡기고, 김동식 선생이 담당하던 과목도 그대로 맡겼다. 원래 남산여고로 오게 된 것은 김동식 선생의 소개 덕분이었다.

경북대학교 사범대학 부속중학교에서 근무하던 서 선생이 실험실에서 발생한 사고로 책임을 지고 사직하면서, 김동식 선생이 사범대 부속중학교로 자리를 옮기고, 나는 남산여고로 오게 되었다. 이로써 성의상고의 내 자리는 서 선생이 맡게 되어, 서로 자리를 바꾸게 되었다.

학기 중간이라 담임은 맡지 않고 교무기획 및 보충수업 운영을 담당했다.
보충수업 시간표 작성, 담당 선생님 배치, 수업비 수금, 은행 납입 등 업무가 많았다.

처음 실시하는 보충수업이었기 때문에 혼자 처리하는데 어려움이 많았다.

수업은 2, 3학년만 맡고, 예외적으로 지학을 담당했으나, 3학년 화학 보충을 맡게 되어 교무 행정 업무는 퇴근 후까지 이어졌다.

또한, 여학생만 있는 학교라 외모 관리에도 신경을 쓸 수밖에 없었다. 중환이도 대구 삼덕국민학교 1학년으로 전학하여, 처음으로 대구에서 학교생활을 시작했다.

兄弟내실적의同
氣로삼겨시니骨
肉至親이兄弟갓
치重호던가一生
애友愛호情을호
몸갓치호리라

朴仁老先生의 兄弟友愛
若山金永熙書

28. 선산읍 원리에 영모제를 중수하다

 1971년 4월, 우리나라 경제개발 5개년 계획의 일환으로 안동호를 계획하여 만들면서, 수몰되는 옛집을 판매하게 되었다.
 당시 약목문중의 회장이신 아버님께서는 문중 회의를 거쳐, 선산읍 원리로 옮겨 우리 집안 제실로 사용하기로 결정하였다.

 1973년에 수몰하는 집 중 가장 좋은 집을 구입하여 제실을 만들었다. 당시에는 초가집으로 협소했으며, 집에서 하듯이 시사를 모시고 있었다.

 1974년, 제실을 새로 지어 영모재라 이름 짓고, 김영목 형님이 서울 서예가에게 현판을 받아 달았다.
 기둥의 주련과 출입문 현판은 내가 직접 써서 달았다.
 현재는 해당 부지를 모두 매각하고 자취는 없으나, 사진과 주련이 남아 있다.

齋 慕 永
二의地番 ○一八 洞院 邑山善 郡山善 : 在所

29. 경은이가 태어나다

아내는 두 번의 유산 경험으로 마음이 매우 불안한 상태로 생활하고 있었다. 대구로 옮긴 중요한 이유 중 하나가 바로 아내의 출산 문제였다.

이사 후 신경을 많이 쓰고 몸이 피곤하여 또다시 유산 기미가 보여, 대구에서 잘 알려진 노영하 산부인과를 찾아 진료를 받았다. 결과는 유산 기미가 있다는 것이었다.

우리는 크게 걱정했다.

다음 날, 외가댁 친척이자 친구인 권득기 산부인과에 전화해 아내의 상황을 설명했다.

처음부터 권득기에게 이야기하지 않은 이유는, 어머니를 통해 진료한 결과 별로 좋은 결과를 얻지 못했기 때문이며, 친구에게 직접 이야기하는 것이 민망했기 때문이었다.

그러나 이번에는 권득기에게 한 번 진료를 받아보기로 했다.

진료 결과, 조심하며 의사의 지시를 따르면 순산할 수 있다는 판정을 받았다. 그래서 김천의 큰 처제를 오도록 하여 간호와 집안 일을 맡기고, 무사히 출산할 수 있었다.

1973년 3월 31일(음력 2월 27일), 아침에 아내가 출산 기미를 보였으나, 병원 갈 정도는 아니었다.

나는 아침을 먹고 출근했으나, 첫 수업이 끝난 후 전화가 걸려왔다.

아내가 출산 기미로 권득기 산부인과에 입원했다는 소식이었다. 내가 병원에 도착하니 이미 오전 10시 20분경에 출산을 하였다.

첫째. 대구로 이사 잘 온 것,
둘째. 권득기 산부인과를 찾아간 것,
셋째, 처제가 있어 아내가 안심하고 무사히 출산 한 것이다.
아이 이름은 **曔恩(경은)**이라 지었다.
"밝고 은혜롭게 잘 살라"는 뜻으로, 아버님께서 지어주신 이름이다.

30. 처음으로 텔레비전을 구입하다

1972년 5월, 대구 이은구네 집으로 이사 온 후, 윗집에서는 텔레비전을 새로 사 연속극을 보며 동네 이웃들이 모이기도 했다. 우리 아이들 중환이와 동환이가 구경하고 싶어 하자, 은구 엄마에게 부탁해 연속극 시간에만 조용히 시청하도록 허락받았다.

처음에는 사이좋게 보았으나 시간이 지나자 아이들끼리 다툼이 생기며 불편이 발생했다. 이에 우리 가족도 직접 텔레비전을 구입하기로 하였다. 돈이 부족했지만, 작은 텔레비전보다는 큰 것으로 구매하라는 아내의 권유에 따라 큰 것을 구입했고, 아이들은 매우 기뻐하며 시간표를 만들어 프로그램을 시청하기도 했다. 그러나 집 안에서 큰 텔레비전으로 인해 공간 문제도 생겼다.

31. 생후 처음으로 우리 집을 갖다

1973년 4월, 우리 집에 새로 태어난 경은이가 두 달쯤 되었을 때, 주인집 사정으로 집을 팔게 되었다. 주인 아주머니가 우리에게 집을 사겠느냐고 제안하였다. 270만 원의 집값을 마련하기 위해 전세금, 퇴직금, 저축금을 합쳤지만 40만 원이 부족하였다. 아내가 소유한 패물을 팔고, 학교 서무과에서 한 달치 봉급을 가불받아 결국 집을 마련하게 되었다.

우리 가족은 처음으로 내 집을 갖게 되며 큰 기쁨을 느꼈고, 가족들과 함께 새살림을 차린 느낌을 만끽하며 집 청소를 했다.

32. 대구남산여자고등학교에서 3학년 담임을 맡다

1973학년도에는 2학년 담임으로 시작했고, 화학과 지학을 담당하며 학생 지도와 보충수업을 맡았다. 여학생만 있는 학교 경험은 처음이라 외모 관리에도 신경을 썼다.

1974학년도에는 3학년 비진학반을 만들어, 진학을 희망하지 않는 가난한 학생, 결손가정 학생, 운동선수 등으로 구성하였다. 학생들과 상의하여 아침 1시간 특별 보충수업을 진행하고, 신문을 활용해 한자와 시사 문제를 공부하게 했다.

학생들의 취업을 위해 관련 기관에 공문을 보내고 직접 방문하여 3명은 대구전화국, 8명은 아모레 화장품, 3명은 농협 등으로 취직시켰다. 이후 3학년 진학반도 맡아 지도하며 평준화 이후에도 2학년, 3학년 학생들의 진학지도를 이어갔다.

33. 경북대학교 대학원 진학을 위해 공부하다

  1973년, 진학반을 맡아 자율학습을 지도하면서 시간적 여유가 생겼고, 대학원 진학을 결심하였다. 유기화학 전공을 목표로 영어와 독일어, 전문과목을 공부하며 시험 준비를 했다.
  시험 결과 합격 통보를 받았으나, 당시 중·고등학생 자녀들의 학업과 경제적 사정으로 인해 대학원 진학을 포기할 수밖에 없었다. 큰 기대를 접고 허전함과 불안을 느꼈지만, 다른 공부로 보완해야겠다고 결심하였다.

34. 서예 공부를 시작하다

　1973년, 대학원 진학을 포기한 허전함을 달래고자 새로운 배움을 찾던 중, 신명여중 김재완 선생의 권유로 서예를 배우기로 했다. 양태지 선생과 함께 대봉동 상주한의원 김만호 선생을 찾아가 봉강서도회에 입문했다.

　처음에는 붓을 잡고 글씨를 써도 선생님이 아무 말씀 없이 지나가셔서 자신이 소질이 없는가 생각하기도 했다. 하지만 옛 서당 방식으로 선물과 절을 올리며 정식으로 제자가 되겠다고 하자, 김만호 선생은 "중도에 그만두는 사람들이 많아 걱정했을 뿐"이라며 본격적으로 가르치기 시작했다.

　사군자 공부는 중국화교이며, 화교학교 교장을 지낸 雪窓 張凌雲선생에게 몇 년을 공부하였다.

　어릴 적 조부님께 배운 한문·서예 경험과 아버님이 시도 연습을 시키셨던 경험이 있었지만, 제대로 된 필법 공부는 처음이었다. 아버님은 서예를 열심히 하고, 한문 공부도 병행하라고 권하셨다.

35. 한문 공부를 시작하다

1975년, 서예 공부를 하면서 한문 지식의 필요성을 느껴 본격적으로 한문 공부를 시작했다. 봉강서도회 회원인 낙운 김인권 선생에게 사사 받고, 이후 대구향교에서 한문 강의를 들었다.

향교 강의는 월~금요일 매일 아침 7시부터 1시간 동안 진행되었고, 사서, 고문진보, 산고만록 등을 공부했다. 겨울과 여름 방학에도 열심히 참여하며, 눈길을 헤치고 가기도 했다. 학교 업무와 병행하면서도 1995년까지 약 20년간 향교 강의를 꾸준히 수강하였다.

또한, 배병선 선생과 계명대 교수 두 분과 함께 삼경과 사서를 배동환 선생에게 배우며 심화 학습을 이어갔다.

36. 신명여자중학교로 이동하다

1977년, 문교부 시책 변화로 남산여자 고등학교의 교사들이 경제적 자립을 위해 신명여중으로 이동하게 되었고, 나도 호봉이 높아 중학교로 전근되었다. 처음에는 기분이 좋지 않았으나, 봄 방학 동안 서울 형님 공장에서 영코트 제품 사업을 살펴보기도 했다. 영코트 사업은 도입 초기라 불안정했지만, 나중에 순조롭게 운영되었다는 사실을 알게 되었다.

대구로 돌아와 신명여중에 근무하며 중학교 1학년 담임을 맡게 되었다. 처음 입학식에서 "준비물을 지참하라"는 고등학교식 지시를 하자, 학생이 "지참이 무엇입니까?"라고 물어 나 자신이 중학생을 가르치고 있음을 깨닫기도 했다.

수업은 1·3학년 과학을 담당하며 부담이 적었고, 1974년부터 시작한 서예 공부를 본격적으로 이어갈 시간도 생겼다.

37. 신명여자중학교에서 서예반 지도

　1977학년도, 신명여중으로 전근하면서 특별활동시간과 방과 후 시간을 활용하여 서예반을 운영하기 시작했다. 처음에는 40여명의 학생이 참여했으나, 매일 연습하고 지도를 받으면서 점차 참가 학생이 늘었다.

　학생들의 실력이 향상되자 전국 단위의 서예대회 출전을 목표로 했다. 우선 소년조선일보에서 매달 개최하는 서예경진대회에 출품하였고, 10여명이 참가해 5명이 입상, 그 중 1명은 특상을 받았다. 기사가 신문에 실리자 학생들의 반응은 매우 긍정적이었다.

　다음 학기에는 서예반을 두 개 반으로 확대하고, 추가 지도 교사를 배치해 학생들이 자율적으로 연습할 수 있도록 했다. 매달 출품한 작품에서 다수 입상자가 나오며 전교 조회 시간에 시상하자 학생들의 열정은 더욱 높아졌다.

　이후 전국학생서예실기대회에도 참가하였다. 교내 예선을 통해 선발한 10명의 학생을 인솔해 서울에서 대회를 치렀고, 우리학교는 준우승을 차지하였다. 학부모와 학생 모두 큰 기쁨을 나누었으며, 지속적으로 소년조선일보에 작품을 출품한 공로로 지도 교사에게 감사패와 기념품이 수여되었다.

38. 중구 삼덕3가 323-3번지로 이사·
　　중환이와 동환이의 경복중학교 진학

　1979년, 더 좋은 주거 환경을 찾아 여러 곳을 물색한 끝에 삼덕동3가 323-3번지의 집을 계약하였다. 이전 집보다 넓고 용도가 다양한 이 집은 입구에 문간방도 있어 세를 놓을 수 있었다. 이사 후, 막내 경은이는 동부교회 부설 유치원과 삼덕 국민학교에 입학하였다.

　1978학년도 중환이가 중학교에 진학하였고, 학군별 추첨 배정으로 경복중학교에 배정되었다. 동환이도 2년 후 같은 학교에 배정되었다. 거리가 멀고 통학이 불편했지만, 부모로서 아이들에게 열심히 공부할 것을 권하며 격려하였다.
　중환이는 2학년부터 부반장을 맡고, 3학년 때 웅변대회 입상 등 성취를 이루었다.
　동환이도 형의 영향을 받아 성적이 우수했고, 가정에서 수학·과학 과외 수업을 시작하였다. 중환이반과 동환이반을 편성하여 매일 2시간씩 수업을 진행하였다.

39. 아버님의 별세

1979년, 아버님의 건강이 악화되어 여러 차례 치료와 입원 과정을 거쳤으나, 결국 1980년 음력 6월 9일 저녁 9시에 운명하셨다. 장례는 5일장으로 진행되었으며, 가족과 주변의 도움으로 마무리되었다.

아버님의 삶에서
- 좋은 일:
  1. 양자로 들어와 가정을 유지,
  2. 약목 종중과 지역 사회를 위한 봉사,
  3. 정미소 운영 등
- 아쉬운 일:
  1. 외도,
  2. 일부 농지와 재산 매각,
  3. 영조 어머니 및 외삼촌과의 갈등 등

이후 장씨와의 동거도 종료되었으며, 남은 재산과 농토는 일부만 유지되었다.

40. 영우의 대구교대 입학과 영재의 우리 집에서 공부

1972년, 영우는 재수 끝에 대구교육대학에 입학하기 위해 약목에서 아버님이 운영하시던 정미소 일을 도우며 틈틈이 공부했다. 내 생각으로는 가정이 넉넉했더라면 다시 한번 서울대에 도전시켜보고 싶은 심정이었다. 하지만 집안 사정이 좋지 않았고, 형님도 사업이 제대로 되지 않았으며, 나 역시 형편이 좋지 않았으므로 어쩔 수 없이 본인의 의사를 따라 진학할 학교를 대구교대로 정한 것이었다.

우리 형제들은 서울대에 진학하는 것이 소원이기도 했다. 형님은 충분히 서울대에 진학할 실력이 있었으나 가정 형편상 광주의 조선대학교 전비 장학생으로 진학했다.
나 역시 3학년 때 담임 선생님이 서울대를 추천했지만, 가정 형편상 서울로 유학할 수 없어 육군사관학교를 택했다가 1차 시험에 합격했음에도 집안의 만류로 포기하고 경북대학교 사범대학에 진학했다.
그래서 동생인 영우라도 서울대에 진학시켜보고자 했으나, 역시 가정 형편으로 포기하고 대구교대에 지원했다. 열심히 공부한 결과 1973학년도에 대구교대에 합격했다.
교대를 졸업하면 군대도 면제되고 졸업 후에는 취직도 잘 되기 때문에 실력 있는 학생들이 많이 지원하는 추세였다. 또 교대는 전문대 과정으로 2년만 수업을 하면 곧 학교 현장에 나갈 수 있다는 점도 좋은 조건이었다.

사촌 동생인 영재가 청구고등학교에 입학하게 되면서 대구에 기숙할 곳이 없어 우리 집에 와서 공부하기를 원했고, 나는 어쩔 수 없이 허락했다.

그러하였더니 큰아버님이 병이 나셨을 때도 우리 집에서 통원 치료까지 하시는 바람에, 아내는 말도 다하지 못하고 속앓이를 많이 했다.

그때 아버님은 약목에서 사채를 쓰시고도 제대로 해결하지 못하여 송사가 있기도 했다. 그러나 그런 사정을 알면서도 나는 속 시원히 아내에게 말도 못 해주고 애만 태웠던 것이 지금도 미안하게 생각된다.

어떤 때에는 어린 중환이와 영재가 싸워서 영재가 짐을 싸 가지고 나가기도 했다. 그때 내가 영재를 불러 놓고 타일러 주기도 하고 싫은 소리도 하면서 3년 동안을 지나 졸업했다. 그러나 대학교에 진학할 형편이 못 되어 진학을 시키지 않았더니, 영재의 누나들은 나에게 부탁하며 대학교에 진학시켜 주기를 바랐던 기억이 난다.

41. 종친회의 일을 보면서 묘소 정화 사업을 하다

아버님이 돌아가시고 나니, 당장 가정의 제사와 묘사를 지내야 할 책임이 우리 집안에서는 내가 맡아서 해야만 했다. 형님은 사업 관계로 시간이 없었고, 동생은 이제 막 발령을 받고 영주에서 국민학교 교사로 근무하고 있어서, 대구에 머무는 내가 맡아서 처리해야만 했다.

그래서 1980년부터, 약목 종친회의 일은 영위 형님과 철현 아저씨에게 맡기고 나는 뒤에서 돕는 역할을 했다. 영위 형님이 아버님이 하시던 종친회 일을 이어받아 회장이 되시고, 철현 아저씨가 총무를 맡아 수고하시기로 했다. 영위 형님은 아버님이 살아 계실 때부터 자주 찾아와 많은 이야기를 듣고 종사 일에 대한 인수인계가 자연스럽게 이루어졌다.

1980년부터 우리 집안의 제사는 형님 댁에서 지내시기로 하고, 나는 서울 형님 댁에 가서 참례하기로 했다. 선산 영모제의 묘사는 영위 회장이 준비하여 지내기로 했다.

신양산에 모셔있는 선조님들의 묘사는 내가 담당했는데, 몇 년을 지나고 보니 묘소가 많이 퇴락하여 가토(흙을 돋우는 일)를 해야만 했다. 그래서 신양산에 모신 선현의 묘제를 지내고 묘소를 관리하기 위하여 신양회를 조직했다. 회비는 가구당으로 일정 금액을 정하여 징수하여 운영했다. 그리고 나서 신양산에 모신 선조의 묘소를 정화하기로 하고 예산을 편성하여 각 집집마다 수금을 했다.

고조부님보다 윗대의 묘소의 석물과 정화 비용은 전부 형님이 부담하고, 공사는 영위 형님이 맡아서 하기로 했다. 그리고 감독은 영안이 형님이 하고, 나는 경비를 갹출 집행하면서 영안이 형님과 상의하여 공사를 진행했다. 2개월 가까이 걸려서 드디어 석물과 묘역 정화 사업이 완공되었고, 내빈을 초빙하여 고유제를 올렸다. 완공 후에 묘소를 돌아보니 막대한 금액이 들기는 하였으나 보람 있는 일이었다.

공사를 진행하는 동안 영안 형님이 무척 수고하셨음에도 선조를 위하는 마음으로 늘 즐거워하시면서 우리들을 잘 이끌어 주셨다. 또 공사를 맡아 열심히 일해 준 영위 형님께도 너무 감사했다. 서울 형님도 아직 형편이 넉넉지 않았는데 많은 경비를 부담해 주신 것에 대하여 늘 자랑스럽게 생각했었다.

그리고 묘제를 지내는 방법도 바꾸었다. 전에는 묘소마다 찾아다니면서 묘사를 지냈던 것을, 넓적 바위 옆에 적당한 장소를 만들어 그곳에서 묘제를 지내기로 했다. 먼저 와서 성묘를 하고 나서 같이 모여 묘제를 지내니 시간도 절약되고 음식도 깨끗하게 제사를 모실 수 있으며, 친족들 간에 우애도 더 돈독해지는 것 같아서 무척 좋은 일이라고 생각했다. 특히 묘제의 음식은 나의 처(중환이 엄마)가 다 장만하고 산소까지 같이 와서 준비를 해 주어 고마웠고, 수고가 많았다.

묘사를 지내는 날도 일정하게 정하기로 상의한 결과, 선산의 미석제 시조공 묘소의 시제를 음력 10월 초1일에 모시기 때문에, 영모제의 묘사는 시조묘의 시제를 지낸 후 다음 일요일에 모시기로 했다. 그리고 그 다음 일요일에 약목 신양산의 묘제를 올리기로 했다.

42. 영우가 결혼을 하였다.

　영우가 대구교육대학교를 1975년에 졸업하였다. 영우가 졸업하기 전까지는 전원 발령이 잘 났는데, 영우가 졸업할 때부터 발령이 잘 나지 않았다. 그래서 1년 동안 발령이 나기를 대기하면서 아버님을 도와 정미소 일을 하였다. 그 동안에도 학교를 다니면서 정미소 일을 돕기도 하였으나, 졸업 후에는 더 고생이 많았다.

　1976학년도부터 영주교육청으로 발령이 나서 영주의 초등학교에서 근무하게 되었다. 그러던 중 동료 교사와 사이가 좋아져 서로 교제를 한 것 같았다. 한 번은 여름방학에 여선생 한 사람을 대리고 와서 아버님께 인사를 시킨 적도 있었다. 내가 약목 아버님을 찾아뵈었을 때, 나에게 살며시 이야기해 주셔서 대략은 알고 있었다.
　그러던 중 아버님이 편찮으시고, 또 아버님이 돌아가시면서 이야기를 못하고 지나가다가 어느 날 영우가 나를 찾아와 결혼에 대해 이야기하면서 대구에 있는 신부 댁을 한 번 방문해 줄 것을 부탁하였다. 그래서 휴일 오후에 아내와 함께 신부댁을 찾아갔다. 여러 사람들에게 물어서 겨우 찾을 수 있었다. 신부의 부친을 만나 혼인에 대해 상의를 하고 돌아왔다. 며칠 일 후 결혼 날짜를 정하였다.

　결혼 일을 정하고 나니 할 일이 너무 많았다. 아버님이 살아계실 때는 아무것도 모르고 지나갔지만, 막상 동생의 혼인 예식을 준비하는 데 최선을 다해 준비하였다. 그러나 당사자들은 구체적인 내용을 잘 모르고 결혼식 날이 다가왔다.

1981년 5월 10일에 결혼식을 올렸고, 신혼여행을 다녀온 후 영주에 신혼살림을 꾸려주었다. 우리 여동생들과 함께 솥도 사고 그릇도 조금 준비해 주었다. 부모님이 계셨다면 더 좋은 방도 얻고, 살림살이도 더 잘 마련해 줄 수 있었을 것을 생각하니 마음이 무척 아팠다.
　이렇게 하여 영우는 새로운 삶을 살게 되었다.
　아들 세환이와 딸 수은이가 있다.

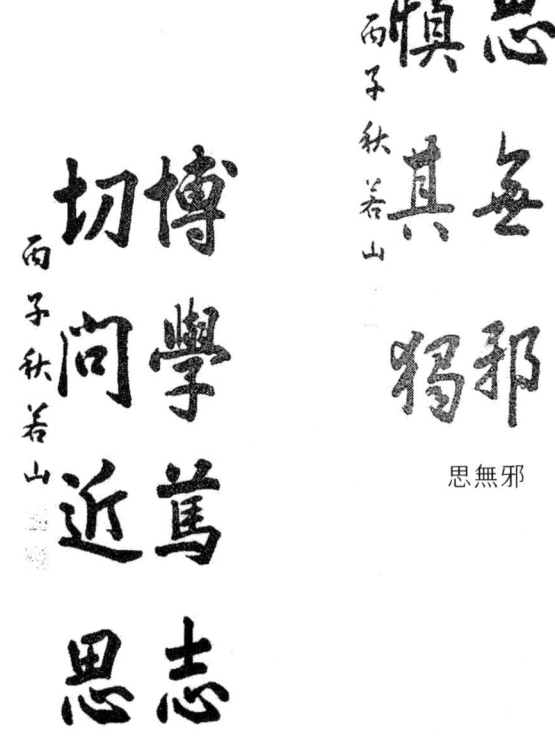

思無邪

博學篤志

43. 신명여중에서 열심히 근무한 결과 교육감의 표창을 받다

신명여중에 부임한 후, 나는 교과 지도뿐만 아니라 특별활동에서도 서예 부문을 포함한 각종 대회에 학생들을 참가시키며 많은 입상을 이끌었다. 교내에서는 매년 서예반 작품 전시회를 열고, 담당 장학사들을 초청하며 지도에 힘썼다. 또한 각종 과학교육 특별활동에도 적극 참여하여 우수한 성적을 거두었고, 대구 동부교육청의 과학 특별활동에도 깊이 관여하였다.

특히 모형항공기 비행대회의 총책을 맡고, 모형자동차 대회의 운영도 담당하였다. 발명품 경진대회를 계획·실시하여 우수 작품을 대구시 대회에 출품시키기도 하였고, 과학전람회와 동부교육청 대회의 심사 및 출전을 지도하였다. 모형자동차 경기대회는 신명여중 강당에서 조립대회를, 운동장에서 경기대회를 진행하며 입상자를 선정하고, 동부교육청 대표팀으로 대구시 대회에 참가시켜 대상을 차지하게 하였으며, 전국대회 출전과 좋은 성적까지 거두었다.

모형항공기 대회는 신천에서 예선을 실시한 후 대구시 대표로 전국 대회에 참여하게 하고, 동촌 비행장에서 실시되는 대회 운영도 맡았다. 각종 행사에 적극 참여하며 운영을 계획하고 실행하는 데 공로가 있었으며, 동부교육청 과학교사 협의회 회장으로 활동하였다. 이러한 공적을 인정받아 대구시로부터 특별히 1등급 표창장을 받았다.

우리 학교에서는 상장을 자주 받지 못했는데, 사립학교였기 때문에 상장의 필요성을 크게 여기지 않았기 때문이다. 반면, 공립학교에서는 승진과 전보에 큰 영향을 주므로 모든 교사가 상장을 받기를 원하였다.

勤爲無價之寶
愼是護身之符
錄太公望語句三省堂下若山

44. 중등학교 과학교사 실험연수 강사로 다년간 활동하다

1983년 여름방학, 과학교사들의 실험연수를 준비하기 위해 지도강사 특별연수가 있었고, 나는 대구시교육청으로부터 차출되어 연수에 참여하였다. 대구시가 광역시로 승격하고 교육청이 분리된 후, 문교부 지시에 따라 전국적으로 과학교사 실험실습연수가 필요하게 되었다. 전년도 한 학교에서 실험 중 학생들의 부주의로 사고가 발생하여 실명이나 화상을 입는 등 심각한 문제가 있었기 때문이다.

이러한 필요성에 따라 지도교사 양성을 위한 연수에 나도 차출되었다. 20일간 연수를 마친 후, 1984학년도 여름방학부터 나는 과학교사 실험실습연수 강사로 활동하게 되었다. 처음에는 여름·겨울방학 두 차례만 강사로 참여하기로 했으나, 약속과 달리 오랜 기간 계속 활동하게 되었다.

연수에서는 물리, 화학, 생물, 지학 4과목의 강사가 참여했는데, 다른 과목 강사는 모두 공립학교 교사였고, 화학은 나 혼자 사립학교 교사였다. 연수 종료 후에는 연수받은 교사들의 성적을 객관적으로 산출하고 근거 자료를 보관해야 했다. 이 성적은 다음 해 전보와 승진에 상당한 영향을 주었기 때문에 공정성과 비밀 보장이 매우 중요했다.

공립학교 교사가 지도강사일 경우 성적 산출 과정에서 말썽이 잦아, 공평하고 원만하게 처리하기 위해 교육감은 나에게 연수생 성적 산출을 전적으로 맡기며 특별히 공정성과 객관성을 보장해 달라고 부탁하였다. 여러 차례 사양했지만 거듭 부탁을 받아 1992년까지 10여 년간 과학교사 실험연수 강사로 활동하였다.

45. 전국 과학전람회에 출품하여 특상을 받다

1984학년도부터 과학교사 실험실습연수 강사로 활동하면서 과학 관련 각종 행사에 적극 참여하다 보니, 여러 가지 일이 많이 생겼다. 그중 가장 중요한 것이 과학전람회였다. 과학 행사 중 과학전람회는 가장 권위 있는 행사였기에, 한 번 도전해 보고 싶은 생각이 들었다. 결과는 간단히 기록하고, 자세한 내용은 과학 부분에서 기술하고자 한다.

(가) 제32회 전국과학전람회 참가 - 특상 수상
제목: 분자 크기 측정의 최적방법 개발로 혼합물의 순도 판별 연구
1986학년도 중학교 2학년 과학 시간에 분자의 크기를 측정하는 실험을 진행하였다. 여러 번 실험해 보았으나 정확한 결과를 찾기 어려웠지만, 매우 흥미로운 단원이었다. 이 부분을 발전시키면 좋은 과제가 될 것이라 판단하여, 2학년 과학반에서 영리한 학생 4명을 선발하여 과학전람회에 출품하였다. 그 결과, 대구시 예선대회에서 최우수상을 받고, 전국대회에서 특상을 수상하였다. 또한 과학기술처장관 표창장을 받고, 신명여중은 대구시 초·중·고등학교 중 과학 최우수학교상을 수상하여 우승기를 가져왔다. 교내에서 시상식을 하였을 때, 온 학교가 들뜰 정도로 매우 기뻤다.

(나) 제33회 전국과학전람회 참가 - 장려상 수상
제목: 용액의 전기저항 측정장치 개발로 전해질의 농도 측정 연구
1987학년도, 중학교 2학년 학생들과 용액의 전류 흐름을 측정하는 실험을 하던 중 전해질 농도를 측정하는 장치를 제작

하였다. 학생들이 궁금해하여 과학전람회에 출품한 결과, 대구시 예선대회에서 최우수상을 받고 전국대회에서 장려상을 수상하였다. 또한 과학기술처장관 표창장을 받았고, 대구시 초·중·고등학교 중 과학우수학교 표창도 수상하였다.

(다) 제34회 전국과학전람회 참가 - 우수상 수상
제목: 분필가루를 이용한 얇은 막 크로마토그래피 제작과 활용

1988학년도, 특별활동 시간에 크로마토그래피 실험을 하던 중 학생들이 과일 속 당류를 분리하고 싶어 하여, 분필가루를 활용한 실험을 진행하였다. 이를 과학전람회에 출품한 결과, 대구시 예선대회에서 최우수상을 받고 전국대회에서 우수상을 수상하였다. 또한 과학기술처장관 표창장과 대한화학회장상을 받았으며, 대구시 초·중·고등학교 중 과학 최우수학교 표창과 우승기도 가져왔다.

(라) KBS 라디오 방송 특별대담
연속 3년간 과학전람회 출품을 통해 전국대회에서 연속 수상하는 것은 매우 드문 일이라, KBS 라디오에서 송승환 씨의 사회로 특별 대담이 방송되었다. 방송 후, 대구시 교육감과 시내 과학교사들로부터 축하 전화가 쇄도하였고, 우리 학교 최갑태 교장선생님께서는 격려금까지 주시며 축하해 주셨다.

46. 중환과 동환이가 대학에 진학하다

중환이는 1981년 2월 경복중학교를 졸업하고 청구고등학교에 배정받았다. 집과 거리가 먼 학교였지만, 좋은 학교에 배정된 것을 축하해 주었다.

중환이는 3년간 성적이 상위권을 유지하여, 가능하면 서울대에 진학시키고 싶은 마음이 있었다. 그러나 1983년 예비고사 결과, 기대했던 성적이 나오지 않았다. 평소 최상위권 성적이었기에 아쉬움이 컸다.

고민 끝에, 1984학년도에 경북대학교 공과대학 전자과를 지원하여 합격하였다. 서울대 지원과 재수 계획도 함께 고려하였으나, 장래성과 전망을 고려하여 전자과 진학을 최종 결정하였다. 주변에서는 의대를 권유하기도 했으나, 전자과 진학이 더 유망하다고 판단하였다.

동환이는 1983년 2월 경복중학교를 졸업하고 심인고등학교에 배정받았다. 집과 거리가 멀고 버스 노선도 직접 연결되지 않아 통학이 어려웠다.

동환이는 체구가 작고 몸도 연약해 걱정이 많았다. 1985년 말 예비고사 결과, 기대보다 성적이 낮았지만 고등학교 성적은 항상 상위권이었다.

가족회의를 통해 동환이를 경북대 수의대를 지원하여 합격하였다. 주된 이유는 경제적 부담 때문이었다. 사립대 의대 등록금이 매우 높아, 세 자녀의 학비를 감당하기 어려웠기 때문이다.

47. 전국과학교육협의회에 참석하여 활동을 하다

1986년부터 과학전람회에 적극적으로 참여하고 대구시 과학교육협의회 활동에도 힘쓰면서, 각종 모임에서 임원으로 활동하였다. 1986년 겨울방학, 초·중등교사 시험 실습연수회를 준비하는 모임에서 나는 대구시 과학전람회의 활성화를 위해, 전국과학전람회에서 특상이상을 받은 초·중·고 교사들의 모임을 구성할 것을 제안하였다. 대구시 교육청의 허가를 받아 모임을 조직하였고, 목적은 대구시내 각급학교에서 과학전람회 참여가 저조한 현실을 개선하고 활성화하는 데 있었다.

모임의 이름은 '대구시과특회'로 정하고 교육청 승인도 받았다. 전국과학전람회에서 특상 이상을 수상한 선생님들을 초청하니 총 22명이 모였으며, 초대회장은 최연장자인 화학과 선배 정덕재 선생님이 맡고, 나는 부회장을 맡았다. 1년이 채 지나지 않아 정덕재 선생님이 과로로 돌아가신 후, 나는 회장을 맡아 1999년 퇴임 때까지 약 10년간 책임을 수행하였다.

또한 대구시 화학교사 협의회 회장을 맡았고, 1987년에는 전국 과학교육협의회의 대구 대표 이사를 맡아 활동하였다. 대구시 과학교육협의회에서는 회장을 대학 교수에게 맡기고, 나는 부회장으로 활동하였다.

1988년은 우리나라에서 88올림픽이 개최된 해였다. 전국 과학교육협의회에서도 다양한 행사에 적극 참여하며 모임을 갖고, 협의회 건의에 따라 과학전람회 수상작품을 서울에서 전시한 후, 각 지역을 순회하며 전시회를 개최하였다. 발명품경진대회에도 참여하여 대구시 동부교육청 예선을 통과하고 대구시 발명품경진대회에 출품, 우수상을 수상하기도 하였다.

이 외에도 각종 행사에 참여하며 활동하다 보니, 교육청에서는 실험실습대회, 모형자동차 경진대회, 모형비행기 경진대회 등 각종 행사를 주관하도록 하였다. 학교에서도 매년 10월 20일 '과학의 날'에 전교생을 대상으로 과학 강의를 진행하며, 나는 늘 "우리나라는 자원이 부족하므로 과학기술을 연마해 나라를 부강하게 해야 한다"는 점을 강조하였다.

이후 나의 강연과 활동을 듣고 몇몇 학교에서 초청 강연 요청이 오기도 하였으며, 이 공로로 교육청에서도 감사패를 받았다.

48. 형님이 우영산업 공장을 울산으로 옮기다

　형님은 처음 기아산업에 입사하였다가, 하숙집의 장녀인 이정혜 씨와 결혼한 후 기아산업을 사직하고, 대구 삼립산업의 공장장으로 근무하며 대구로 왔다. 그때 나는 산동중고에 재직 중이었고, 일급정교사 강습을 받을 때 동촌의 삼립산업 공장 내 공장장 사택에서 머물기도 하였다.

　그 후 형님은 대구에서 생활하다가 서울로 올라가 기아 산업에 다시 입사하였다가 부천에 기영산업을 세웠다. 나도 그 공장을 방문한 적이 있었다. 공장이 확장되면서 부지가 부족해지자, 형님은 안성에 넓은 땅을 구입하여 공장을 옮기기로 하였다. 그런데 공장 부지 구입 자금이 부족해 은행 대출을 신청하게 되었으나 담보물이 충분치 않아, 나에게 대구 삼덕동의 집을 담보로 제공해 달라고 부탁하였다. 나는 아내와 상의한 후 허락하고, 서류를 작성해 서울로 보냈다.

　경기도 오산의 국민은행에서 대출을 받기 위해, 담보물 소유자가 면담과 낙인을 해야 한다고 하여, 형님과 함께 택시를 타고 오산에 다녀왔다. 은행 업무를 마친 후 돌아오면서 형님이 고맙다고 수은에서 내려 저녁으로 둘이 '수은 떡갈비'를 먹었다. 형님도 처음 먹어보는 음식이라며 매우 좋아하셨다.

　2년 후, 형님은 공장의 일부를 울산으로 이전하게 되었고, 또다시 우리집을 담보로 대출을 받기를 원하였다. 나는 울산의 신용보증기금에 필요한 서류를 구비해 제출하였다. 김영희 형도 함께 울산을 다녀오며 서류 준비를 도왔다. 이처럼 몇 차례 담보를 제공하다 보니, 나는 당시 우리집을 팔고 다른 곳으로 이사하려 해도 담보 때문에 마음대로 할 수 없었다. 아내는 자주 불평하였지만 해결 방법이 없었다.

몇 년이 지난 후 담보가 해제되면서, 마침내 우리는 삼덕동의 집을 팔고 대봉동 아파트로 이사할 수 있었다.

49. 경은이가 대학에 진학하여 유치원 교사가 되다

경은이는 1986년에 효성여중에 배정받았다. 오빠들보다는 거리도 가깝고 교통도 편리한 편이었으며, 이웃에 사는 친한 친구 이수연도 같은 학교에 배정되어 무난한 배정을 받았다. 중학교에서는 열심히 공부하여 성적도 상위권이었다.

하지만 1988년 11월, 중학교에서 마지막으로 치른 연합고사에서는 기대만큼 성적이 좋지 않았다. 연합고사 성적이 일정 기준 이상이면 인문계 고등학교에 배정될 수 있었는데, 다행히 경은이는 무난히 인문계 고등학교인 정화여고에 배정받았다. 정화여고는 집에서 조금 먼 편이었지만, 열심히 공부를 가르치는 학교였다.

1989년 3월 2일 정화여고에 입학한 경은이는 1학년 때 성적이 중간 정도여서 내가 독촉하며 공부를 지도했으나 점차 놀기를 좋아했다. 2학년 때부터 성적이 떨어지며 공부를 소홀히 하였고, 3학년이 되면서 모두 큰 고민을 하게 되었다. 1991년 11월에 치른 예비고사 성적은 매우 좋지 않아 효성여대 지원은 실패로 끝났다.

1992년 2월 정화여고를 졸업한 후 경은이는 1년간 재수를 하였다. 주변 동기들이 대학에 진학한 모습을 자주 보면서 경은이는 마음속으로 큰 부담과 고생을 느꼈던 것 같다. 1992년 11월 예비고사 성적 역시 기대에 미치지 못했다. 성적에 맞는 대학과 적성에 맞는 학과를 선택하는 문제가 있었기에 고민이 많았다. 몇 개 대학에 응시했으나 모두 실패하였다.

　결국 경은이와 상의하여 본인의 적성과 장래성을 고려해 유아교육과로 진학하기로 결정하였다. 대구에서 유아교육과가 우수하다는 평가를 받는 영진전문대학 유아교육과를 선택하여 응시하였다. 유아교육과는 졸업 후 취업 문제가 중요한 학과라 경쟁률이 높았지만, 다행히 합격할 수 있었다.

　합격 후 경은이는 만족해했으며, 나도 어느 정도 잘 진학한 것으로 생각하였다. 이후 경은이는 학업에 열심히 임하여 좋은 성적으로 졸업했고, 졸업 후 바로 좋은 유치원에 취직하게 되어, 결과적으로 참 잘된 일이었다.

50. 중환이가 현대정공에 입사하고 공학 석사가 되다

중환이는 1984학년도에 경북대학교 공과대학 전자과에 입학하여 열심히 공부하였다. 1987년 말이 가까워지면서 앞으로의 진로에 대해 고민하게 되었다. 첫째는 군대 문제, 둘째는 취직 문제였다. 이 두 가지를 동시에 해결할 수 있는 방법을 찾아야만 했다.

다행히 1987년 말, 내년도 졸업 예정자 중 현대그룹에서 사원을 모집하는 소식이 있었다. 현대그룹에 입사하면 방위산업체 근무자로 인정받아 일정 기간 군사훈련 후 예비군으로 편입되고, 동시에 사원으로 계속 근무할 수 있는 좋은 조건이었다. 전자과 학생들 중 중환이가 성적이 가장 우수하여, 정원 외로도 차출될 수 있다는 기회가 있었다. 중환이는 현대에 응모하였고, 좋은 성적으로 합격하였다. 현대는 신입 사원을 일괄 선발하여 적재적소에 배치했는데, 중환이는 전자공학과 출신이 필요한 현대정공에 배치되었다. 이렇게 중환이는 생전 처음으로 타향살이를 시작하며 기숙사에서 생활하며 사회인이 되었다.

1988년 2월, 중환이는 경북대학교 공과대학 전자공학과를 졸업하며 공학사가 되었다. 4년 동안 열심히 공부한 결과, 때로는 장학금도 받았다. 이후 예비군 편입을 위해 4주간 군사훈련을 받으며 힘든 시간을 견디고, 정식으로 회사원이 될 수 있었다.

1988년 말, 중환이는 나에게 공부를 더 하고 싶다고 말하며 대학원 진학을 희망하였다. 나는 너무 놀랍고 기쁘게 생각했다. 경제적으로 도움을 줄 수 없었지만, 중환이가 혼자서 객지에서 생활하며 대학원에 진학하려 한다는 것은 대단한 일이었다. 나는 전폭적으로 환영하였다. 그리하여 1988년 말 한양대학교 대학원 입학시험에 응시했고, 합격하였다.

대학원 진학 후 중환이는 더욱 열심히 공부하였고, 2년 후인 1992년 2월, 한양대학교 산업대학원을 졸업하며 공학석사가 되었다. 중환이의 석사논문은 "RISC 컴파일러 설계를 위한 프로시저 간 레지스터 할당에 관한 연구"였다. 중환이의 석사학위 취득은 우리 집안의 영광스러운 일이었지만, 나는 졸업식에 참석할 수 없었다. 당시 나는 근무하던 학교의 입학생 소집 업무를 담당하고 있어 학교를 떠날 수 없었기 때문이다.

지금 돌이켜보면, 중환이 졸업식에 참석하지 못한 것이 항상 마음 한켠에 남아 있다. 부모로서 축하도 못 해주고, 다른 학생들이 가족과 친구들의 축하를 받는 동안 중환이는 혼자 석사학위를 받았다는 것이 안타까웠다.
다만, 중환이는 나의 이런 마음을 알지 못할 것이며, 내가 무정하다고 생각할지도 모른다. 몇 년 전 내가 대학원 진학을 이루지 못했던 한을 중환이가 대신 풀어주었음에도, 그 자랑스러운 석사학위 수여식에 함께하지 못했던 것이 지금도 아쉬움으로 남는다.

51. 동환이가 군에 입대를 하여 제대하다

1988년 6월, 동환이에게 입대 영장이 나와 군에 입대하게 되었다. 동환이는 1986년에 경북대학교 수의과대학에 입학하여 2학년 과정을 마친 뒤 3학년 1학기 중에 입대 영장을 받게 된 것이었다. 키가 작고 몸이 약한 동환이가 군대에서 잘 견딜 수 있을지 우리 내외는 큰 걱정을 하였다. 제2보충역으로 배치되면 좋겠다고 병무청에 여러 차례 문의하고 부탁도 해보았지만 성사되지 않았다.

그럼에도 동환이는 "다른 사람도 다 가는데 저라고 못하겠습니까? 걱정하지 마십시오."라고 하며 씩씩하게 입대하였다. 보내놓고 나서 우리는 제2보충역으로 하지 못한 것을 후회하며, 내가 군대에 갔던 시절을 떠올리며 동환이가 겪을 고생을 생각하니 마음이 아팠다.

동환이가 논산 훈련소에서 훈련을 받을 동안, 면회 제도가 없어 한 번도 직접 볼 수 없었고, 몇 차례 편지를 주고받는 것이 전부였다. 훈련이 거의 끝날 무렵, 면회가 허락되어 우리 내외와 경은이가 택시를 전세 내어 논산 훈련소를 찾았다. 8월 초순, 무척 더운 날씨였다. 택시 안에서 에어컨을 틀고 갔음에도 땀이 날 정도였다.

훈련소 운동장에 도착하니 훈련병들은 이미 집합하여 우리를 기다리고 있었다. 잠시 후 훈련병들의 태권도 시범이 시작되었고, 전원이 격파를 하는 장면이 이어졌다. 우리는 동환이를 찾으려 했지만 잘 보이지 않았다. 시범이 끝난 뒤, 훈련병들이 부모를 찾아오는 시간이 되어 겨우 동환이를 만날 수 있었다. 동환이를 보는 순간, 우리 모두 눈물을 흘렸다. 키가 작고 약한 몸으로 훈련을 감당하며, 피부는 검게 그을려 있어 보는 마음이 민망할 정도였다. 격파를 하며 손도 약간 상한 것 같았다. 옆에 있던 경은이는 울음을 참기 어려워했다. 우리는 준비해 간 음식을 먹이고, 다시 무사히 잘 하라고 인사하며 돌아섰다.

2개월간의 훈련을 마치고 동환이는 다소 좋은 곳에 배치되어, 서울 근교 수도사령부 산하기관에서 근무하게 되었다. 이후 약 6개월간 휴가와 외출을 하며 가족을 만날 수 있었다. 한 번은 면회가 허락되어 우리 내외와 처제가 경기도에 있는 부대로 찾아가, 건강하고 씩씩한 국군의 모습을 보고 안심할 수 있었다.

세월이 빨리 흘러 1991년 가을, 동환이는 무사히 제대하였다. 입대할 때는 언제 제대할지 걱정했지만, 막상 제대하고 나니 아무 사고 없이 돌아온 것이 대견스럽고, 의젓한 대한 남아다운 모습을 확인할 수 있어 마음이 놓였다.

52. 89'중등교사국외연수중 과학교사 유럽연수에 참가(89. 6. 27-7. 10)하다.

    1988학년도부터 교사들의 자질향상을 위하여 해외연수를 실시하고 있었다. 1989학년도 에도 해외연수를 실시하는데 금년부터는 유럽권의 연수를 계획하고 있다는 소식을 듣고 있었다. 그런데 각 학교에서 연수대상자를 추천하는데 우리학교에서는 내가 추천이 되었다.
    나중에 안 사실이지만은 각 과별로 우수교사를 선정하는데 대구시 교육청에서는 대구시내 전 과학교사들 중에서 나를 첫째로 선정하였다고 한다. 내가 수년 동안 각종 과학행사에 적극 참여하였고 우수한 성적을 냈기 때문이라고 하였다.
    특히 3년간 전국 과학전람회에 출품하여 좋은 성적을 냈을 뿐만 아니라 교학교사들의 재교육연수 강사로도 다년간 참여하기도 하였다.
    어려운 관문을 무사히 통과하여 제일 좋은 과학교사 유럽연수단에 참가하게 되였었다. 유럽연수는 처음이라서 문교부에서도 조심스럽고 완벽하게 교육을 시켜서 연수에 참여시키기로 하였던 것이었다.

    (1). 교원 국외시찰연수 대상자의 사전교육
  89년 5월 25일 경북여고 도서실에서 서류작성 요령과 여권신청 등에 대하여 협의를 하였다.
  대구에서는 각 교과 마다 1명씩으로 총7명이 참여하였다. 각 교과 선생마다 연수하는 나라가 달랐다.
  과학교사는 유럽, 다른 교과는 일본 중국 대만 필리핀 등 이였다.(달성고; 정병호. 경덕여고; 김동섭. 대건고; 김양수. 신명여중; 김영훈. 상서여중; 박동근. 경일중; 김광훈. 선명학교; 김성애)

(2). 해외 여행자를 위한 소양교육

89년 5월 27일 앞산에 있는 낙동강 승전기념관에서 안기부 소속 직원과 상공회의소 직원이 안보교육과 여행자의 준수사항 등에 대하여 강의를 들었다.

(3). 중앙교육연수원에서 과학교사 유럽연수단은 사전교육과 보안교육을 받다._89년 6월 15일-6월 17일 (2박3일)

나는 과학교사 유럽 연수단으로 전국 12개 시도의 우수 과학교사(대구시는 김영훈) 1명씩, 총13명으로 김승범 중앙교육연수원 장학사가 인솔책임자로 우리들을 아내하고 연수시키는 일을 담당하였다. 전문교부장관 서명원선생의 특강과 안보교육 등 연수를 받은 후에 국외시찰 연수보고서 작성방법 등을 연수하였다.

(4). 출국신고를 하다. (연수를 할 대상국가. 독일. 헝가리. 스위스)

89년 6월 23일 오후에 동부교육청과 대구시 교육청에 가서 각각 출국 신고를 하고 24일(토)에는 신명여중에서 교장선생님과 직원들에게 출국인사를 하였다. 26일은 출국 준비한다고 바쁘게 보냈다.

우리 연수단의 인솔하시는 선생님이 우리나라가 88올림픽도 성대히 개최하였고 하니 우리나라를 자랑 할 만한 기념품 등을 각자가 준비하도록 지시를 하여 나는 서예작품을 소품으로 (사분의 일 절지의 크기) 30장 준비를 하였는데 반은 사군자 작품이었다.

(5). 대구를 출발하여 연수원에 도착하다.

6월 27일 새벽 3시에 일어나서 간단히 식사후에 저의 처와 아이들에게 간단히 여행을 갔다가 오겠다고 인사를 하고 집을 나섰다.

4시30분에 출발하는 기차를 타고 서울로 갔었다. 연수원에 도착하니 전국에서 모인 우리 연수단원들이 모여서 인사를 하는데 대부분의 연수단의 가족들이 전송을 왔는데 혼자 온 회원은 나와 제주에서 온 선생뿐이었다. 각자마다 좋은 일이라고 환송을 하는 것을 보고 나는 무척 마음이 슬슬 했었다. 우리는 환전을 하고 13명이 같이 김포공항에 도착하였다.

(6). 김포공항출발 비행기는 독일 프랑크프르트로 향했다.

6월27일 19시40분에 비행기에 탑승하여 김포공항을 출발하여 다음날 28일 오전10시25분에 앵클레이지 공항에 도착하여 급유를 한 후 승무원이 교체하여 40분간 시간이 있어 앵클레이지 공항 주위를 구경하고 앵클레이지 공항을 출발하였다.

(7). 프랑크프르트에 도착하여 괴데대학을 견학하다.

6월28일 오전7시 15분에 프랑크프르트 공항에 도착하여 프랑크프르트대학(일명 괴테대학)을 견학을 하였다. 그리고 괴데 하우스에 도착하여 관광을 하고 한식으로 점심을 먹었다. 쉴러 김나지움 고등학교에 도착하여 견학을 하고 Dorint Hotel에서 투숙하였다.

(8). 라인강의 로레라이 언덕에 오르다.

6월 29일 8시에 호텔을 출발하여 하이델베르크성에 도착하여 하이델베르크 대학과 네카어강을 관광하고 포도주 저장소를 견학하고 벤즈 자동차공장을 견학하니 기술자들의 움직임과 나사 하나를 박은 후 다시 확인하는 모습을 보고 감동을 받았다. 한국관에서 점심을 먹고 라인강 (심하게 흐렸음)에서 유람선을 타고 주변을 관광하고 로레라이 언덕(조그만한 언덕)에 올라 노래도 불렀다. 다시 호텔에 도착하여 저녁후에 취침을 하다.

(9) 서베를린에 도착하다

6월 30일, 2박 3일 동안 머문 호텔을 출발하여 프랑크프르트 중앙역에 도착하였다. 오전 8시 40분, 베를린행 유럽일주 열차에 탑승하여 출발하였고, 10시 35분 DEBRA 역에 정차하였다. 이곳에서 서독 경찰은 하차하고, 동독 경찰이 탑승하였다.

기차 안에서 공산주의 국가인 동독 경찰의 신분 점검을 받은 후, 기차는 포츠담 역(일제 때 포츠담 회담이 열린 장소)을 통과하였다. 동서독 경계선에서는 기차가 다시 정차하여 동서독 경찰관이 교대하였다. 기차 안에서 점심식사를 한 후, 우리는 마침내 서베를린에 도착하였다. 우리가 탄 열차는 공산국가 동독을 통과하여 민주국가 서독으로 들어온 셈이었다.

서베를린에 도착하여 한국 총영사관을 방문하고 출국 신고를 마친 뒤, 이곳의 상황 설명을 들으며 많은 생각이 들었다. 우리나라는 남북 간 왕래조차 어려워 서로를 원수처럼 여기는데, 독일은 남북이 다르게 존재하면서도 일정한 통로와 검문 체계를 갖추고 있다는 점이 인상적이었다.

그 후, 베를린 필하모니 오케스트라 건물을 방문하여 음악의 본향다운 분위기를 체험하였다. 이어 Gleinker 다리(일명 '돌아오지 않는 다리')를 방문하였다. 이 다리는 동독의 포츠담과 서독의 베를린을 잇는 다리로, 한 번 건너가면 돌아올 수 없으며 중앙에 검문소가 설치되어 필요 시 통과가 이루어지는 동서독의 유일한 통로 역할을 한다.

식사 후, Intercontinental Hotel에 도착하여 투숙하였다.

(10) 서베를린 시내 관광

7월 1일, 호텔을 출발하여 서베를린 시의사당을 방문하였다. 이곳은 케네디 대통령이 연설한 장소로 유명하다. 이어 유엔연합군 청사를 방문하여 한국군 부대를 위문하였다.

그 후, 옛 공항(동서 베를린 분리 시 422일간 식량 공수한 장소)과 체크포인트찰리(동서 베를린 출입문)를 견학하고, 세계적으로 유명한 베를린 장벽을 찾았다. 이 장벽은 1961년에 높이 약 6m, 길이 45km로 쌓였으며, 동서 베를린을 나누는 경계 역할을 하였다. 장벽을 경계로 흐르는 강을 건너면 서독인이 되었기 때문에, 많은 동독인이 강을 건너다가 총에 맞아 죽었으며, 그들의 묘가 남아 있었다. 장벽에는 수많은 낙서가 있었고, 한국인의 낙서도 볼 수 있었다.

다음으로 브란덴부르크 문을 방문하였다. 문 앞 광장에는 소련의 전승탑이 있으며, 매일 소련 병사가 동독에서 와서 지키고 있다고 한다. 이 문은 동서 베를린의 경계였으며, 1791년 프러시아 시대에 전승 개선문으로 세워졌다.

이어 베를린 한인학교를 방문하여 이해일 교장 선생님과 대담을 나누고, 준비한 서예 작품 3점을 전달하였다. 또한 방문하는 곳마다 기념품을 선물로 나누었다. 독일 고등학교(짐나지움)의 수업시간표는 우리나라와 비슷하였다. 백화점에서 쇼핑을 하고, 제2차 세계대전 때 파괴된 교회가 상징물로 남아 있는 것도 볼 수 있었다. 나는 이곳에서 처음으로 남녀 혼용 사우나에서 목욕을 체험한 뒤, 호텔로 돌아왔다.

(11) 동베를린을 가려던 날, 서베를린 시내를 관광하다

7월 2일, 호텔을 출발하여 올림픽 스타디움을 관광하였다. 이곳은 1936년 올림픽에서 우리나라 마라톤 선수 손기정이 일

장기를 달고 달린 장소로, 기념비에서 그의 이름을 확인할 수 있었다.

동베를린으로 이동하기 위해 동서독의 경찰이 지키는 검문소를 방문하였으나, 검문 결과 우리 일행은 통과가 불가능하다는 통보를 받았다. 나중에 알게 된 사실이지만, 전날인 7월 1일 임수경이 이곳을 거쳐 북한으로 간 사건 때문에 우리 관광이 제한된 것이었다.

원래 일정대로라면 동베를린에서 3~4곳을 관광한 후 돌아오는 계획이었으나, 우리는 이곳에서 약 2시간을 허비하고 결국 동베를린을 가지 못했다. 시간만 허비한 채 호텔로 돌아와 불평을 하며 투숙하였다.

(12). 헝거리의 브다페스트를 향해서 가다.

7월 3일 서베르린의 호텔을 출발하여 베르린 공항에 도착하여 출발을 하였다. 쥬리히 공항을 경유하여 브타페스트 공항에 도착하여 입국심사를 1시간 반 정도나 걸렸다.

헝거리가 공산국가이고 한국에서 온 단체관광객은 우리가 처음으로 임수경 사건도 있고 하여 늦은 것이었다. 오후 9시 15분에 BUDA PENTA Hotel에 도착하여 여장을 풀었다.

(13). 브다페스트의 제1일에는 한국대사관과 바라톤 호수에 가다.

7월 4일에 호텔을 출발하여 부다와 페스트를 잇는 헝거리에서 제일 크고 유명한 다리인 체인브리지를 지나서 한국대사관을 방문하였다. 그 바로 이웃의 건물에 이북 대사관도 있었다. 유럽에서 제일 큰 바라톤 호수에 가니 여름 해수욕장이 되어 수영복을 입은 사람들이 많았다. 그리고 길가에 거대한 해바라기 농장이 있는데 이 많은 해바라기로 만든 식용유와 공업용 기름의 중요한 원료가 된다고 한다.

오스트리아와 싸워서 이긴 전승기념관을 방문하고 호텔에 도착하였다. 저녁에는 나이트클럽에 가서 파티를 하였다.

(14). 브다페스트의 제2일은 장학관과 대화와 사범대 견학을 하다.

7월 5일 호텔에서 헝거리 교육부 장학관과 항거리의 교육제도와 무상으로 하는 장학제도에 대하여 토론을 하였다.

노벨상 수상자 2명이나 배출한 헝거리 사범대학을 방문하고 무상으로 대학교육을 시키는 것을 들었다. 1세왕인 스페판 왕의 동상이 있는 성 스테파노 성당을 방문하였고, 우리 여행단을 극진히 대접하여 MOM극장에서 헝거리 민속춤 등을 특별히 관람하게 하였다. 호텔에 도착하여 대구의 집에 처음으로 전화를 하였다.

(15). 헝거리 브다페스트에서 스위스 쥬리히로 가다.

7월 6일 헝거리 호텔을 출발하여 브타페스트 공항에 도착하여 출국수속을 마치고 비행기에 올라 스위스로 향했다. 쥬리히 공항에 도착을 하여 체크아웃을 하는데 시간이 많이 소요가 되었다.

헝거리 공산국가에서 스위스 민주국가로 오게 되어서 검문이 매우 까다로웠다. 그 때에 부산에서 온 용호중 선생이 가방을 비행기에 두고 내려 분실한 사고로 더욱 시간이 많이 걸렸다. 쥬리히 Novetel Hotel에 도착하여 대구의 집에 전화를 하였다.

(16). 스위스 쥬리히에서의 첫날.

7월 7일 호텔을 출발하여 리마트강을 지나 쥬리히 호수 옆의 페스타로치 연구소를 방문하였다.

이 연구소는 페스타로치가 국민들을 모두 교육해야 한다고 최초로 제창한 세계적인 교육학자의 업적을 기리는 연구소이다. 그 앞의 주차장은 관리인이 없는 무인 자동차 주차장으로 포스터에 주민이 양심적으로 스스로 요금을 넣고 있었다.

그 앞의 비탈길에서 휴지를 줍는 나이 많은 할머니가 있어 우리들은 신문지 조각을 줍고 있는 이유를 물었더니 하시는 말씀이 "내가 이 휴지를 줍지 아니면 휴지는 계속 날라 다니니까. 내가 줍는다"고 하셨다. 이것들을 보고 이 나라의 국민들의 민주의식을 볼 수가 있었다.

다음은 쥬리히 공과대학을 방문하였다. 이 대학은 노벨상 수상자를 5명이나 배출한 아인슈타인의 모교로 많은 자료들이 보존이 되여 있었다. 우리들은 비행기 양력에 대하여 직접 실험 실습을 해보기도 하였다.

다음은 시계전문 판매 빌딩을 방문하였다. 스위스는 시계공업이 세계에서 제일 발달한 나라로 각종 시계를 판매하는 이 8층 건물이 전부 시계였다.

나는 처에게 선물하려고 시계 하나를 구입하였다. 그리고 쥬리히 교육위원회 장학관 크냑스로씨와 회담을 하고 스위스의 교육제도와 사회적 구조, 정치의 형태를 들었다.

특히 대통령은 7개장관이 교대로 1년씩 한다는 것이었다. 호텔에 와서 우리 교민들이 찾아와 스위스의 좋은 물품을 소개해 주어서 필요한 것을 구입하기도 하였다.

(17). 티트리스봉을 등정하다.

7월 8일 호텔을 출발하여 티트리스봉을 가는데 고속버스로 이동을 하였다. 가는 도중에 만년설이 녹아 생긴 깨끗한 스타토스 호수를 지났다. 해발 1050m의 티트리스봉에 오르는데 먼저 케이블카를 탑승하고 또 다른 케이블카를 바꾸어 타니 옆에는 톱니바퀴의 모노레일 기차가 있었다.

정상에 오르니 만년설로 만든 동굴 속에 식당 상점이 있었다. 기념으로 스푼을 구입하고 티트리스봉 정상에서 중국음식점에서 식사를 하니 옆에 부산에서 온 관광객도 있었다.

정상의 만년설위에서 기념 촬영을 하고 공중전화로 정상에서 집에 전화를 하였다. 하산을 하다가 앵켈베리에를 지나 루제룬에 도착하니 스탄스스텔스 호수가에 역시 시계백화점이 또 있어서 아내의 선물로 목걸이 하나를 구입하였다.

카펠다리를 걸었는데 이 다리는 1333년에 건설이 된 세계 제일 오래된 나무다리라고 한다.

루체룬의 교통박물관을 방문하니 이 박물관은 고대에서 현재까지 교통수단을 전시하였다. 옛날 기차부터 고대 비행기와 아폴로 11호 기체 등이 전시가 되어 있었다.

호텔에 도착하여 교포 권씨로부터 등산용 칼 등을 구입을 하였다. 내일이면 여행이 끝남으로 출발 준비를 한 후에 취침을 하였다.

(18). 스위스 쥬리히를 떠나다.

7월 9일에 한국으로 귀국하기 위하여 Novotel Hotel을 출발하여 쥬리히 공항에 도착을 하였다. 출국 수속을 미치고 12시 15분행 KAL 914편에 탑승탑승을 하고 출발을 하였다.

비행기의 급유를 위하여 네델란드 암스델담 공항에 도착하였다. 1시간정도의 여유가 있어서 급유 공항 밖이 나왔다.

이곳은 이준열사가 왔었던 곳으로 감회가 깊었다. 공항 밖에 나와서 화훼농장을 방문하고 농협에서 판매를 전담하고 농민은 생산만 한다고 하니 농업이 많이 발달한 것을 보았다. 다시 비행기에 탑승하여 북극항로로 미국으로 향했다.

(19). 서울에 와서 대구에 도착

7월 10일에 비행기가 미국 엥크레인지 공항에 도착하였다. 급유를 위해 1시간 정도의 시간이 있어서 공항 밖의 면세점에서 화장품을 사고 미국 땅을 처음으로 밟아 보았다.
　다시 엥크레인지 공항을 출발하여 17시 10분 비행기가 김포공항에 도착을 하였다. 입국수속을 마치고 공항 밖을 나오니까 예상하지도 않았는데 중환이가 마중을 나와 있었다.
　중환이가 오늘 저녁이 아버님 기일이라고 하였다. 중환이를 시켜서 내가 참석을 못하겠으니 형님께 말씀드리라고 말을 하고 나는 고속버스를 타고 대구로 향했다. 23시30분에 대구 집에 도착을 하였다. 처음 유럽여행은 이렇게 끝이 났었다.

(20). 학교와 교육청에 귀국 보고를 하다.
　• 첫째-7월 11일 신명여중에 가서 교장선생님께 귀국 보고를 하였고 선생님들에게도 귀국 소감을 먼저 이야기를 하였다.

　• 둘째-7월 12일 오전에 동부교육청에 가서 귀국보고를 하고 오후에는 대구시 교육청에 가서 교육감에게 귀국보고를 하였다.

　• 셋째-7월 13일 신명여중의 전교생에게 유럽여행에서 본 것을 슬라이드로 만들어서 보여주면서 여행결과를 설명하였다.

　• 넷째-7월 15일에 문교부에 귀국보고서를 만들어서 보고도 하였다.

53. 대구시 각종 과학행사와 교내·외 행사에 적극 참여하다

대구시 교육청에서는 다양한 과학 행사를 주관하였다. 그러나 대부분의 학교에서는 교과 지도에 바빠 과학과 관련한 행사에 적극적으로 참여하지 못하였고, 이로 인해 교육청에서는 고민이 많았다.

그때 나는 전국 과학교육협의회의 대구 임원으로서 교육청의 각종 행사에 적극적으로 참여해야만 했다. 그래서 외부 출장이 많았고, 각종 대외 행사에 초청을 받아 심사위원으로 활동하기도 했다. 학생 단체를 인솔하여 서울 등지로 다녀오기도 하였으며, 매우 바쁜 시간을 보냈다.

또한 교내에서 실시하는 특별활동 결과 발표회에도 적극적으로 참여하였다. 가을이 되면 1년간 특별활동 시간에 공부한 내용을 작품으로 만들어 강당에 전시하였다. 학부모님과 교육청 장학사, 외부 인사들을 초청하여 발표회를 열었다.

나는 과학반의 발표 준비와 지도를 맡았는데, 당시 과학과장의 직책도 맡고 있었기 때문이다. 또한 서예 작품 지도를 병행하여 학생들을 지도해야 했기에 이중으로 일을 맡아 하느라 시간이 늘 부족했다. 늦게까지 학교에 남아 지도를 하였고, 퇴근은 항상 늦어졌다. 그때마다 집에 있던 아내는 불평이 많았다.

어느 때는 집 근처 학생들이 수학이나 과학을 가르쳐 달라 부탁하여 개인 지도를 하기도 했다. 지금 돌이켜보면 정말 바쁘게 살았다는 생각이 든다. 그러면서도 새벽이면 향교에 가서 소원 이수락 선생님께 한문 강의를 들었던 기억이 난다. 뿐만 아니라 과학 이외의 각종 행사에도 참여하여 심사를 맡거나 지도를 하는 등 활발히 활동하였다.

54. 상고회를 조직하여 활동하다

 1990학년도가 시작되면서 교육부에서는 교사들의 사기를 높이기 위해 각 학교에서 자율적으로 연구회를 조직하여 활동하도록 권장하였다. 신명여중에서도 여러 개의 연구회가 생겨났다.
 나 역시 어떤 연구회를 만들어 활동할지 고민하던 중, 뜻이 맞는 몇몇 선생님들이 고적(古蹟)을 답사하며 전국을 돌아보는 연구회를 만들자는 의견을 냈다. 그래서 별도의 장소에서 모여 의논하기로 하였다.

 퇴근 후 삼덕동의 '3·1다방'에서 첫 모임을 갖기로 하고 연락하여 모였다. 1990년 6월 5일(음력 윤 5월 15일) 첫 모임에 참석한 선생님은 김병오, 신현룡, 남기주, 권수명, 그리고 나, 이렇게 다섯 명이었다.
 모임의 이름은 옛 것을 숭상하고, '이우보인(以友報仁)', '이문화우(以文會友)'한다는 뜻에서 **'상고회(尙古會)'**라 정했다. 회장은 연장자인 김병오 선생님이 맡고, 총무는 권수명 선생님이, 행사 계획은 내가 맡았다.
 활동은 방학 때를 이용하여 연 4회 정도 실시하고, 승용차를 이용해 1회에 1박 또는 2박 정도로 진행하기로 하였다.

 첫 번째 행사는 1990년 8월 17일 봉화 지역으로 정하였다. 김동수 교장선생님과 김순언 선생님이 동참하면서 회원이 7명으로 늘었다. 이후 활발히 활동하자 함께하고자 하는 선생님들이 늘어 윤종오, 박태만 선생님이 합류했고, 뒤이어 김동철 선생님도 가입하여 총 10명의 회원이 되었다.

우리의 열정적인 활동 소식이 알려지자 교육청에서 결과 보고를 요청하기도 하였고, 보고 후에는 칭찬을 많이 받았다. 활동이 알려지면서 영남일보에서 활동 소식을 기사로 싣자는 제안이 들어왔고, 윤종오 선생님이 신문에 투고하기도 했다.

우리 상고회는 가능한 한 꾸준히 행사를 이어가며, 퇴임 후에도 계속 활동하기로 하였다.

그 결과, 1990년 8월 17일부터 2010년 10월 10일까지 30년간 총 60회의 행사를 이어갔다. 마지막 행사는 충남 금산·부여 지역 탐방이었다.

그동안의 기록을 정리하기 위해 1년여 동안 내가 직접 컴퓨터로 편집하여 한아름문화사에 의뢰했고, 총 443쪽 분량의 『상고회지(尙古會誌)』가 2011년 11월 7일 발간되었다. 약 20부만 제작하여 회원들에게 나누어 주었고, 별도로 컴퓨터 칩(저장매체)도 만들어 회원 각자에게 배포하였다.

55. 아내와 함께 국내 명승지를 여행하다

아이들이 모두 성장한 뒤 마음이 한가해지자 허전함이 밀려왔고, 자연스럽게 여행을 떠나고 싶다는 생각이 들었다. 그래서 아내와 나는 의논 끝에 방학 때나 여유가 있을 때, 별다른 계획 없이 배낭 하나만 메고 즉흥적으로 여행을 떠나기로 했다.

첫 번째 여행은 외도였다. 거제도로 가서 외도행 배편을 알아보니 사전 예약이 필요했는데, 예약 없이 가서 결국 배편이 맞지 않아 가지 못했다. 대신 마산과 사량도를 거쳐 부산에서 하룻밤을 묵고 돌아왔다. 이후에는 여행사를 통해 새벽에 출발하여 외도를 관광하고 돌아오기도 했다.

두 번째 여행은 제주도였다. 여행사에 의뢰해 떠났는데, 아내와 나는 생애 처음 비행기를 타보는 터라 무척 긴장했다. 제주도에 도착해 여러 관광지를 둘러보고, 틈을 내어 처형이 살고 있는 곳을 방문하기도 했다.

세 번째 여행은 부산·경남 지역이었다. 이번에는 아무런 계획 없이 배낭을 메고 기차를 타고 부산으로 향했다. 부산에서는 버스를 타고 태종대를 둘러보고, 자갈치시장을 구경한 뒤 동래온천에서 온천욕을 했다. 이어 범어사를 둘러본 후 대구로 돌아왔다.

네 번째 여행은 강원도 지역이었다. 동부정류장에서 삼척행 버스를 타고 이동해, 저녁에 도착해 여관에 투숙했다. 다음날 죽서루에 올라 퇴조비를 보고, 강릉으로 이동해 낙산사·경포대·오죽헌을 둘러보았다. 날씨가 무척 더워 잠시 쉬었다가, 속초로 가서 해변에서 회를 먹고 어물도 샀다. 이후 설악산으로 들어가 여관에 머물며 건들바위·비선대·와선대를 구경했다. 하루를 더 묵은 뒤 권금성을 올라갔고, 다음날 춘천으로 이동해 소양호에서 유람선을 탔다. 여주에서는 도자기 전시관과 세종대왕 영릉을 관람한 후 대구로 돌아왔다.

다섯 번째 여행은 울릉도였다. 일석관광 손사장에게 의뢰했더니 우리 부부만 대구에서 출발하는 일정이어서 특별히 편히 다녀올 수 있도록 배려해 주었다. 포항에서 배를 타고 울릉도 도동항에 도착해 여관에 투숙하고, 다음날 차를 빌려 나리분지를 다녀왔다. 또 우도로 건너가 섬을 둘러보았고, 독도 행 배편이 있다는 소식을 듣고 출발했으나 파도가 심해 상륙은 하지 못하고 섬을 한 바퀴 돌고 돌아왔다.
이튿날 울릉도 일주선으로 섬을 한 바퀴 돌던 중 김대현 선생님을 만나기도 했다. 이후 포항을 거쳐 대구로 귀가했다.
여섯 번째 여행은 강화도였다. 이번에는 동환이 가족도 함께했다. 동환의 승용차로 강화도에 가서 전등사 앞 여관에 머물고, 다음날 전등사와 강화도의 여러 명승지를 둘러본 후 돌아왔다.

그 외에도 우리 부부는 시간이 날 때마다 여러 지역을 여행하며 많은 추억을 남겼다.

56. 일본에서 실시한 시청각 해외연수에 참여하다

　1992년 1월 10일, 대구시 교육청에서 연락이 와서 교육청에 갔더니 한국시청각교육협회에서 실시하는 해외연수가 있으니 참가하도록 준비하라는 것이었다. 각 시·도에서 중등학교 교사 1명을 선발해 보내는데, 대구에서는 교육청에서 나를 추천한 것이었다.

　나는 과특회 회장이자 평교사로서 전국과학교육협의회 대구지역 부회장으로 활동하고 있었기에 차출된 것이다.
　학교로 돌아와 교장선생님께 보고를 드린 뒤, 1992년 2월 11일 새벽 기차를 타고 서울 시청각연수원에 도착했다. 이번 연수는 일본의 스페이스캠프(Space Camp)에서 진행되는 우주개발 체험교육이었다. 연수단은 전국의 중등교사 22명과 인솔 장학관 1명 등 모두 23명이었다.
　간단한 주의사항을 들은 후, 연수단은 김포공항으로 이동하였다. 출국수속을 마치고 비행기에 탑승하기 전에 연수단 대표를 뽑았는데, 여러 선생님들이 나를 추천하여 대표로 선출되었다. 이유는 나이가 많고, 각 시·도의 과학 활동을 두루 아는 사람이라며 "무조건" 나를 뽑은 것이었다.

　비행기 안에서 인솔 장학관이 "일본에 도착하면 각국 대표가 인사말을 해야 하니 대표는 영어로 준비하라"고 했다. 우리가 도착하면 미국, 일본, 대만, 한국 등 4개국의 연수단이 함께 모이게 되고, 지도 강사는 대부분 미국인이기 때문이었다.
　그래서 일행 중 영어를 잘하는 선생님 한 분이 즉석에서 원고를 작성해 주었고, 기내에서 몇 차례 수정하며 연습하였다.
 그 사이 비행기는 후쿠오카 공항에 도착했다. 우리는 버스를 타고 하카다역으로 이동하여, 급행열차를 타고 에다마스 역에서 내렸다. 역에는 스페이스캠프의 안내원이 나와 있었다. 안내원을 따라가니 이미 세 나라에서 참가자들이 도착해 있었다.

 개원식이 열렸고, 각 나라 대표의 인사 순서가 되어 나는 우리나라를 대표하여 영어로 인사말을 하였다. 이후 숙소에 배정받고 본격적인 연수가 시작되었다.
 연수 내용은 과학 분야와 관련되어 있어 별도로 상세히 기록하기로 한다.
 연수를 마친 뒤에는 일본 신문사에서 취재를 나왔다. 기자가 나에게 소감을 물었고, 나는 연수의 의의와 소감을 설명했다. 다음 날 일본 신문에 내 사진과 함께 기사가 실렸다.

 2월 15일, 모든 일정을 마치고 후쿠오카 공항에서 비행기를 타고 서울로 귀국하였다.
 연수단은 다시 시청각연수원에 모여 귀국보고회를 가졌고, 이후 대구로 내려왔다. 다음 날 학교와 교육청에 가서 귀국보고를 하고, 나중에 참관기를 작성하여 제출하였다.

57. 중환이가 결혼하다

　중환이는 1987년 말부터 현대정공에 입사해 혼자 생활한 지 4년이 지나 있었다. 그래서 결혼을 할 때가 되었다고 생각했다. 어느 날 중환이가 집에 왔을 때 결혼 이야기를 꺼냈더니, "적당한 시기가 되면 하겠다"고 하기에 우리 부부는 신부감을 알아보기로 하고 여러 곳에 연락을 하고 아는 분들에게도 부탁을 드렸다.
　얼마 후 중환이가 "드릴 말씀이 있다"며 신부감 이야기를 꺼냈다. 대학 시절 같은 모임에서 알게 된 여학생이 있다고 했다. 그래서 한번 만나 보기로 하고 일단 반 정도 허락을 했다.

　며칠 뒤 중환이가 신부감을 데리고 집에 왔다. 신부는 경북대학교 사범대학 가정과를 졸업하고, 경북의 한 중학교에서 가정과 교사로 재직 중인 김정숙 선생님이었다. 성은 김해 김씨로, 아버님은 김종헌 씨이며 차녀였다. 영리하고 단정한 인상에 우리 부부는 호감을 느껴 일단 승락하기로 하고 상견례를 하기로 했다.
　상견례를 해 보니 김종헌 씨는 광주 조선대학교 공과대학을 졸업해 사업을 하고 계셨고, 오빠와 형부는 모두 의사였으며 막내도 의대에 재학 중인 집안이었다. 서로 인연이 잘 맞아 결혼 날짜를 정했다.

　결혼식은 1992년 4월 26일, 명성예식장에서 올리기로 했다. 주례를 부탁드릴 분을 찾던 중, 중환이의 지도교수이자 나의 대학 동창인 손병기 교수(경북대 공대 학장)께 부탁드렸더니 흔쾌히 승낙해 주셨다.

  그동안 중환이는 공부도 열심히 하고, 취직 후에도 근면하게 일하며 대학원을 다녀 공학석사 학위를 받았다. 그런 아들이 결혼을 하게 되니 정말 자랑스럽고 대견했다.

  신혼여행을 다녀온 후 각자의 직장으로 복귀했으나, 주말 부부로 지내는 불편함이 많았다. 그래서 며느리가 새 학기에는 사직서를 내고 함께 살겠다고 하였고, 상의 끝에 사표를 제출하였다.

  이제 신혼살림을 차릴 집이 문제였다. 우리 부부도 힘을 모으고, 나도 경제적으로 도와 전세집을 마련해 신혼살림을 차렸다.

58. 동환이가 대학을 졸업하고 화학연구소에 입소하여 석사학위를 받다

동환이는 1989년 군 복무를 마친 후 복학하여 열심히 공부했고, 1992년 2월 마침내 졸업하였다. 군대 다녀온 뒤 마음가짐이 성숙해져 더욱 열심히 공부한 것 같았다.
나중에 알게 된 사실이지만, 졸업 당시 성적이 경북대학교 수의과대학 수의학과에서 수석이었다. 정말 대견하고 자랑스러운 일이었다.

졸업과 동시에 대전의 대한화학연구소에 입소하기 위해 원서를 제출했다고 했을 때, 과연 합격할 수 있을까 걱정했지만 며칠 뒤 합격 소식을 듣고 무척 기뻤다.
이후 대전 연구소 기숙사에서 생활하며 근무를 시작했다. 근무 중 "대학원에 진학하고 싶다"고 하기에 나는 적극 찬성했다. 시험에 합격해 대학원에 다니게 되었지만, 연구소 근무와 병행하는 일이 쉽지 않았다.
금요일까지 근무를 마치고 오후에 내려와 집에서 자고, 토요일에는 대학원 수업을 들었다. 일요일 밤이나 월요일 새벽 기차를 타고 다시 연구소로 올라갔다.
매주 기차를 타고 다니는 불편함이 커서 중고 승용차를 사고 싶다고 하기에 내가 일부를 보태 주어 차를 구입했다.
우리 집에서 처음으로 자동차를 가지게 된 순간이었다. 차 덕분에 출퇴근과 공부가 훨씬 편리해져 학업에 집중할 수 있었다.
그렇게 2년이 지나 1994년 2월, 드디어 석사학위를 취득했다.

우리 부부와 경은이가 학위수여식에 참석해 축하해 주었다. 이로써 중환이도 석사, 동환이도 석사가 되어 정말 기쁘고 자랑스러웠다.

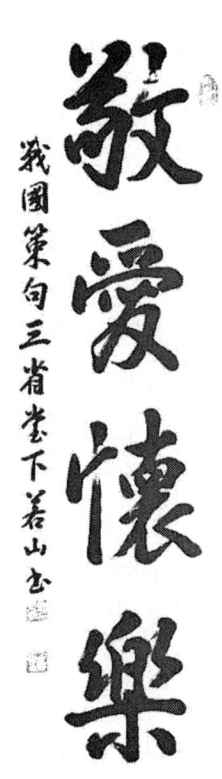

59. 경은이가 대학을 졸업하고 처음으로 취직하다

경은이는 1993년에 영진전문대학교 유아교육과에 입학하여 성실히 공부하였다.

이 학과가 경은이의 적성에 잘 맞는 듯했다. 수업에서 배운 것을 직접 만들어 보고, 교재용 학습도구를 제작하는 모습이 대견했다. 졸업을 앞두고 전시회에 출품할 교구를 제작하며 열심히 준비했다.

1995년 2월 졸업식을 마치고 드디어 유치원 교사가 되었다.

취업 준비를 혼자서 하던 경은이는 마땅한 자리를 찾지 못해 고민하다가 나에게 상의했다.

나는 마침 동창인 김병진 장로에게 부탁드렸고, 며칠 뒤 산격동 제일교회 유치원을 소개받았다. 김 장로가 시무하는 교회에서 운영하는 곳이었다.

다음 날부터 경은이는 출근을 시작했다. 동시에 운전면허를 따기 위해 운전학원에도 다녔다. 젊고 적극적이라 그런지 금세 합격했다.

새 학기가 되면서 다른 유치원에서 오라는 제안을 받아 옮기고 싶다고 했다. 나는 김 장로에게 미안했지만, 임시로 다니기로 한 곳이었기에 양해를 구했다.

이후 경은이는 새 유치원으로 옮겨 교사로 근무하게 되었다.

60. 운전면허증을 갖게 되다

퇴임을 앞두고 나도 운전면허를 갖고자 했었다. 다른 사람들은 운전면허증을 가지고 차를 몰고 다니는데, 나는 경제적으로 여유가 없을 뿐만 아니라 큰 필요성을 느끼지 못했기 때문에 운전면허시험을 보지 않았다.

중환이는 벌써 운전면허시험을 보고 곧 합격하여 자기 차를 구입해 출퇴근에 사용하고 있었고, 동환이도 군대에서 제대한 후 곧바로 운전연습을 하더니 얼마 지나지 않아 운전면허를 받아왔다. 그리고 경은이도 운전연습을 오래 하지 않았는데도 곧 운전면허를 받아왔다.

그래서 나도 용기를 내어 1995년 7월 말, 김동철 선생과 함께 운전면허시험을 보기 위해 운전연습학원에 등록하고 매일 오후에 같이 가서 연습을 했다. 처음에는 쉬운 것 같았으나, 하면 할수록 어려웠다. 서로 격려하며 약 20일 동안 열심히 훈련을 하고 모의연습을 했는데 잘되지 않았다.

학과 공부를 할 때 처음에는 쉬운 것 같아 공부를 게을리 했더니, 학원에서 임시로 본 시험에서 간신히 합격권에 들어갈 정도였다.

1개월의 교습 기간이 지나고 드디어 운전면허 시험 날이 다가왔다. 방학 중 적당한 날을 택하여 시험 날을 잡고, 김동철 선생과 함께 운전시험장에 갔다. 처음에 학과시험을 보는데, 생각나는 대로 풀었다. '제발 합격만 했으면 좋겠다'고 기다리고 있는데, 시험관이 결과를 발표하며 먼저 최고 득점자를 칠판에 적었는데 내 이름이 있었다. 한 문제만 틀렸다고 했다. 나는 합격만 하면 된다고 생각했는데, 예기치 않게 좋은 결과가 나온 것이었다.

 그 전날 저녁, 학과가 걱정되어 밤늦게까지 공부한 결과였다. 자신 있게 실기시험을 보았으나, 마지막 장거리 등판 구간에서 실수하여 떨어지고 말았다.

 그래서 한 달 동안 다시 열심히 연습을 했다. 그때 동환이가 등판 요령을 여러 번 가르쳐 주었다. 다음 시험 날에는 동환이와 함께 가서 시험을 보았는데, 연습한 효과가 있었는지 이번에는 쉽게 합격했다.
 1995년 10월, 드디어 내가 운전면허증을 갖게 되었다. '좀 더 젊었을 때 응시했더라면 떨어지지 않았을 텐데' 하는 생각이 들었다.

 그 후 동환이가 화학연구소 출장으로 우리 집 승용차를 두고 갔기 때문에, 몇 달 동안 내가 운전하며 등·하교하기도 했다. 처음으로 고속도로를 달려보기도 하고, 약목에도 몇 차례 왕래하기도 했다. 그러다 두 번의 작은 교통사고가 있었다. 하나는 학교에서 후진하다가 동료 교사의 차 창문을 약간 들이받은 것이었고, 또 한 번은 경은이를 출근시켜 주려다 아파트 앞에서 후진하면서 잘 보지 못해 경은이의 발을 약간 다치게 한 인사 사고였다.

61. 귀여운 손녀·손자가 우리 집에서 처음으로 태어나다

중환이가 1992년 4월에 결혼한 후 몇 년이 지나도록 손자를 가졌다는 소식이 없었는데, 1995년 추석에 다니러 왔다가 큰며느리가 임신했다는 소식을 듣고 무척 기뻤다. 며느리는 중등학교 교사로 있다가 그만두고 중환이와 함께 수원에서 생활한 지 1년쯤 되었을 때였다.

부모로서 걱정이 되었지만 가서 돌봐줄 형편이 되지 않았다. 그래도 부부가 조심하며 건강하게 지낸다는 소식을 듣고 있었다.
그러던 중 1996년 1월 6일 오후 3시 25분경(음력 1995년 을해 11월 16일 신시), 바라던 손녀가 태어났다. 산모도 무사하고 손녀도 건강하다는 연락을 받고 당장이라도 달려가고 싶었다. 그다음 날 내가 이름을 '지아(志娥)'라고 지어 알려주었다.

다음 날 손녀를 만나기 위해 수원에 갔다. 처음 맞이하는 손녀라 감회가 깊고 무척 기뻤다. 손녀 지아는 건강하게 잘 자라고 있었고, 얼마 지나지 않아 1997년 설에 집에 왔을 때 둘째를 임신했다는 소식을 들었다. 지아도 아직 어린데 또 임신을 했다니 걱정이 되었다. 그러나 우리 내외는 도와줄 수 있는 형편이 아니었다.

얼마 후, 1997년 6월 25일 오후 3시 53분경(음력 정축년 5월 21일 신시)에 손자가 태어났다. 기다리던 손자였다. 내가 이름을 '현우(炫宇)'라고 지어 알려주었다. 다음 일요일에 수원에 올라가 손자 현우를 처음 만났다.
 손자와 손녀는 똑같이 귀한 손이지만, 손자가 더 반가웠던 것은 아마 오랜 동양사상에 뿌리내린 남자 상속 의식 때문이었을 것이다. 우리 집에 장손이 태어났으니 한 가지 걱정은 덜게 되었다.

62. 회갑 기념으로 서예 개인전을 열다

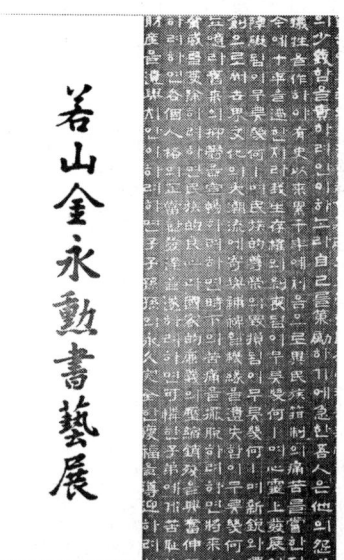

1970년대부터 틈틈이 공부해온 서예의 결과물을 한자리에 모아 회갑 기념 개인전을 열기로 마음먹고 준비한 것은 1995년 말부터였다. 막상 준비를 시작하니 부족한 점이 너무 많아 두려움이 앞섰다. 그러나 회갑을 아무 뜻 없이 보내는 것도 무의미하다고 생각했다.

그래서 다시 마음을 다잡고 한 작품씩 초를 잡아 연습했다. 회갑을 전후하여 **[1996년 11월 3일부터 7일까지 대구시민회관 전시장]**을 예약했다.

전시 일정이 잡히니 오히려 마음이 더 불안해지고, 일은 잘 되지 않았다. 학교 일과 가정 일을 병행하면서 아무에게도 말하지 않고 혼자 계획해 하나하나 준비했다.

작품 일부를 만들어 계명대학교 서예학과의 근원 김양동 교수에게 보여 교정을 받고 완성했다. 완성된 작품을 표구사에 보내 배접이 끝난 후 사진을 찍어, 아는 인쇄소에 보내 인쇄하여 작은 도록을 만들었다. 회갑 기념이기도 하여 각처에 연락해 참석을 부탁했다.

준비가 끝난 뒤에도 걱정이 되어 표구사를 몇 번 찾아가 보기 좋게 해달라고 당부했다.

드디어 11월 3일, 서예전 개전 식 날이 되었다. 토요일 오후 3시에 개전 식을 하기로 했으므로, 학교 수업을 일찍 마치고 나와 준비했다. 각지에서 손님들이 왔는데, 대구시내 서예협회 회원들과 학교 관계자들이 많이 참석했다. 우리 집안 식구들과 처가에서도 모두 와 주었다. 음식은 뷔페로 준비했는데 예상보다 많이 부족했다.

예상 외로 많은 사람들이 참석했고, 신명여중과 남산여고에서도 적극적으로 후원해 주었다. 결과는 대성공이었다. 전시된 작품은 모두 판매되었고, 새로 몇 점을 더 만들기도 했다.

身退蜀罢分學退
憂暮境溪上如空居
臨流日有省 退陶先生詩

人之慶正士好屐
皮相似生前欲殺之
死後方稱美 南溟先生詩

採藥忽迷路千峯
秋葉裏山僧汲水歸
林末茶烟起 栗谷先生詩

水國秋光暮驚寒
鴈陣高憂心輾轉孤
舩月照弓刀 丙子秋李忠武公詩
金永燮謹書

神策究天文妙算
窮地理戰勝功既高
知足願云止 乙支文德將軍詩

秋風惟苦吟世
少知音窓外三更雨
燈前萬里心 孤雲先生詩

苔雨細不滴牧中
渺有聲雲盡南溪漲
艸芽多少生 圓隱先生詩

攬鏡悲華看雲
嘆白衣環滁山與水
病守自忘機 佔畢齋先生詩

先賢詩 八曲展

敬美樂群

蘭

春水滿四澤

불휘기픈

勤忍

63. 동환이가 결혼하다

1992년 2월, 동환이가 대학을 졸업하면서 대전에 있는 대한화학연구소에 입사하여 근무하게 되었다. 주말마다 기차로 대구에 오가는 것이 불편해 중고 승용차를 한 대 구입해 타고 다녔다.

그런데 연구소에 함께 입사한 경대 수의과 출신 여학생이 있었는데, 이름은 이정숙이었다. 매번 대구에 내려올 때마다 함께 승용차를 타고 오가곤 했다. 그러던 중 두 사람은 서로 사귀게 되었고, 결혼을 마음먹은 듯했다.

하루는 내가 대구시민회관에서 서예 전시를 하고 있을 때, 동환이가 정숙이를 데리고 와 인사를 시켰다. 얼마 지나지 않아 동환이가 결혼하겠다고 알려와 허락했다. 첫인상이 나쁘지 않아 허락한 것이었다.

1996년 12월 14일, 귀빈예식장에서 박선정 박사님의 주례로 전주 이씨 이강화 씨의 장녀 정숙 양과 결혼식을 올렸다. 결혼 후 동환이는 동아제약에 입사했고, 정숙이도 다른 제약회사에 입사하여 수원에서 살림을 차렸다.

그때 수원에는 이미 중환이가 현대정공에 입사해 살고 있었으므로, 자연히 형제가 같은 지역에서 살게 되었다.

64. 약목 종중의 임원 자격으로 대종회 장년회에 참석하다

1980년 아버님이 타계하신 후 약목종중의 대표로 영위 형님이 대종회에 자주 참석하셨으나, 세부적인 사항은 잘 이해하지 못하셨다. 당시 대구에 있는 장년회가 대종회의 주요 일을 논의하고 처리하고 있었기 때문에, 나도 약목종중 임원으로서 대종회의 움직임을 알기 위해 장년회에 참석할 필요가 있었다.

1990년 1월부터 장년회에 가입해 활동을 시작했다. 처음에는 김금석 종인이 회장이었고, 내가 가입할 무렵에는 진유 종인이 회장을 맡고 있었다.

그 무렵 월암서원을 중수하기 위해 준비 중이었는데, 얼마 전까지 보관하던 월암서원 현판들이 사라졌다고 했다. 며칠 후 금석 회장과 농암파 회장인 원한 씨가 나를 찾아와 월암서원 현판과 몇 가지 현판을 써달라고 부탁했다. 처음엔 능력이 부족하다며 사양했지만 끝내 부탁을 받아들여 며칠 동안 열심히 써서 만들어 주었다.

원래 우리 일선 김씨는 17개 종파가 있었다. 그런데 장년회에서 문대공파를 새로 창파(創派)하는 문제까지 논의하고 있었다. 이런 논의가 진행되는 것을 보고 다소 의아했다. 문대공은 농암파 중 농암 할아버지의 후손으로, 시조 순충공의 18세손 경질공(휘 지경)의 아들 응기(應箕)이며, 벼슬이 좌의정에 이르러 문대공(文戴公)의 시호를 받았다고 했다. 그런데 지금 와서 새롭게 창파를 하는 것은 맞지 않다고 생각했다.

당시 대종회장은 김윤환 국회의원이었으나 명예직에 가까웠고, 실제 대종회 일은 부회장 금석 씨가 주로 맡았다. 금석 부회장이 문대공 후손으로 창파를 주장하니 다른 사람들도 반대하기 어려웠다. 결국 창파를 선언하였고, 나처럼 새로 참석한 사람들은 말도 못 하고 지켜볼 수밖에 없었다. 다음 해 미석제 시사 때 전종원이 문대공파 창파를 선포하면서 문대공파가 탄생했다.

또 미석제 시조공 묘소 정화사업도 장년회에서 발의하여 입석과 문인석을 세우는 일을 진행했다. 금석 부회장이 자금을 내고 강행하니 누구도 반대하지 못하고 공사는 그대로 진행되었다. 금석 부회장은 구미의 일선교통 회장으로 경제적으로 여유가 있었기에 종사(宗事)를 적극적으로 처리할 수 있었다.

65. 동환이가 결혼하고 딸을 낳다

1996년 결혼한 후 동환이는 동아제약에 다니고, 작은 며느리도 다른 제약회사에 다니며 원만한 가정생활을 하고 있었다. 그러나 우리 내외는 손자가 생기기를 기다리고 있었다.

어느 날 반가운 소식이 왔다. 작은 며느리가 임신했다는 것이었다. 무사히 건강한 아이를 낳기를 바랐다. 출산일이 가까워지면서 손자인지 손녀인지 궁금했다.

드디어 1998년 9월 1일 오후 10시 25분(음력 7월 11일 해시), 손녀를 낳았다. 산모도 무사하고 아기도 건강하다는 소식에 모두 기뻐했다. 내가 이름을 '지우(志祐)'라고 지어 알려주었다. 다음 일요일에 수원의 동환이 집으로 가서 처음으로 지우를 만나보았다. 막 태어난 아기였지만 무척 건강해 보였다.

우리 부부가 산후를 돌볼 수 없어, 지우 외할머니에게 부탁드리고 대구로 내려왔다.

그리고 4년 후 둘째를 임신했다는 소식을 듣고 무척 기뻤다. 이번에는 꼭 손자이길 바랐다. 얼마 지나지 않아 둘째가 태어났는데, 2003년 5월 9일 오후 4시 10분(음력 4월 9일 신시)에 또 손녀였다. 손자이기를 바랐기에 약간 아쉬운 마음이 들었으나 표현하지는 않았다.

이름을 '지호(志祜)'라고 지어 알려주었다. 그다음 일요일에 수원으로 가서 지호와 처음 상면했다. 그리고 동환이에게 셋째는 손자를 낳으라고 권했지만, 부부가 상의한 끝에 더는 출산하지 않겠다고 하여 우리 내외는 조금 실망했다.

66. 경은이가 결혼을 하다

경은이는 1995년에 대학을 졸업하고 어린이집에 취직하여 성실히 근무하였다. 아이들을 좋아하고 정이 많아서인지 직업이 적성에도 잘 맞아 보였다. 그러던 중 다른 어린이집에서 스카우트 제의가 들어오기도 하여, 더 나은 근무환경을 찾아 몇 차례 직장을 옮기며 경력을 쌓았다.

그 사이 오빠들 둘은 모두 결혼을 하였고, 막내인 경은이만 미혼으로 남아 있었다. 나로서는 퇴임 전에 딸의 혼사를 마치려고 마음을 놓고 싶었다. 그래서 여러 곳의 혼처를 알아보았는데, 동환이가 함께 근무하던 총각도 소개받고, 아내 쪽에서도 몇몇 제안이 들어왔었다.

그런데 어느 날 경은이가 "사귀는 사람이 있다"고 말하였다. 한번 만나보기로 하고 약속을 잡았다. 마주해 보니 건강하고 성실한 청년이었고, 경은이와 꼭 결혼하겠다는 굳은 뜻을 가지고 있었다. 이름은 이성용으로, 부산에서 대구로 유학 온 학생이라 했다. 1996년 봄에 경일대학교를 졸업할 예정이었고, 아버지는 부산에서 주유소를 운영하는 합천 이만득 씨였다. 믿음직한 인상에 우리 부부는 결혼을 허락하였다.

이후 상견례를 위해 부산으로 내려가 사돈 내외를 만나 뵈었고, 서로의 가정과 인품을 확인한 뒤 결혼을 진행하기로 합의하였다. 결혼식은 1996년 6월 27일, 부산 코모드호텔에서 올리기로 하고 준비를 하였다. 결혼식 날, 대구에서는 버스 두 대를 대절해 가족과 친지를 함께 모시고 내려갔다.

예식이 끝나고 신혼여행을 떠나는 딸을 보니, 자식을 하나 잃은 듯한 허전함이 밀려왔다. 대구로 돌아와 집에 앉아 있자니 마음이 텅 빈 듯했고, 나와 아내는 말없이 멍하니 서로를 바라보며 그 허전함을 달랬다. 며칠 뒤 신혼여행을 마치고 돌아온 사위와 딸을 맞으며 다시금 웃음을 되찾았다. 이후 딸을 부산까지 데려다주고 돌아올 때, 가슴이 먹먹하고 말 한마디 없이 집으로 돌아왔던 기억이 아직도 선하다.

67. 정년퇴임을 하다

나는 대학을 졸업한 뒤 약 2년간 발령을 받지 못하다가, 1964년 3월 처음으로 교직에 몸을 담았다. 그로부터 35년 6개월이 흐른 1999년 8월 31일, 신명여자중학교에서 교감으로 정년퇴임을 하였다.

교직에 몸담은 세월 동안 나름대로 최선을 다했다고 생각하지만, 지금 돌이켜보면 부족했던 점이 많았다는 생각이 든다. 퇴임을 앞두고는 실험실 기구 하나, 책상 하나에도 정이 들어, 자주 들러보며 손으로 만져보곤 했다. 전국과학전람회에 나가기 위해 밤늦게까지 연구하던 일, 학생들을 지도하느라 애썼던 날들, 서예반 아이들을 밤늦게까지 가르치던 기억이 주마등처럼 스쳐 지나갔다.

원래 정년은 만 65세였으나, 정부의 정책 변경으로 만 62세로 단축되면서 3년 일찍 퇴임하게 되었다. 조기 퇴임자들을 교감으로 승진시켜 퇴임하게 하는 방침에 따라 나도 교감으로 명예롭게 퇴임하였다.

신명여중에서도 나와 함께 정년퇴임을 맞는 교사들이 많아 한꺼번에 인사가 이뤄지다 보니 여러 어려움이 있었다. 교사 수급 문제, 담당 과목 조정, 학교 행정의 연속성 등에서 혼란이 있었다. 또한 퇴직자 입장에서도 몇 가지 현실적인 어려움이 있었다.

첫째, 퇴직연금 불입 기간이 33년 이상 되어야 하는데 기간이 모자라 소급 불입을 해야 했고, 그 금액이 만만치 않았다.

둘째, 공제회 불입금도 장기 불입을 기준으로 계산되어 조기 퇴임자는 손실이 컸다.

셋째, 퇴임 후의 생활 문제가 가장 컸다. 갑자기 일에서 벗어나 아무 일 없이 지내는 것이 쉽지 않았다.

넷째, 자녀들의 혼사와 생활 기반 마련 등 가정적 부담도 있었다.

그래서 나는 3년 전부터 차근차근 계획을 세워 자녀들의 결혼을 모두 마무리하고, 안정된 가정을 꾸릴 수 있도록 준비했다. 경은이의 혼사까지 모두 재직 중에 마무리하게 되어 마음이 놓였다.

퇴임식은 학교 내에서 조용히 진행되었다. 교육청으로부터 석류장 표창장, 교원단체총연합회 표창장, 그리고 전국사립학교 교장회 표창장을 수여받았다. 퇴임 후 집으로 돌아오니 아내가 정성껏 차려준 특별한 식탁이 기다리고 있었다.
가만히 앉아 있으니 갑자기 시간이 멈춘 듯 허전했다. '이제 무엇을 해야 할까' 하는 생각이 들었다. 그래서 오래도록 꿈꿔왔던 서예학원을 열어보기로 결심하고, 적당한 장소를 찾아다니며 새로운 삶의 방향을 모색하였다.

68. 장년기를 요약하면

- **중환**
  - 1978년: 중환 중학교 1학년
  - 1981년: 중환 고등학교 1학년
  - 1984년: 중환 대학 1학년
  - 1987년 10월: 현대정공 입사
  - 1988년: 대학교 졸업
  - 1992년: 공학석사 취득

- **동환**
  - 1980년: 동환 중학교 1학년
  - 1983년: 동환 고등학교 1학년
  - 1986년: 동환 대학 1학년
  - 1988년 6월: 입대
  - 1990년: 제대
  - 1992년: 대학 졸업
  - 1994년: 석사학위 취득
  - 1997년: 박사학위 취득

- **경은**
  - 1979년: 경은 삼덕국민학교 입학
  - 1986년: 효성중학교 입학
  - 1989년: 정화여자고등학교 입학
  - 1992년 2월: 고등학교 졸업
  - 1993년: 영진전문대 유아교육과 입학
  - 1995년 2월: 졸업

년.월.일	내 용
1984. 8~ 1992.	과학교사연수 강사 역임 (대구교육과학연구원 주최)
1986. 6. 17.	대구시 과학전람회 최우수상(분자크기측정 연구), 교육감상 1등급, 신명여중 대구시 과학최우수교 표창
1986. 9. 26.	전국과학전람회 특상, 과학기술처장관 표창
1986. 10. 20.	대구시 과특회 회장(과학전람회 특상이상자 모임, 1999년까지 역임)
1987. 6 .12.	대구시 과학전람회 최우수상(용액의 농도와 저항), 교육감상 1등급
1987. 9. 25.	전국과학전람회 장려상, 과학기술처장관 표창
1987. 10. 5.	전국과학교육협의회 대구시 이사 겸 부회장 역임
1988. 6. 8.	대구시 과학전람회 최우수상(과일 성장에 따른 당류 변화), 교육감상 1등급
10월 14일	전국과학전람회 우수상, 과학기술처장관 표창, 대한화학회장상 수상
1989. 6. 27~ 7. 10,	과학우수교사 해외연수(유럽 5개국: 독일, 스위스, 헝가리, 프랑스, 네덜란드)
1992. 2.11. ~ 14.	일본 시청각연수(큐슈 스페이스캠프 참가, 한국대표 영어 인사, 일본 신문 보도)
1992. 4. 26.	장남 중환 결혼(대구 명성예식장, 김해 김종현 씨 차녀 김은숙)
1996. 1. 6.	지아 출생
1996. 11. 3~7	회갑기념 서예전 개최
1997. 6. 25.	현우 출생
1998. 5. 15.	전국사립학교 교장회 표창 수상
1998. 9. 1.	지우 출생
1999. 5. 15.	교원단체총연합회 표창 수상
1999. 6. 27.	장녀 경은 결혼(부산 코모드호텔, 합천 이만득 씨 장남 성용)
1999. 8. 31.	신명여중 교감으로 명예퇴임(석류장 수상)
2003. 5. 9.	지호 출생

5 장
노년기

1. 약산서실을 개원하다

　신명여중에서 퇴임을 앞두고 우리 내외는 상의 끝에 서예학원을 운영해 보기로 하였다.

　퇴임 후 학원을 하기로 마음을 굳히니, 무엇보다 알맞은 장소를 구하는 일이 급했다.
　그래서 1999년 7월 말부터 8월 중순까지 여러 곳을 찾아보았으나 마땅한 곳이 없었다. 그러던 중, 다시 삼덕동 근처에서 알아보던 중 아내와 잘 아는 지인의 집 2층이 비어 있다는 연락을 받았다. 직접 찾아가 보니 마음에 들어 전세로 계약하기로 하였다.
　그곳은 삼덕3가동 356-1, 유진기업 건물 2층으로 약 42평 정도 되는 공간이었다. 전세금은 4천만 원이었고, 계약 후 친구인 이재기 법무사를 찾아가 가등기까지 마쳤다.
　이후 우리 내외는 세를 얻은 학원에 가서 직접 청소를 하고, 학원에 필요한 물품을 구입하였다. 간판을 달고, 동부교육청에 가서 '약산서실(若山書室)'이라는 이름으로 신고하여 과외교습소 허가를 받았다.

　학원의 초창기 원생은 내가 신명여중에서 어머니교실의 서예반을 운영하던 학부모 약 10명과, 계성고등학교 43회 동기생 몇 명, 학교에서 퇴임한 선생님들, 그리고 인근 지역 주민들로 구성되었다.
　그 무렵 나는 계성고 43회 동기회 총무를 맡고 있었는데, 동기회 사무실이 폐쇄되면서 우리 학원 안쪽에 별도의 방을 마련해 함께 사용하기도 하였다. 또한 2학기부터는 신명여중의 서예반을 우리 서실에서 운영하기로 하였다.

 매주 토요일 오전에는 학원 전체를 학생들이 사용하도록 하고, 내가 직접 전담하여 지도를 하였다. 그중에는 토요일 외의 요일에 따로 와서 서예 공부를 하는 학생들도 있었다.
 그래서 11월에는 특별활동 발표회를 앞두고 학생들이 작품을 만들어 전시할 수 있도록 지도를 해주었다.
 한편 2학기부터는 과외 시간에 한문 강의도 부탁받아, 매주 화·목요일 오후 1시간씩 수업을 하였다.
 과목은 '사자소학(四字小學)'으로 정하였는데, 처음에는 10여 명이던 학생이 점차 늘어 30명 가까이 되기도 했다.
 학원은 매일 오전 9시 30분에 문을 열고, 오후 6시경에 마쳤으며, 토요일과 일요일, 공휴일은 휴무로 정해 운영하였다.
 학생들에게는 한문과 한글을 가르쳤고, 시간이 되는 학생들에게는 천자문도 지도하였다.
 성인 원생들에게는 주로 한문을 가르쳤으며, 여유가 있는 분들에게는 『명심보감』, 『소학』, 『논어』, 『맹자』, 『대학』, 『시경』, 『서경』, 『주역』 등을 강의하였다.
 이렇게 학원을 운영하다 보니, 퇴임한 기분도 들지 않았고
 학교생활의 연장선처럼 하루하루 바쁘면서도 즐겁게, 나의 또 다른 삶을 이어갈 수 있었다.

2. 우리 부부의 일본 여행

서예학원을 개원한 뒤, 마음의 여유가 생겨 아내와 함께 일본 여행을 다녀오기로 하였다.

나는 예전에 한 번 일본에 다녀온 적이 있었으나, 아내는 한 번도 가보지 못했다.
때마침 여행하기 좋은 계절이기도 해서 부부 동반으로 일본을 방문하기로 하였다.
마침 약묵회 회장인 유천 김상채 선생이 함께 가고 싶다고 하여 우리 부부와 김상채 부부가 동행하기로 하였고, 또한 우리 서예학원의 원로 회원인 해암 오팔문 회원도 합류하게 되었다. 그래서 여행사 '하나투어'에 연락하여 2000년 6월 3일부터 6일까지, 3박 4일 일정으로 오사카, 나라, 교토, 벳푸를 여행하기로 했다.
나를 제외한 일행은 모두 첫 해외여행이라 다들 설레고 긴장된 모습이었다.

6월 3일 아침 일찍 기차를 타고 서울역에 도착하여, 김포공항 행 버스를 타고 오전 11시경 김포공항에 도착하니 여행사 직원이 이미 나와 있었다.
대구에서 온 우리 일행은 다른 지역 여행객들과 함께 비행기를 타고 오사카 관서국제공항에 도착하였다. 입국 수속을 마친 뒤 교토로 이동하여 호텔에 투숙하였다.

6월 4일, 호텔 조식 후 이조성을 관람했는데 생각보다 규모가 작았다.

다음으로 금각사를 방문하고 나라로 이동하였다.

나라에서는 동대사를 관람하고 사슴공원을 찾았는데, 키가 1미터나 되는 큰 사슴들이 사람을 따라다니는 모습이 무척 인상 깊었다. 아내는 사슴 먹이를 사서 직접 먹여보기도 했다.

중식을 마친 뒤 오사카로 이동하여 오사카성과 신사이바시를 관광하고, 석식 후 오사카 남항으로 이동하여 벳푸행 페리에 승선하였다.

선상에는 각종 오락 시설이 있었고, 해안선을 따라 이동하며 바라본 야경이 참으로 아름다웠다. 우리는 4인 1실로 묵었는데, 우리 부부와 김상채 부부가 한 방을 사용했다.

6월 5일 아침, 배 안에서 조식을 마치고 하선하여 '지옥온천'을 순례하였다. 일본 최고의 천연 온천으로, '지옥온천', '바다온천' 등이 있었다.

온천수로 삶은 계란을 판매하기에 우리도 사서 맛보았다.

이후 중식을 마치고 다카사키야마 자연동물원으로 이동하여 원숭이들을 구경하고, 유황 재배지를 관광한 뒤 호텔에 투숙하였다. 그날 밤 호텔 대극장에서 나이트쇼를 관람하고, 노천탕에서 온천욕을 즐긴 후 숙박하였다.

6월 6일, 이른 아침 기상하여 버스 안에서 샌드위치를 먹으며 후쿠오카 공항으로 이동하였다.

비행기 시간에 늦지 않기 위해 서둘러 이동하느라 다소 고생이 있었다.

서울행 비행기에 오르자 마음이 놓였다.

무사히 서울에 도착한 뒤, 우리 일행은 기차를 타고 대구로 돌아왔다. 이렇게 우리 부부의 첫 일본 여행은 즐겁고 뜻깊게 마무리되었다.

3. 외손자 이형목이가 태어나다

　경은이가 1996년에 결혼하고 몇 해가 지났지만 손자가 생기지 않아, 우리 내외는 겉으로는 표현하지 않았으나 속으로는 은근히 걱정이 되었다.

　딸이 남의 집 맏며느리로 시집가 자식을 얻는 일은 그 집안의 큰 경사인데, 3년 가까이 소식이 없으니 부모로서 걱정이 될 수밖에 없었다. 그렇다고 딸에게 직접 물어볼 수도 없어 조심스레 기다리던 중, 어느 날 반가운 소식이 들려왔다. 경은이가 임신했다는 것이었다.
　그 소식을 들은 아내는 하나뿐인 딸의 임신이 무척 기뻤던지, 곧 부산으로 내려가 딸을 만나고 왔다. 그러나 돌아와서는 또 다른 걱정을 하기 시작했다.
　"제발 아들이었으면 좋겠다."
　물론 아들을 선호하는 것이 구식이라 할 수 있지만, 친정부모의 마음속에는 은근히 그런 바람이 자리하고 있었다.

　얼마 후 병원에서 아들이라는 소식을 듣고 아내는 무척 기뻐하였다. 그리고 2001년 3월 9일, 급히 연락이 왔다. 산기가 있다는 것이었다.
　아내는 서둘러 부산으로 내려갔고, 다음 날인 3월 10일 오후 4시경(음력 2월 22일 신시)에 제왕절개로 건강한 아들을 낳았다.

　아내가 올라와 나에게 이름을 지어보라고 하였으나 나는 거절했다. 그 집안의 항렬에 따라 짓는 것이 옳다고 생각했기 때문이다.

며칠 후 딸이 이름을 지었다며 알려왔는데, '형목(亨穆)'이라 하였다.

참으로 좋은 이름이라 생각되었다.

그 다음 주에 나도 부산에 내려가 우리의 첫 외손자 형목이를 보러 갔다. 갓 태어난 아이를 바라보니 마음이 뭉클하고, 세월의 무게가 느껴졌다.

이미 친손자·손녀를 보았고, 이제 외손자까지 보게 되었으니 세월이 얼마나 흘렀는지 새삼 느껴졌다.

부산의 사돈 내외도 만나 인사를 나누고, 아내와 함께 대구로 돌아왔다.

4. 우리 내외가 중국 상해·소주·항주를 여행하다

 나는 서예 관계 행사로 중국의 상해, 소주, 항주를 여행하게 되었으나, 아내는 가보지 못했기 때문에 함께 여행을 하기로 하였다. 일석관광 손 사장에게 부탁하여 여행 일정을 세웠다.

 2001년 5월 12일부터 15일까지 3박 4일 일정으로, 대구공항에서 출발하여 다시 대구공항으로 돌아오는 여행이었다.
 우리 내외는 여행 준비를 위해 백화점에 가서 여러 가지 필요한 물품을 구입하였다. 기다리던 5월 12일 아침, 일찍 일어나 출발하였다. 대구공항에 도착하니 이미 함께 여행할 일행들이 와 있었다. 오전 11시 출발 예정인 중국 남방항공 소속 비행기를 타고 상해공항을 향해 떠났다.

 상해공항에 도착한 후 점심을 먹고 여행이 시작되었다.
 먼저 대한민국 상해임시정부 청사를 관람하였고, 이어서 홍구공원의 윤봉길 의사의 의거 현장을 둘러보았다. 그 후 호텔에 도착해 여장을 풀고, 저녁 식사 후 상해 시내 관광과 바닷가 야경을 구경한 뒤 호텔에서 휴식하였다.

 5월 13일 아침, 호텔식으로 조식을 하고 상해 중심가를 관광한 후 항주로 이동하였다. 항주에서 점심을 먹고, 동정호에서 배를 타며 관광하고 영흥사를 둘러본 뒤 호텔로 돌아와 투숙하였다.
 5월 14일에는 소주로 향했다. 소주에서는 비단 수를 놓는 공방을 관람하고 점심을 먹은 후, 진주 양식장을 방문하였다.

관광을 마치고 석식을 한 후 호텔에 투숙하였다.

  5월 15일은 여행의 마지막 날이었다. 조식 후 간단히 쇼핑을 하고 상해로 이동하였다. 상해에 도착해 백화점과 시내를 둘러본 후 상해공항으로 이동하여 귀국 비행기에 탑승하였다. 대구공항에 도착하니 벌써 오후가 되어 있었다.

5. 대봉 제니스로 이사를 하다

대봉동 광명맨션에서 약 5년간 살았는데, 이 아파트는 준공 후 20년이 지나 여러 부분이 낡아 수리를 해야만 했다. 그래서 다른 곳으로 이사하는 것이 좋을 것 같았다. 마침 재개발 소문도 있어 이사를 결심하게 되었다.

그 무렵, 광명맨션 길 건너편에 새로 짓는 빌라가 있다고 하여 우리 내외가 가서 보았다. 새 건물이라 깨끗하고 살기에 알맞을 것 같았다. 마침 동환이가 내려왔을 때 상의한 후 이사하기로 마음을 굳혔다.
그러나 빌라라고 하니 주변 사람들은 그다지 좋지 않게 이야기했다. 하지만 우리 내외는 마음에 들어 이사하기로 결정하고 복덕방에 매물을 의뢰했다. 얼마 지나지 않아 매수자가 나타나 광명맨션을 팔았다. 다만 예상보다 헐값에 팔렸고, 새 빌라는 더 비쌌다.

그럼에도 새 빌라의 공사 과정을 지켜보며 꼼꼼하게 시공하는 것을 보았기 때문에 안심할 수 있었다. 부족한 금액은 동환이가 빌려주어 완납하고, 2002년 7월 6일 대봉1동 44-53번지 대봉제니스 102호로 이사했다. 102호를 선택한 이유는 아내가 허리디스크를 앓고 있었기 때문에 낮은 층으로, 오르내리기 편한 곳을 찾았기 때문이었다.

6. 동환이의 둘째 딸 지호가 태어나다

　동환이가 지우를 낳은 후 한동안 둘째가 없었는데, 2003년 5월 9일(음력 4월 9일) 오후 4시(신시)에 둘째 딸 지호가 태어났다. 그래서 딸만 둘이 되었다.

　중환이는 지아와 현우 남매로 1남 1녀의 이상적인 가정이 되었는데, 동환이는 딸만 있어 조금 걱정이 되었다. 출산은 수원의 병원에서 이루어졌기 때문에 곧 수원으로 올라가 지호를 면회했다. 중환이도 수원 근처에 살고 있었고, 처가의 장모가 산후조리를 돕고 있어서 마음이 놓였다.

　처음 본 지호는 아버지 동환이를 많이 닮은 듯했다. 대구로 돌아오는 길에도 동환이네 걱정이 마음에 남았다. 이후 기회가 되어 동환이에게 한 아이를 더 낳는 것이 어떻겠냐고 권하자, 내외가 상의 후 결정하겠다고 하고 자리를 피했다.

　얼마 후 동환이가 와서, 내외가 상의 끝에 더는 아이를 낳지 않기로 결정했다고 말했다. 이유는 아들이라는 보장이 없고, 만약 또 딸을 낳는다면 아이가 너무 많아 양육이 어렵기 때문이라고 했다. 두 부부가 모두 직장을 다니고 있으니 그 말을 이해할 수밖에 없었다. 아쉽지만 그 결정을 따르기로 했다.

7. 중국 북경과 만리장성을 관광하다

　2001년 5월 상해·소주·항주를 다녀온 후 몇 해가 지나, 다시 해외여행을 하고 싶어졌다. 우리 내외는 중국을 한 번 더 다녀오기로 하고, 여행사를 찾아가 북경과 만리장성 관광을 예약했다. 기간은 2004년 4월 21일부터 24일까지 3박 4일이었다.
　4월 21일 아침 일찍 일어나 여행 준비를 하고 대구공항에 도착하니 이미 일행들이 모여 있었다. 오전 11시 중국 북방항공 소속 비행기를 타고 북경으로 출발했다. 아내는 중국 음식을 잘 먹지 못해 특별히 반찬을 준비해 가방이 무거웠다.
　북경공항에 도착해 입국수속을 하는 데 시간이 많이 걸렸다. 호텔에 짐을 풀고 북경 거리를 관광한 뒤 저녁을 먹고 숙소로 돌아와 투숙하였다.
　4월 22일, 조식 후 천안문 광장과 고궁을 구경하고 중국식 점심을 먹은 뒤 용정협으로 향했다. 경사진 길을 따라 올라가 배를 타고 호수를 건너며 관광을 했다. 곳곳에서 중국 아가씨들이 노래로 우리를 맞이했고, 일부 관광객은 함께 노래하거나 춤을 추기도 했다. 관광을 마친 뒤 저녁을 먹고 발 마사지를 받은 후 호텔로 돌아왔다.
　4월 23일은 기다리던 만리장성 관광일이었다. 조식 후 출발하여 입구에서 걸어 올라가 만리장성에 올랐다. 길은 평탄했지만 아내는 다소 힘들어했다. 하산 후 점심을 먹고 관광을 마친 뒤 중국 기예단 공연을 관람하고 호텔에 돌아와 투숙하였다.
　4월 24일, 귀국일이었다. 아침 식사 후 단체 쇼핑을 하고 북경공항으로 이동, 대구행 비행기에 탑승했다. 북경 관광은 이렇게 마무리되고 대구공항에 무사히 도착했다.

8. 나의 칠순연과 처의 회갑연을 같은 날 하다

내가 회갑연을 한 지 벌써 10년이 지났고, 처는 나보다 아홉 살 적으므로 올해 회갑이 되었다. 처음에는 조용히 보내려 했으나, 아이들이 그냥 넘길 수 없다며 잔치를 하자고 하여 허락했다. 경제적으로 넉넉하지 않아 망설였지만, 아내의 회갑과 함께 치르는 것이 좋겠다는 가족의 의견을 받아들였다.

2005년 2월, 중환이와 동환이가 집에 와서 구체적인 계획을 의논했다. '고희연'보다는 '칠순연'이 더 어울린다 하여 행사 명칭을 칠순연으로 정했다. 날짜는 아내의 회갑일(음력 2월 10일)과 내 생일(10월) 중간 시점인 2005년 3월 25일 일요일로 결정했다.

장소는 금호호텔로 정했고, 호텔 측이 준비를 맡았다. 가족 중심으로 하되, 상고회 회원과 약산서실 회원만 초대하기로 했다. 형제들과 사돈댁 식구들만 모여도 많은 인원이 될 것으로 예상되었는데, 당일에는 예상보다 더 많은 분들이 참석해 성황을 이루었다.

형님의 인사 말씀, 자녀들의 축하 행사, 상고회장 윤종오 선생의 축사, 약묵회 회장 이갑목 선생의 축사 등으로 다채로운 행사가 되었다.

9. 미국 서부지역을 여행하다

　칠순연과 회갑연을 마친 후, 우리 내외는 여행을 가기로 했다. 중국과 일본은 이미 다녀왔으므로 이번에는 미국을 여행해 보고 싶었다. 경북관광에 문의하니 적당한 코스가 있어 예약했다.

　기간은 2005년 4월 21일부터 28일까지 7박 8일로, 샌프란시스코·로스앤젤레스·할리우드·요세미티·라스베이거스 등 미국 서부 지역을 둘러보는 일정이었다. 아이들에게는 알리지 않았다. 칠순잔치로 마음과 경비를 쓴 아이들에게 부담을 주기 싫었기 때문이다.

　4월 21일 새벽 4시, 동대구고속버스터미널에서 버스를 타고 인천공항에 도착하니 오전 9시였다. 점심 후 오후 2시 대한항공편으로 출발했다. 일본 간사이공항에 잠시 들러 승객을 태운 후 다시 출발하였다.
　기내식으로 저녁을 먹고 장시간 비행하니 피곤했지만, 잠시 눈을 붙이고 나니 아침 식사가 나왔다.
　샌프란시스코 공항에 도착하니 4월 22일 아침이었다. 곧장 버스를 타고 금문교로 이동하였다. 금문교를 건너자 사진작가들이 관광객들의 사진을 찍어 팔고 있었는데, 우리도 한 장 구입했다. 시내 관광 후 로스앤젤레스로 이동해 첫 호텔에 투숙하였다.

　4월 23일 아침, 조식 후 헐리우드 거리와 영화 촬영장을 관광하고 점심 후 라스베이거스로 향했다. 광활한 사막을 달리며 곳곳에 급수관을 매설해 식물을 키우는 광경이 인상 깊었다.

저녁 무렵 도착해 호텔에 짐을 풀고, 야경 관광을 나섰다.
　라스베이거스의 조명 시설은 특히 인상적이었다. 우리나라 LG가 설치한 조명 시스템이 세계 관광객의 눈길을 사로잡고 있었다. 자랑스러운 마음이 들었다.

　4월 24일 아침, 조식 후 그랜드캐니언으로 출발했다. 날씨가 좋아 비행 관광을 신청했으나, 갑자기 우박이 내려 취소되었다. 대신 영화로 그랜드캐니언을 관람하고, 정상 부근을 1시간가량 둘러본 후 호텔로 돌아왔다.

　4월 25일 아침, 간단한 쇼핑을 하고 로스앤젤레스로 돌아왔다. 자유시간 동안 시내를 돌아본 뒤 투숙하였다.
　4월 26일에는 헐리우드 영화 촬영장을 방문해 세트장을 관람하고, 소규모 체험 관광에 참여했다. 작은 배를 타고 도는 코스는 스릴이 넘쳤고, 시간이 많이 걸렸다.

　4월 27일 아침, 귀국 준비를 하고 샌프란시스코 공항으로 이동했다. 대한항공편으로 인천공항에 도착하니 4월 28일 오후였다. 고속버스를 타고 대구로 내려오며 여행을 마무리했다.

10. 동환이가 경북대학교에서 박사학위를 받다

동환이는 한국화학연구원에 근무하면서 경북대학교에서 석사학위를 받았다. 그때는 간소한 행사였기에 우리 가족은 참석하지 못하였다. 이후 미국 뉴욕주립대학교에서도 석사학위를 받았다고 들었으나, 그때에도 제대로 축하를 하지 못하였다.

2001년 말, 동환이가 집에 와서 내년도부터 경북대학교 대학원 박사과정에 진학하겠다고 하였다. 나는 "직장에 다니면서 대학원을 다니기가 쉽지 않을 텐데 괜찮겠느냐?"고 물었더니, 시간을 조정하면 가능하다고 하였다. 그래서 나는 학업을 허락하였다.

그 후 동환이는 매주 금요일 저녁 서울에서 내려와 토요일마다 강의를 들으며 공부를 이어갔다. 2005년 봄에는 박사학위 논문 심사를 앞두고 며칠 동안 대학원에 머물며 준비하더니, 곧 논문이 통과되었다는 기쁜 소식을 전해왔다. 연구 주제는 알코올성 간질환의 신규 치료법이었다고 한다.

2005년 8월 25일, 박사학위 수여식이 열렸다. 우리 내외와 이서방 내외, 지호와 지우가 함께 참석했고, 동환이의 장인·장모, 처남도 자리하였다. 수여식을 마친 뒤 사돈댁 내외와 함께 만포장 불고기 식당에서 조촐한 축하연을 가졌다.

그로부터 1년쯤 지나 동환이 처가에서 장인이 암으로 위독하다는 소식을 전해왔다. 장인의 병간호를 위해 동환이 처가

서울에서 내려와 우리 집에 머물며 1주일 정도 경대병원에서 간호를 하였다. 우리 내외도 병문안을 다녀왔다. 그러나 병세는 악화되어 결국 고향 금호로 퇴원하였고, 며칠 후 장인이 세상을 떠나셨다는 부음을 받았다. 영천 병원 빈소로 조문을 다녀오며 인생의 허무함을 깊이 느꼈다.

금호의 사돈 이상화 씨는 전주 이씨로, 문장으로 명성이 높은 집안이었다. 나와 음력 생일이 같아 친구처럼 지내기로 하였으나, 서로 바빠 자주 만나지 못한 채 이렇게 이별하게 되었다.

11. 보원재(報遠齋) 기공식을 하다

약목에 우리 일족이 터를 잡은 지 200여 년이 되었으나, 아직 제사를 지낼 재실이 없어 늘 마음속으로 아쉬움이 있었다. 우산 형님께서는 오래전부터 좋은 터를 마련해 재사를 세우고자 하는 뜻을 품고 계셨다.

2004년 12월 1일, 어머님 제삿날에 우리 내외와 동생 영우가 서울 우산 형님 댁에 갔을 때, 구체적으로 재실 건립을 협의하였다. 이후 대구로 내려와 약목 일대의 부지를 물색하였고, 다음 주 일요일에 세 곳의 후보지를 정했다.
① 남계동의 우리 산 밑, ② 남계2동 남쪽 끝부분, ③ 남계2동 안마을 끝부분이었다.
형님과 상의 끝에 앞산 밑의 우리 밭이 있는 곳으로 최종 결정하고 준비에 착수했다. 먼저 칠곡군에 측량을 의뢰하였으나, 우리 땅만으로는 협소하여 아래쪽 논을 추가로 구입하기로 하였다. 그러나 논 주인이 소문을 듣고 터무니없는 값을 요구하였다. 이에 일족 김병호를 찾아가 사정을 이야기하고 협조를 부탁하니, 논 주인을 설득하여 2005년 2월 12일 마침내 구입을 마쳤다.

이후에도 부지가 다소 좁아 김성탁 아저씨 댁의 밭을 추가로 구입하였고, 남계동 윗못의 일부 땅은 칠곡군 농어촌개발공사의 허가를 얻어 사용할 수 있게 되었다. 이렇게 하여 대지 약 500평 규모가 확보되었다.
현장감독은 김우현 아저씨가 맡기로 하였고, 나는 자금을 관리하며 우산 형님께는 수시로 진행 상황을 보고하였다. 설계는 한옥 전문인 동빈건축에 의뢰하였으며, 1차로 본재 40평, 우산당 30평, 상덕문 10평 규모로 설계하였다. 몇 차례 수정 끝에 형님의 승인을 받았다.

시공사는 여러 후보 중 고 건축전문가의 소개로 이용필 사장이 맡기로 하였다. 형님과 우현 아저씨, 그리고 나는 그의 시공 현장을 직접 확인한 후 신뢰를 갖게 되었고, 경주 우영산업 공장에서 정식 계약을 체결하였다.

2005년 9월 1일, 보원재 기공식을 거행하였다. 이사장과 동빈건축 관계자들이 참석하였으며, 우산 형님은 공무로 부득이 참석하지 못하셨다. 나는 행사 준비와 진행을 맡았다.

기공식 후 형님께서 재실 이름을 정하라고 하셨다. 처음에는 좋은 작명가에게 의뢰하자고 권하였으나, 형님께서 "자네가 한번 지어보라"고 하셨다. 그래서 나는 『예기(禮記)』「대전(大傳)」의 구절 *"報本追遠(보본추원)"*에서 착안하여, 근본에 보답하고 조상을 추모한다는 뜻을 담아 **'보원재(報遠齋)'**라 이름 지을 것을 제안하였다. 형님께서 그 뜻이 좋다 하시어 재실의 이름은 이렇게 정해졌다.

12. 우리 부부는 서유럽 6개국을 관광하고 왔다

보원재 기공식을 마치고 나니, 이후에는 공사 관계로 시간이 부족할 것 같아 우리 부부는 서유럽 여행을 하기로 하였다. 신문을 보니 아시아나항공사에서 '서유럽 6개국 10일 순방' 특별기획 여행 상품이 있어 신청하였다. 여행 주관은 코롱 세계일주 관광회사였다.

여행 기간은 2006년 3월 26일부터 4월 4일까지로, 주요 방문지는 영국 런던, 프랑스 파리, 스위스 제네바·샤모니, 이탈리아 밀라노·피사·로마·피렌체·베니스, 오스트리아 인스브루크, 독일 하이델베르크·프랑크푸르트 등이었다.

아이들이나 친척들에게는 알리지 않고 우리 부부만 조용히 떠나기로 했다. 주변에서 알면 여러모로 불편할 것 같았기 때문이다.

3월 26일 새벽, 인천행 버스를 타고 공항에 도착하니 오전 10시였다. 여행단은 모두 16명으로, 대구 출발은 우리 부부뿐이었으나 공항에서 보니 경북고 동기인 이정복 교장 내외가 함께였다. 반가운 인사를 나누고 오후 1시 50분, 인천공항을 출발하였다.

약 9시간 비행 후 미국 앵커리지에서 급유를 하고 다시 출발, 현지 시각으로 다음날 오후 4시 50분에 런던 히드로 공항에 도착하였다. 한국과는 9시간의 시차가 있었다. 숙소에 여장을 풀고 피곤한 몸을 쉬었다.

[런던]

　3월 27일 아침, 전용버스를 타고 영국 국회의사당과 여왕이 거주하는 버킹엄 궁전을 관람했다. 근위병 교대식과 의장대 행렬은 매우 인상적이었다. 이후 다우닝가 10번지, 대영박물관을 방문했다. 세계 각지의 보물급 유물들이 전시되어 있어 감탄이 절로 나왔다. 저녁 식사 후, 유로스타(TGV)를 타고 해저터널을 지나 파리로 이동하였다.

[파리]

　3월 28일, 루브르 박물관은 휴관이라 내부 관람은 하지 못하고 외부 복도를 따라 설명을 들었다. 대신 오르세 미술관을 관람하였고, 이후 샹젤리제 거리, 콩코드 광장, 개선문, 에펠탑을 돌아보았다. 저녁에는 세느강 유람선을 타고 파리의 야경을 감상하였는데, 어둠이 내린 후의 불빛은 참으로 아름다웠다.

[스위스·이탈리아]

　3월 29일, TGV를 타고 스위스 제네바에 도착 후 몽블랑 디 미디산을 등정하였다. 눈이 많이 내려 중간에서 내려왔으나, 설경이 장관이었다. 이후 이탈리아 밀라노로 이동해 두오모 성당, 라 스칼라 좌 등을 관람하였다.

　3월 30일에는 피사의 사탑을 보고, 로마로 이동하였다. 로마의 한국식당에서 모처럼 한식을 먹고 힘을 냈다.

　3월 31일, 바티칸 시국을 방문하여 바티칸 박물관과 성베드로 대성당을 관람하고, 교황도 만났다. 세계 각지의 순례객들로 붐볐고, 미켈란젤로의 조각과 건축미에 감탄하였다. 이후 스페인 광장, 콜로세움 등을 돌아보았다.

[피렌체·베니스]

　4월 1일, 피렌체로 이동해 꽃의 성모마리아 성당, 시뇨리아 광장, 미켈란젤로 언덕을 관광하였다. 이후 베니스로 이동하여 숙박하였다.

4월 2일, 나폴레옹이 '세계에서 가장 아름다운 응접실'이라 극찬한 산마르코 광장과 두칼레 궁전을 관람하였다. 물의 도시 베니스의 운하를 배로 지나며, 유리공예로 유명한 무라노 섬을 방문하였다. 정교하고 섬세한 유리세공품들이 인상 깊었다.

[오스트리아·독일]

그날 오후 오스트리아 인스브루크로 향했다. 깨끗하고 조용한 도시로, 2007년 동계올림픽 개최지였다. 마리아 테레지 거리를 산책하고 기념품을 구입하였다.

4월 3일, 독일 하이델베르크로 이동하였다. 알프스산맥을 넘으며 본 경치가 너무 아름다워 모두 감탄했다. 하이델베르크 대학과 포도주 저장고를 둘러본 후, 프랑크푸르트 공항으로 향했다.

[귀국]

4월 4일 낮 12시 30분, 인천공항에 도착했다. 함께한 일행들과 작별 인사를 나누고 대구로 내려왔다.

이로써 우리 부부의 첫 유럽 여행은 아름다운 추억 속에 마무리되었다.

13. 보원재 상양식을 하다

 2005년 9월 1일에 보원재를 기공한 후 약 6개월이 지나, 기초공사와 기둥 세우기 등을 마치고 마침내 상량을 하게 되었다. 추운 겨울에 시멘트 작업을 하느라 어려움이 많았으나 여러 사람의 수고와 정성 덕분에 무사히 상량식을 거행할 수 있었다.

 2006년 4월 9일, 보원재 상량식을 올렸다. 먼저 제례를 봉행하였는데, 헌작과 절차에 따라 축문을 읽고 형님께서 분향하심으로써 제례를 마쳤다. 이어 상량 기념식이 열렸으며, 형님의 개식사에 이어 내가 직접 공사 경과를 보고하였다. 이후 내빈들의 축사가 있었고, 마지막으로 내가 지은 '보원재 상양문'을 직접 낭송하였다. 그 순간의 감회는 매우 깊고 벅찼다. 그 내용은 다음과 같다.

報遠齋上樑文 .

報本而反始　근본에 보답하고 처음으로 돌아가니
君子之遺風尙存　군자의 유풍이 아직도 남아있고.
追遠而益誠　먼 조상을 추념하고 더욱 정성을 다하니.
孝孫之寓慕念切　효손의 사모하는 생각 더욱 간절하도다.

就其棲息之地　그 살던 땅에 나아가서
經始尊衛之報遠齋　비로소 조상을 모실 보원재를 경영하게 되었도다.
尙德門內之左　상덕문 안의 왼쪽에는
管理守護之愚山亭　관리 수호할 우산정이 있도다.

恭惟報遠齋　공손히 생각해 보면 보원재에 모실
高祖德汝公曾祖國彦公　고조부 덕여공과 증조부 국언공
祖考宗伯公先考禹承公　조부 종백공과 선고 우승공께서는
古家遺風之後孫　옛 가풍이 있는 집안의 후손이요
避世救國之逸民　세상에 숨어 살다 나라를 구한 빼어난 백성이셨다.
鍾祖家之深仁　조상의 깊은 어진 마음을 타고 나셨고
服家庭之至訓　가정의 지극한 훈계도 받으셨다

上世則順忠公之偉勳淸德　시조는 순충공으로 위대한 공과 맑은 덕이 있어
赫赫於勝國　고려개국공신으로 그 공이 빛났고
中葉則主簿公之壬亂功臣　중세에는 주부공이 임진왜란의 공신으로
卓卓於鮮朝　조선시대에 더욱 높았다
倡義之門　의를 일으킨 문중이요
殉節之裔　절개를 따르는 후예로다.

德有傳蔭有及　덕이 잘 전해져서 음덕이 이에 미쳤으니
井何廢地何荒　쓰던 우물을 어찌 없애며 살던 땅을 어찌 황폐하게 하리오
殫竭血誠舍兄永鎬　사형 영호가 피나는 정성을 다 바쳐
經行亭榭　재사를 짓는 일을 경영하도다.
詢謀其弟永勳永宇　그 동생 영훈 영우에게 지혜를 물어서
衆心合一　여러 사람의 마음을 모아 한 덩어리가 되었고
擇任良工巨役　일을 맡아 할 어진 목수를 가려 뽑았으니
進而無難　큰 일이 진행되었는데 어려움이 없으리라.

棟宇淸豁　기둥과 지붕이 시원하고 깨끗하니
可賓客送迎　가히 손님을 보내고 맞이할 수 있겠고
窓机淨明　창과 의자가 깨끗하고 밝으니
可子孫學習　가히 자손들이 글 배우고 익힐 수 있으리라

值此翬飛之辰　이 꿩이 날아갈 듯 좋은 재를 지을 때를 만나니
豈無燕賀之頌　어찌 축하하는 글이 없으리오
聊綴短　애오라지 짧은 노래를 엮어서
用濟修梁　긴 들보를 거는데 쓰게 하겠소

拋梁東　들보를 동쪽으로 들어보소
遊鶴山高春氣籠　유학산 높은 곳에 봄기운이 서려오고
洛東江水流不息　낙동강 물이 흐르며 쉬지 않으니
想來當日樂斯中　그 당시 어려웠던 것을 그 가운데서 즐거움으로 생각하네

拋梁西　들보를 서쪽으로 들어보소
飛龍山下路不迷　비룡산 밑의 길은 희미하지 않도다.
喜鵲南枝何處是　까마귀가 남쪽 가지에 앉으니 그 곳이 어디인고?
大木林塰適吾棲　대목(약목의 옛이름)의 수풀과 구릉이 우리가 살기 좋은 곳이로다.

拋梁南　들보를 남쪽으로 들어보소
芳山仙丘碧如藍　방산의 신선 같은 구릉이 푸르기가 쪽 같도다
樂以體仁無限意　산이 좋아해서 어진 것을 본받으니 그 뜻이 끝이 없네
悠然閒坐對靑嵐　유연하게 한가히 앉아 푸른 아지랑이를 대하듯 하도다.

拋梁北　들보를 북쪽으로 들어보소
金烏山風豊且富　금오산에 바람이 부니 풍요롭고 부하도다.
可知君子遺馨遠　군자의 남긴 향기를 가히 알겠도다.
冶隱江湖長斯績　야은선생과 강호선생 같은 어진분이 길이 길이 이어졌네

拋梁上　들보를 위로 들어보소

明月如前光且朗　밝은 달은 옛날 같이 밝고 맑도다
獨步閑吟還自立　홀로 걷다가 한가로이 시를 읊으며 돌아와 스스로
　　　　　　　　서서 보니
逸居高趣至今想　편안하게 살던 높은 취미가 지금에야 생각나네

抛梁下　들보를 아래로 들어보소
阡佰湖水開一野　언덕과 호수가 한들에서 펼쳐지고
周道梓桑雲裔在　큰 길과 가죽나무 뽕나무 있는 고향에는 자손들이
　　　　　　　　살고 있고
薰和同聚齊誠者　향기롭게 화합하여 같이 모여 꼭 같은 정성을
　　　　　　　　다하는 자들이다

伏願上梁之後　엎드려 원하노니 상량한 뒤에는
天運重回地祇加護　하늘 운수가 거듭 돌아오고 땅 귀신이 가호를 해서
萬億令孫善繼善術　몇 만 몇 억 되는 자손들이 조상의 유업을 잘
　　　　　　　　　이어가서
桑桑梓梓益盛益繁　뽕나무 가죽나무 나는 고향이 더욱 더 번성하여
永保昔日光彩　옛날의 빛나는 업적을 길이 보존하소서

　　　　檀紀 四三三九年 (丙戌) 四月 九日
　　　　　　善山(一善) 金永勳 謹記

　이상의 보원재 상량문을 대들보의 뒷부분에 파서 감실을 만들어 한지에 정하게 써서 넣어 봉해가지고 상량을 하였다. 그리고 준공한 후에 상량문을 내가 써서 표구하여 대청에 달아 놓기로 하였다

14. 계성고등학교 동기들과 중국 산동성을 다녀왔다

계성고등학교 43회 동기생들 중에서 뜻이 맞는 사람들이 모여 1985년부터 낙우회를 만들어 매달 정기적으로 모임을 가지고 있었다. 각종 길흉사의 부조도 하고 여행도 하면서 지내왔다. 회원들의 결의가 있어서 이번에는 해외여행을 가기로 하였다. 총무인 주해호의 주선으로 중국의 산동성을 가기로 하고 희망자를 모아 계획을 세웠다. 여행사와 상의한 결과 2006년 8월 30일부터 9월 2일까지 3박 4일로 인천에서 배를 타고 산동성을 관광하기로 하였다. 그래서 우리 12명이 여행을 떠났다.

8월 30일 아침 7시 기차를 타고 서울에 도착하여 다시 인천행 기차를 타고 인천에 도착하니 오후 1시가 되었다. 중식 후 오후 3시에 인천 부두에 도착하니 중국으로 가는 배가 기다리고 있었다. 우리는 부두에서 출국수속을 하고 기다리고 있었는데, 출항시간이 오후 7시 30분이라고 했다. 잠시 기다리다가 석식을 하고 배에 올랐더니 많은 사람들이 승선을 하고 있었는데, 대부분이 장사하는 상인들이었다. 우리는 선실 내 방을 배정받았는데 밤새 달려서 아침에 도착하기 때문에 선실 내 방에서 잠을 자야 했다. 한 방에 4명씩 2층 침대로 잠을 잤는데, 선실 내에는 각종 오락시설이 있어서 여행자들이 즐겁게 놀 수 있도록 준비되어 있었다. 잠시 오락시설을 둘러보고 잠을 잤다.

8월 31일 새벽 방송이 나와 선내에서 식사를 하니 빨리 와서 식사하라는 안내가 있었다. 빨리 가서 아침을 먹고 곧 배에서 내려 준비된 버스를 타고 바닷가를 따라 약 1시간 정도 달려 신라의 해운왕 장보고의 유적지에 도착하였다. 장보고가 이곳에서 활동했다는 사실과 역사적 고증을 바탕으로 많은 시설을 해놓았고, 한국 관광객을 유치하기 위해 새로운 관광단지를 조성해 놓았다. 이곳에는 한국에서 방영된 최수종 주연의 '장보고' 드라마 사진과 그림들이 전시되어 있었다. 중식 후 이동하여 곡부로 향했다. 곡부에 도착하여 공자님의 유적지를 둘러보았다. 공자사당과 그 앞의 비림, 각종 전시물을 보고 호텔에 투숙하였다.

9월 1일, 호텔에서 조식 후 태산 쪽의 만리장성으로 향했다. 만리장성은 우리 부부가 이미 다녀온 곳이라 더 흥미롭게 관광을 하였다. 그곳에서 중식을 한 후 내려오면서 바로 부두로 향했다. 관광은 이렇게 끝나고, 배를 타고 한국으로 돌아오는 일정이었다. 배에는 각종 장사꾼들이 많아 만원이었고, 갈 때와 같이 선실 내 방을 배정받아 투숙했다. 시원한 선상에 올라가 야경을 구경하는 것도 즐거운 일이었다.

9월 2일 아침에 일어나 선내에서 아침식사를 하고 나니 인천 부두에 도착하였다. 우리 일행은 기차역으로 이동하여 기차를 타고 대구까지 왔다. 배 안에서 2박, 현지에서 1박을 하고 돌아왔다.

15. 정해 대동보를 수단하고 대종회 이사와 일선회 회장이 되다

　우리 일선 김씨의 대동보를 편찬하기 위하여 2005년 음력 10월 1일 시조공 시제 때부터 협의하여 왔었다. 그 후 각 파의 대표들이 모여 대동보 편찬계획을 마련하고 본격적으로 수단을 하기 시작하여 근 1년여가 걸려서 수단이 되고 교정을 보았다. 나도 수단위원으로 참여하여 우리 집안의 것을 수단하고 관찰사공 문중의 것을 전부 정리하여 제출하였다.

　대동보를 수단하는 데 멀리 떨어져 사는 종원들과 연락하는 일이며, 수단에 참여하기를 거부하는 집도 있어서 고생이 많았다. 어렵게 수단을 한 끝에 드디어 2007년(정해) 12월에 인쇄가 되고 종원들에게 배부하게 되었다. 대동보는 수권과 1권에서 5권까지 모두 6책으로, 우리 정조공파는 제5권에 수록되어 있었다.

　그리고 나는 대종회 이사로 선임되어 여러 번 이사회에 참석하였다. 또한 대구·경북에 거주하는 종원들이 모여 1990년경부터 일선 김씨 대구·경북 장년회를 조직하여 활동하고 있었다. 이 장년회에서는 대종회 회장 선출과 시조공의 시사 등 우리 김씨 대종회의 중요한 일을 처리하고 있었다.

　그런 장년회에 약목 종원은 재철이 혼자 가입하여 활동하고 있었다. 그래서 나도 이 장년회에 참여해야겠다고 생각하고 있었는데, 그때 우리 관찰사공 종중에서도 장년회를 조직하였다. 그 자리에서 대종회의 사정을 알기 위하여 내가 참석하겠다는 생각이 굳어져, 1994년 10월에 대구·경북 장년회에 가입하였다.

대구·경북 장년회가 대종회 운영에 적극 참여하여 대종회의 일을 처리하였다. 시조공 묘소와 미석재를 관리하고, 10월 시사에는 점심과 제수를 장만하여 행사를 하는 데 적극적으로 활동하였다. 장년회의 부인들도 함께 음식 준비와 배식에 참여하였는데, 나의 처도 적극적으로 참여하였다.

　1998년에 장년회 부회장이 되었다가 여러 가지 복잡한 사정으로 장년회가 해산되었고, 2000년에 다시 이름을 바꾸어 '일선회'라고 하고 새로 조직하였다. 그 후 다시 부회장이 되었다가 2004년에 일선회 회장이 되기도 하였다. 또한 우리 관찰사공 종중의 장년회 회장을 겸하여 운영한 적도 있었다.

16. 약목 종중의 회장이 되다

우리 약목 종중에서는 아버님이 약목 종중의 회장직을 30여 년 동안 오래 맡고 계셨다.

아버님이 회장으로 계시는 동안 선산 원동의 제실을 새로 중수하시고, 김영묵 형님께 부탁하여 '영모재' 현판을 만들고 나에게는 영모재 입구 대문 현판과 주련을 부탁하셔서 내가 써서 각을 하여 달기도 했었다.

그리고 여러 곳에 흩어져 있던 선대 여러분의 산소를 선산 원동 선영하로 이장도 하셨다. 또 약목 종원들의 화합을 위하여 각종 행사를 하시어 우리 종중이 단합되게 하셨다.

또한 관찰사공의 묘소가 실전되어 없는 것을 안타깝게 생각하시어 제단을 세우고, 관찰사공의 신도비를 세우고자 백방으로 노력하셨다. 그러던 중 서울 규장각에 관찰사공의 사적이 있다는 사실을 아시고 서울대학교 내의 규장각에 가셔서 자료를 구한 뒤, 대전에 계신 우리 친족 김대영 씨에게 그 자료를 보이고 신도비명을 부탁하셨다.

몇 번의 연락과 교정을 거쳐 신도비명이 완성되어 매우 기뻐하셨다. 그 후 나에게 신도비명을 보이시며 "대구의 역사학자에게 교정을 받아오라"고 말씀하셨다.

그래서 나는 경북대학교 은사이신 사범대학 역사학과 노명식 교수님께 가지고 가서 교정을 받아왔었다. 교정을 받아와서 수비할 날을 기다리던 중, 아버님께서 고혈압으로 1980년에 타계하시니 안타깝고 애석한 일이었다.

그 후 1981년부터 김영위 형님이 약목 종중의 회장직을 맡아 아버님이 못하신 신도비를 수비하였다. 신도비를 세우는 데 필요한 경비를 마련하고, 관찰사공의 신도비 및 제단과 아드님 두 분의 제단, 그리고 휘 백령선조 제단 등의 글씨를 내가 써서 새겼다.

수비할 때 고유할 축문은 내가 주역을 배우며 모시고 있던 일족인 아산 김병오 선생에게 부탁하여 받아와 행사를 하였다.

영위 형님께서 경제적으로 넉넉지 못한 약목 종중을 이끌며 너무 고생을 하시다가 1999년까지 운영해 오시다가 병으로 회장직을 수행할 수 없게 되어, 내가 1999년부터 약목 종중의 회장직을 맡아 운영하게 되었다.

종친회의 원활한 운영을 위해 부회장 두 명을 두고 총무와 감사를 두어 운영하였다. 그러나 예전처럼 잘 운영되지는 않았다.

그 이유는 종원들이 대부분 이사를 나가 약목에는 남은 이가 적어 단합이 잘되지 않았기 때문이다.

17. 보원재 낙성식을 하다

　2005년 9월 1일 보원재 기공식을 거행한 후 1년 7개월여가 지나 공사가 완공에 가까워졌다.
　보원재 주위 조경도 하고 건축허가도 받아야 했다. 먼저 조경을 위해 주위 식수를 하기 위해 여러 곳에서 견적을 받아 적당한 곳을 선정하여 공사를 진행하였다.
　또 대형 조경석을 구하기 위해 우현 아저씨와 여러 곳을 다니다가 형님과 함께 팔공산 입구 석물상에서 대형 조경석을 구입하였다.
　그리고 조경석에 글씨를 새기기 위해 형님과 상의하였더니, 형님께서 "우리 집안의 가훈이 될 만한 말을 골라 쓰자"고 하시면서 나에게 알맞은 글귀를 선정하라고 하셨다.
　그래서 나는 '보원재'의 이름에서 근원을 찾아 '보본추원(報本追遠)'에 조상을 섬기고 친족 간의 화목을 바라는 뜻을 합쳐 **'報本追遠 崇祖敦睦(보본추원 숭조돈목)'**이라 하면 좋겠다고 말씀드렸다.
　형님께서 "아주 좋은 글이다"라고 하시며, 대형 조경석에 기념 비문으로 새겨 세우기로 하였다.
　그런데 그 글씨를 전두환 전 대통령의 친필로 새기기로 하여, 나에게 견본 글씨를 줄여 써서 보내라고 하셨다.

　그래서 내가 줄여 써 보냈더니, 전두환 전 대통령의 친필 글씨가 도착하여 그것을 확대해 돌에 새겨 수비하였다.
　보원재의 준공을 기념하여 각계에서 보원재기를 보내왔다.
　전 체신부 장관을 역임하신 공학박사 최순달 님, 경상북도 도지사 김관용 님, 전 영남대학교 교수이신 철학박사 이완재님의 보원재기를 서각하여 게시하였다.

  또한 전두환 전 대통령의 친필 글씨와 형님이 지으신 보원재기, 내가 지은 상량문을 표구하여 게시하였다.

  드디어 완공되어 좋은 날인 2007년 4월 14일에 준공식을 가지게 되었다.

  각 곳에 연락을 하고 준비를 하였다. 먼저 고조부님께 고유재를 올렸는데, 고유 축문은 한학자 김홍영 선생에게 부탁하여 받아왔다.

告由祝文

維歲次 丁亥 二月 壬子 朔 二十六日 丁丑 玄孫 永鎬 敢昭告于 顯高祖考德汝處士府君

  恭惟府君 順忠遠裔 義將後孫 稟性穎悟 才敏行敦 自少學習 至老不厭 惟考政家 所生無忝

  鄕隣矜式 宗族稱佳 孱孫追遠 乃營建齋 經始數月 遂告落成 敢曰肯構 聊伸微誠 卜日修儀

  衿佩衆稠 式薦非薄 虔告厥由 敬慕 尚 饗

고유재를 올린 후 12시에 낙성식을 가졌다. 그날 모인 3백여명의 손님들에게 여비도 넉넉히 주고 부페로 식사도 하고 칠곡군 민속농악놀이도 하면서 성대하게 준공 행사가 끝이 났었다. 이날 준공식에는 공사를 하는데 수고하신 동빈건축과 이용필 사장에게 감사패도 증증하였다. 이 행사가 끝나고 나서는 형님이 너무 흐믓해하시고 기념촬영을 마치고나서 우리 형제들과 온 가족들을 모아 놓고 하시는 말씀이 '보본추원 숭조돈목'을 우리 집안의 가훈으로 정하자고 하시면서 좋아하셨다. 이렇게 하여 숙원 사업이던 보원재 건립은 완성되었다.

18. 우산장학문화재단을 설립하여 운영하다

우산 형님은 사업을 하여 경제적으로 여유가 생기고, 또 모교인 대구공업고등학교 총동창회장을 맡으신 후 사회에 좋은 일을 하고 싶은 뜻을 가지시게 되었다.

첫째, 1995년경부터 대구공고의 장학재단을 만들어 손수 회장이 되시고, 상당한 액수의 장학금을 모금하여 운영하게 하셨다.

둘째, 2000년경 모교인 광주 조선대학교 공과대학에 상당한 액수의 장학금을 기탁하여 운영하게 하셨다. 조선대학교는 형님이 전비 장학생으로 공부하여 오늘의 기반을 이루게 해준 은혜에 보답하고자 장학금을 내어놓은 것이다.

셋째, 2007년 9월 7일에는 역시 모교인 경북대학교 사범대학 부설중·고등학교에 상당한 액수의 장학금을 내어놓으시고, 장학회 운영에 도움을 주셨다. 부설중·고는 형님이 6·25사변 전까지 다니시던 학교로, 어느 학교보다 정이 많이 남아 있는 곳이었다.

넷째, 2007년 9월 20일에는 형님의 모교이자 우리 약목의 형제들과 친척들이 다녔던 약목초등학교에 학생들에게 희망과 꿈을 심어줄 세종대왕과 충무공 이순신 장군의 동상을 새롭고 아름답게 건립하였다.

그 글씨는 내가 쓰고, 건립 당시 동생 영우가 약목초등학교 교감으로 재직하고 있어서 전체 계획은 영우가 담당하였다. 건립 후 전교생을 강당에 모아 놓고 형님이 강단에서 축사를 하셨는데, 무척 인상적인 장면이었다.

다섯째, 2006년 10월 26일에 우산장학문화재단 발기인대회를 가졌다.

'우산'은 형님의 아호이며, '장학'은 우리 약목 종원들과 고장의 인재양성을 목표로 하였다.

'문화' 부문은 효행상과 문화창달로 나누었는데, **효행상은 '우산사모 효행상'**으로 정하여 돌아가신 어머님께서 생전에 양가의 시조부모님께 효도하신 뜻을 기리기 위해 제정하였다.

대상은 우리 약목 종친 중의 효행자와 칠곡군 내의 효행자를 선정하여 포상하기로 하였다.

또 문화창달 부문은 칠곡군 내 초·중·고 학생들의 호국문화의식을 고취하기 위하여 UCC 동영상을 제작하게 하고, 우수자들을 시상하는 제도를 마련하였다.

그리하여 2006년 12월 7일 '재단법인 우산장학문화재단'을 설립하였고, 2007년 4월 14일 재단법인 설립 기념식을 거행하였다.

이어서 2008년 4월 12일 제1회 우산사모 효행상 및 우산장학금 수여식을 개최하였으며, 2008년 12월 15일 제1회 'LOVE 대한민국' UCC 동영상 공모전 시상식도 열었다.

이후에도 매년 장학생을 선발하고, 효행자를 선정하며, UCC 동영상 공모전을 개최하여 꾸준히 시상하고 있다.

19. 형님이 전립선암 수술을 받다

　우리 형님은 부모님이 떠나신 후, 나와 형제들에게 부모와도 같은 존재였다. 모든 일을 형님께 상의하고 형님의 뜻에 따라 행하는 것이 당연하다고 여겨왔다.

　몇 년 전부터 형님께서 너무 과로하시는 듯하였다.
　서울에서 의왕시로 이주하시기 위해 몇 해 동안 고생하시고, 공장도 경주에서 천안으로 옮기시며, 약목에 보원재를 짓기 위해 동분서주하시더니 건강에 이상이 생기셨다.
　보원재의 준공을 마치고 서울로 올라가신 뒤, 형님이 나에게 전화를 하시어 "몸이 좀 불편해서 내일 병원에 가봐야겠다"고 하셨다. 그래서 내가 "한시라도 빨리 병원에 가시라"고 권하였다.
　며칠 후 다시 전화를 드렸더니 아직 병원에 가지 않으셨다고 하시기에, 재촉을 드렸다.

　그 후 검사를 받으시고 "전립선에 이상이 있는 것 같다"는 소견을 들으셨다. 나는 더 정밀한 검사를 받으시라고 권하였고, 다시 검사를 하신 결과 전립선암이라는 진단을 받으셨다.
　이 말을 들었을 때, 마치 하늘이 무너지는 듯했다.
　형님은 최근까지 너무 바쁘게 사시며 과로로 병이 생기신 것이었다. 병원을 예약하고 2007년 10월 1일 연세대학교병원에서 수술을 받으신다는 연락을 받고, 서울로 올라가서 결과를 보고 내려왔다.
　다행히 수술 결과가 매우 좋아 한시름 놓을 수 있었다.
　그 후 형님은 평소처럼 건강을 회복하시고 다시 일에 전념하시게 되어 매우 기뻤다.

20. 임란공신 의병장 선조 휘 국진 사적비 제막식을 가지다

　사백여 년 전 임진왜란 때 의병장으로 상주 후천에서 왜군과 싸우시다 순절하신 분이 계셨다. 이 분이 우리 약목 친족들의 조상이시지만, 지금까지 천양되지 못하고 있었다.
　과거 상주의 충의단을 세우려 여러 곳에서 모금하여 추진하였으나 뜻대로 이루어지지 못했다.
　몇 해 전에는 충남 보령군의 임진왜란 유공자 위패를 모신 곳에서 연락이 와, 우리 의병장 할아버지의 위패를 모신 적이 있었고, 나도 여러 차례 참배하러 다녀왔다.
　그러나 우리 고장에는 의병장 할아버지에 대해 잘 알려지지 않아, 이 귀중한 사실이 그대로 묻혀 있었다.
　그래서 내가 약목종친회 회장이 된 후, 의병장 할아버지를 천양해야겠다는 일념으로 발의하여 그 사실을 비에 새겨 널리 알리고자 하였다.

　이 사업을 위해 첫째는 수비에 필요한 경비를 마련하고, 둘째는 수비할 장소를 정하며, 셋째는 시기를 정해야 했다.
　경비는 종원들의 성금을 모아 마련하기로 하였다.
　장소는 종회를 열어 협의한 끝에 두 곳으로 압축되었다.
　하나는 선산 원동 재실 부근, 다른 하나는 약목의 재실 '보원재' 앞이었다.
　여러 차례 논의한 결과, 선산 원동은 약목에서 거리가 멀어 후손이나 지역민에게 알리기에 불편하므로, 약목 보원재 앞에 수비하기로 결정하였다.

이는 약목의 후손들이 임란공신 할아버지를 자랑스럽게 여기고자 하는 마음이 모인 결과였다.

수비 시기는 보원재 준공 후로 정하고 사업을 진행하였다.

다음은 비문을 짓는 일이었다. 마땅한 분을 찾기 어려워 우선 내가 여러 자료를 수집하였다.

먼저 『임란공신록』을 구하여 우리 할아버지의 공신록 등재 사실을 확인하였다.

그 기록에 따르면, 우리 할아버지는 호성원종공신록의 선공감 주부로서, '출신'이라는 신분으로 2등 공신에 등재되어 있었다.

또 집안의 가승(家乘)에 기록된 주부공의 사적과 아드님 부정공의 실기 내용도 확인하였다.

종회에서 나에게 비문을 지을 것을 결의하였으나, 나는 부족함을 들어 사양하였다. 그러나 다른 대안이 없기에 결국 내가 맡기로 하였다. 그리하여 수집한 자료를 바탕으로 우선 한문으로 비문을 짓고, 이를 국문으로 번역하였다.

몇 차례의 수정과 감수를 거쳐 비문이 완성되었다.

완성된 비문은 약목석물(사장 이원희)에 맡겨 각자를 하였으며, 헌성비도 함께 세우기로 하였다.

몇 번의 수정 끝에 드디어 비가 완성되어, 수비할 날을 정하였다.

2008년 3월 22일(음력 2월 15일) 오전 11시, 제막식을 거행하였다.

이날 내빈과 일가친척 등 200여 명이 참석하여 성대하게 식을 마쳤다.

비문의 내용은 다음과 같다.

壬亂功臣義兵將一善金公諱國珍史蹟碑銘

自開國以來國亂之最大壬亂而先賢有名無名報國忠義而後仍追崇之心愈高焉 倡義奮戰而死傷無名者寃魂九泉彷徨之事多矣 倖生而存者又逃避生還者許多顯揚而死者無言故不知其眞否而詳事也
　噫壬亂時尙州善山倡義戰歿者中有吾先祖義兵將主簿公而公諱國珍字聖用出系一善鼻祖順忠公之十八世孫也 公之七代祖正朝公諱延六代祖全羅觀察使諱鑑祖縣監諱世榮考將仕郎諱銛先妣宜人延安田氏而公生戊戌生(西紀一五三八)十月初三日也 品性膽略絶人庚辰登武科官至宣務郎繕工監主簿配宜人水原白氏生三男長孟賢次仲賢皆弱年相失三男訓練院副正贈通訓大夫掌樂院正季賢也 壬亂極熾州郡皆陷 公王命以出身尙州善山倡義起兵爲義兵將討敵于尙州與校理尹暹校理朴篪佐郎李慶流士人金俊臣金鎰合兵對敵累度交鋒不利是年五月十七日公俱爲戰亡而他人逃避公獨堅執張許忠義之節力戰奮鬪六月十四日竟歿于尙州後川調場邊陣伍中而同年八月初一日公之夫人水原白氏與年纔五歲季賢婢耆春皆衣男服往尋屍柩於尙州戰場返葬于善山藍山先塋下噫戰後 宣祖朝三十八年(西紀一六〇五)四月初五日行都承旨臣申欽敬奉傳旨撰功臣錄有扈聖原從二等功臣出身金國珍而後孫不識其事未顯揚及 正祖朝壬子築尙州忠義壇公之未參享而道儒林累次欲爲叫喚之擧欲啓聞于朝適値 高宗朝丙寅洋亂及祠院撤廢故未遂及止 噫卓卓忠節未顯揚之事吾後仍之慨也 又宣人白氏率一幼子一婢衣男服尙善百里之路冒兵火尋屍柩于戰場返葬藍山此亦當世之絶無耳 若聞于 朝卽宣人之烈必與公之忠竝襃而俱旌者也 今享忠南保寧護國祠 又特欲享尙州忠義壇大邱忘憂公園忠義壇也 噫世道變遷旌襃無及故其顚末詳記欲使後世有所考而竪碑焉 其銘曰

　　　國亂極熾　卓卓忠節　詳聞未傳　曷不欽誦
　　　獨闕壇享　今爲顯揚　世義變遷　深切慨然
　　　　　西紀 二千八年 三月 二十二日
　　　　　　十二代孫 永勳 謹撰及書

임란공신 의병장 일선김공휘국진 사적비명

개국 이래 최대의 국난(國難)은 임진왜란이니, 나라를 위해 충의(忠義)를 다한 유명(有名)·무명(無名)의 선현들이 계시어 후손들의 추숭(追崇)하는 마음이 더욱 간절하다.
또한 창의(倡義)하여 분전(奮戰)하다가 사상(死傷)한 무명 선현들의 원혼이 구천(九泉)에서 방황하는 일이 많다. 다행히 살아남았거나 전란을 피해 생존한 이들은 현양(顯揚)된 경우가 허다하나, 전사한 이는 말이 없기에 그 옳고 그름과 상세한 사실을 알기 어렵다.

아! 임진왜란 때 상주와 선산에서 창의하여 전몰(戰歿)하신 분 중에 우리 선조 의병장 주부공(主簿公)이 계시니, 공의 휘는 국진(國珍)이요, 자는 성용(聖用)이시며, 본관은 일선(一善)이시고, 시조 순충공(順忠公)의 18세손이시다.
공의 7대조는 정조공으로 휘는 연(連)이시고, 6대조는 전라감사로 휘는 감(堪)이시며, 조(祖)는 현감으로 휘는 세영(世英)이시며, 고(考)는 장사랑으로 휘는 섬(暹)이시다.
모친은 의인 연안 전씨(延安 全氏)이시니, 무술년(서기 1538년) 10월 3일에 공을 낳으시니 성품이 담력이 강하며 남달리 뛰어나셨다. 경진년(1580년) 과거에 급제하시어 관직이 선무랑 선공감 주부에 이르셨다.

배위(配位)는 의인 수원 백씨(水原 白氏)이시니 세 아드님을 두셨는데, 장남 맹현(孟賢)과 차남 중현(仲賢)은 어려서 모두 돌아가셨다. 삼남은 훈련원부정을 지내시고 증직(贈職)이 통훈대부 장락원정(長樂院正)인 계현(繼賢)이시다.
공은 임진왜란이 치열하여 고을들이 다 함락되자, 조정의 명을 받아 지방으로 내려가 출신(出身)의 자격으로 상주와 선산에서 창의 기병(倡義起兵)하여 의병장이 되시어 적을 상주에서 맞아 싸우셨다.

그때 같이 싸운 사람은 교리 윤섬(尹暹), 교리 박호(朴虎), 좌랑 이경유(李慶裕), 사인 김준신(金俊臣)과 김일(金逸)이시니, 함께 힘을 합하여 적과 여러 차례 싸웠다. 그러나 싸움이 불리하여 그해 5월 17일에는 모두 패하여 도망갔었다.

그러나 공은 홀로 남아 당나라 때 충신인 장순(張巡)과 허원(許遠) 같은 충의의 절의(節義)를 굳게 지키고 힘써 분투하였으나, 6월 14일 마침내 상주 후천 조장변(後川 助匠邊) 진중에서 전사(戰死)하셨다.

이 소식을 듣고 같은 해 8월 초하루, 공의 부인 수원 백씨께서 나이 겨우 다섯 살인 계현과 노비 끗춘을 데리고 모두 남복(男服)으로 갈아입고 가서, 시신을 상주 전장에서 찾아 선산 남산의 선영(先塋) 아래에 반장(返葬)하셨다.

아! 전후 선조 38년(서기 1605년) 4월 5일, 도승지인 신흠(申欽)이 왕의 전지(傳旨)를 받들어 공신록(功臣錄)을 지었는데, 그 가운데 호성원종이등공신(扈聖原從二等功臣)에 출신(出身)의 자격으로 김국진의 이름이 있었다. 그러나 후손들은 그 사실을 모르고 현양도 하지 못하였다.

정조 때 임자년에 상주에 충의단을 세웠을 때 공의 이름이 빠져 참향(參享)하지 못하였다. 이에 도 유림(儒林)에서 여러 차례 크게 부르짖으며 이 사실을 바로잡고자 글을 조정에 올려 재가(裁可)를 받았으나, 그때 고종 때 병인양요(丙寅洋擾)와 사원 철폐령(祠院 撤廢令) 등이 있어 그 뜻을 이루지 못하고 중단되었다. 아! 크나큰 충절이 아직도 현양되지 못한 일은 슬프고 분개(憤慨)할 일이다.

또 의인 수원 백씨께서 어린 자식과 노비를 데리고 남복을 한 채 상주와 선산의 먼 길을 병화(兵禍)를 무릅쓰고 시신을 전장에서 찾아 선산 남산에 반장하셨으니, 이 또한 그 당시 세상에 절대로 없는 일이다. 만약 조정에서 이 일을 알았다면 의인의 충렬(忠烈) 또한 마땅히 공의 충절과 같이 포상하고 정려(旌閭)를 내림이 마땅하였을 것이다.

지금에 와서 충남 보령의 호국사(護國祠)에 모시고 또 상주 충의단과 대구 망우공원의 충의단에 모시려 하고 있으나, 아! 세상의 도리(道理)가 변천하면서 정려와 포상이 다 미치지 못하였도다. 고로 그 전말(顚末)을 상세히 기록하여 후세에 참고가 되도록 여기 비를 세운다.

그를 기리는 명(銘)에 말하기를,

국난이 지극히 치열한데
크고 큰 충절이 있도다.
그 일을 상세히 알고도 옳게 전하지 못하였으니,
어찌 흠모하며 칭송하지 않으리오.
홀로 충의단의 흠향(歆享)됨에 빠졌었는데,
이제야 현양(顯揚)하게 되니 세사(世事)의 의로움도
변하는가보다.
심히 간절하고 슬프고 분개할 일이다.

서기 2008년 3월 22일
12대손 김영훈이 삼가 짓고 쓰다.

21. 중환이가 미국 피츠버그로 이사를 갔다

중환이가 경북대학교 공과대학 전자공학과를 졸업하고 1987년 말에 현대정공에 입사하여 열심히 일했다. 그 과정에서 군대 문제도 해결되었고, 결혼 후에는 지아와 현우를 낳고 가정을 꾸려 열심히 살고 있었다.

그러던 중 현대정공 회사가 해체되면서 회사를 그만두게 되었다. 잠시 시간이 생기자 혼자 고민을 하다가, 수원에 있던 동환이와 협의하여 영수 학원을 운영해 보기로 했다. 학원에서 며느리는 중학교 수학과 과학을 맡아 강의하고, 중환이는 고등학생들을 대상으로 수학을 강의하면서 전문 강사를 채용하여 학원을 운영했다.

그렇게 지내던 중에 함께 근무하던 사람들의 소개로 다국적회사인 동산엔지니어링 주식회사에서 같이 일하자는 제의를 받았다. 여러 가지를 연구한 결과, 그 회사에서 일하기로 결심했다. 회사에서 맡을 일은 프로그래머였다. 중환이도 전자과 출신 프로그래머였으므로 현대정공에 있을 때도 지하철 등의 프로그램을 짜며 근무했는데, 동산엔지니어링으로 자리를 옮겨서도 역시 프로그래머로 상임이사 조건으로 입사하여 근무를 시작했다. 어떤 경우에는 국내뿐만 아니라 외국까지 출장을 가서 근무하기도 했다.

그러던 어느 날 갑자기 연락이 왔는데, 동산엔지니어링이 한국에서는 철수하고 본사인 미국으로 합친다는 내용이었다. 그래서 중환이 혼자 미국으로 건너가 근무하게 되었다. 미국 피츠버그에 가서 몇 달을 혼자 근무하니 불편한 점이 많았다.

결국 가족 전부가 미국으로 이사를 가는 것이 좋겠다는 연락을 받았다. 이에 수원에 있는 집을 포함한 여러 가지를 정리하고 미국으로 떠나게 되었다.

2007년 8월 5일에 미국으로 이사하겠다는 연락을 받았는데, 우리들은 직접 가 보지도 못하고 멀리서 걱정하며 무사히 도착하기를 기원했다. 며칠이 지나서 미국에서 무사히 도착했다는 전화 연락을 받았다.

龍飛御天歌 弟二章

朱子勸學詩

22. 동남아 크루즈 여행을 다녀오다

하루는 동환이로부터 "크루즈 여행을 가보지 않겠느냐?"는 전화가 왔다. 나는 흔쾌히 허락했고, 일이 추진되어 여행을 떠나기로 했다. 이 여행은 삼성카드사에서 추진하는 행사로, 카드사 우수고객에게 주어지는 특별한 기회였다. 동환이가 그 행사에 당첨되어 상대적으로 저렴한 상품으로 한 팀이 여러 명이 참여할 수 있게 되었다고 했다.

그리하여 동환이네 네 식구, 우리 내외 두 식구, 그리고 경은이네 세 식구, 모두 아홉 명이 참여하기로 했다. 일정은 2008년 2월 26일부터 3월 1일까지로, 4박 5일간이었다.

우리 내외는 2월 26일 오전 2시에 동대구 버스터미널에서 인천공항까지 가는 버스를 탔다. 인천공항에 오전 6시에 도착하니 동환이 가족은 먼저 와 있었다. 경은이 가족이 좀 늦게 도착하여 우리들과 만났다. 공항 대합실에는 크루즈 관광을 떠날 승객들이 많이 모여 있었다. 10시 15분에 출발하는 홍콩행 비행기를 타고 공항을 떠났다. 이날따라 맑고 따뜻한 날씨여서 한결 기분이 좋았다.

기내식으로 점심을 먹고 홍콩 첵랍콕 국제공항에 13시 15분에 도착했다. 공항에는 이미 버스가 대기하고 있어서 우리 일행은 버스를 타고 홍콩항 침사추이 오션 터미널로 향했다. 홍콩의 거리는 복잡했고 차들도 많았다. 터미널에 도착하여 버스에서 내리자 안내하는 사람들이 우리들을 크루즈 여행을 할 코스타 알레그라호로 안내하고 각자의 선실을 안내해 주었다. 16시에 배는 홍콩항을 떠났다.

항구를 출발하니 저녁 식사는 선상식으로 준비되어 있었다. 선상에서 처음 먹어보는 식사인데 뷔페식으로 되어 있어서 각자가 좋아하는 것을 먹을 수 있어 좋았다. 식사 후에 코스타호의 선박 내부를 돌아보았는데, 각종 시설물들이 많아 어떻게 이용해야 할지 잘 몰라서 당황하기도 했다. 선실에 들어와 있는 동안 배는 항구를 떠나 항해를 시작하고 있었다. 우리들은 피곤해서 잠자리에 들었다.

2월 27일 아침 일찍 일어나니 배는 아직도 항해를 하고 있었다. 선상식으로 아침 식사를 마치고 갑판 위에 올라가 항해하는 바다를 바라보며 감상했다. 여러 가지 놀이 시설을 둘러보았다. 곧 점심 식사 후에 **해남도(海南島)**에 도착하면 하선하여 관광을 한다는 것이었다.

빨리 점심 식사를 마치고 해남도에 도착하여 하선하니 전용 버스가 대기하고 있었다. 버스를 타고 해남도에 있는 **녹회두 공원(鹿回頭公園)**에 도착했다. 공원의 정상에서 바라보이는 풍경이 무척 아름다웠다. 공원에서 내려와 아롱만(亞龍灣) 해변에 오니 바닷물이 너무나 푸르고 깨끗해 보였다. 지호와 형묵이는 나와 같이 바닷물에 발을 담그고 무척 시원해했다. 이곳이 유행가 가사에 나오는 하이난의 '바닷가'라는 것을 알고 감회가 깊었다.

다시 배로 돌아와서 저녁 식사를 했다. 식사 후에는 우리 식구들끼리만 모여 영화를 보고 놀이도 하면서 즐거운 시간을 보낸 후 선실에 돌아와 피로를 풀었다. 배는 19시에 해남도를 떠나서 다시 하롱베이를 향해 떠나고 있었다.

2월 28일 아침에 일어나니 배는 항해를 계속하여 하롱베이 항에 도착하고 있었다. 조식 후에 하롱베이 탐험 관광에 나섰다. 이날 경은이가 배가 아프다고 하여 선실에 머무르게 하고 우리들만 관광을 떠나 마음이 편치 않았다. 하롱베이 관광을 위해 별도의 요금을 지불하고 작은 배에 올라타고 항구로 향했다. 부두에서는 각종 해산물을 판매하고 있었고, 그곳에서 바나나를 사 먹기도 했다. 다시 이동하여 베트남의 창조 신화가 있으며 용이 내려왔다는 전설이 있는 항두고동굴을 관광하고 배에 돌아오니 경은이는 여전히 몸이 좋지 않았다. 그래서 선상의 의무실에 연락하여 약을 복용했다.

그런데 이날이 사위 이성용의 생일이라고 했다. 동환이가 선실에 연락했더니 특별한 생일 행사를 해주어 우리들은 깜짝 놀랐다. 많은 사람들이 모인 홀에서 특별히 마련한 생일상과 생일 케이크, 그리고 생일 축하 노래와 연주를 들려주면서 재미있는 시간을 보냈다. 우리가 탄 배는 18시에 하롱베이를 출발하여 홍콩으로 항해를 계속했다. 우리는 선실로 돌아와서 잠을 잤다.

2월 29일 아침에 일어나서 보니 배는 바다 위를 항해하고 있었다. 조식 후에 선내의 각종 시설을 이용하고 각자의 자유 시간을 가졌다. 점심 식사 후에 삼성카드 회원들의 특별한 행사가 있다고 하여 다 같이 모여 특별 파티와 각종 이벤트 행사를 했다. 이때 행사에서 동환이가 사연 투고를 하여 3등에 당첨되어 상품을 받기도 했다. 석식 후에 영화를 감상하고 잤다. 배는 계속 항해하고 있었다.

3월 1일 아침을 먹고 있으니 배는 홍콩 부두에 도착하고 있었다. 조식 후에 크루즈에서 하선하여 가이드의 안내로 홍콩 시내를 관광했다. 빅토리아 피크 정상을 가기 위해 **파크 트램(경사를 오르는 기차)**을 타고 올라갔다. 올라가는 중간에 이소룡의 상 앞에서 사진을 찍기도 하고, 정상에서 홍콩 시내를 바라보니 무척 아름다웠다. 그리고 시내에 와서 쇼핑도 했다. 한정식으로 점심을 먹고 홍콩 공항에 도착했다.

홍콩에서 한국행 비행기를 타고 16시 40분에 출발하여 21시 5분에 인천공항에 도착했다. 형목이네 가족과 우리 내외는 버스를 타고 부산과 대구로 향하며 여행은 끝이 났다.

23. 제1회 우산사모효행상 및 우산장학금 수여 기념식을 가지다

2007년 4월 14일 **보원재(報本齋)**를 낙성(落成)할 때 함께 우산장학문화재단이 창립되었고, 각급 학교에 공고를 내고 장학 사업을 시행하고 있었다.

2008년 4월 12일(토) 오후 2시, 보원재 내 장학재단에서는 우산 김영호 이사장님과 이사님들이 군(郡)내 유지(有志)들과 각급 학교 교장 선생님, 그리고 지역 유지들을 모시고 우산사모효행상 및 우산장학금 수여 기념식을 가졌다.

그 내용 중 우산사모효행상은 우산장학문화재단 이사장이신 형님이 가장 정성을 들여 제정하셨다. 이는 우리들의 어머님이 친가와 양가의 두 집안 시부모님께 정성으로 효도하시는 모습을 우리가 옆에서 상세히 보았기에, 어머님의 효행을 기리고 우리 주위에서 본받기를 바라는 마음에서 제정한 것이다. 그 대상은 우리 문중(門中)이나 칠곡군 내 주민 중에서 선정하여 시상하기로 하였다.

그리하여 장학재단 내 우산사모효행상 대상자를 심의한 결과, 제1회 대상자로 우리 문중의 김영식의 처 김미정 씨가 만장일치로 선정되었다. 김미정 씨는 86세의 불편하신 시어머님을 극진히 모시고, 자녀들을 훌륭히 교육시켜 장남을 경북대학교에 졸업시키는 등 효행이 인정되어 대상자로 선정되었다. 상패와 상금 1천만 원이 수여되었다.

그다음으로 특별장학생을 선정하였다. 특별장학생은 우리 문중에서 금년에 4년제 대학교에 입학하는 학생들 중에서 성적이 우수하고 가정이 빈곤한 학생을 선정하기로 되어 있었다. 그래서 약목 종중에 의뢰하여 대상자를 추천받아 선정하였는데, 금년에는 김영구의 장남 김주식 군이 충남대학교 경제학부에 입학하였으므로 대상자로 선정되었다. 상장과 부상으로 장학금 4백만 원이 수여되었다.

그리고 일반 장학금은 약목초등학교, 관호초등학교, 약목중학교, 약목고등학교에서 각 학교 교장 선생님이 추천해 준 학생들에게 수여하였다. 약목초등학교의 류현지, 이지은과 관호초등학교의 홍성민, 약목중학교의 박영미, 약목고등학교의 전인혜 학생이 수상하였다.

24. 제1회 칠곡사랑 UCC 동영상 공모전 시상식을 가졌다

우산장학문화재단의 계획에 따라 2008년 9월 초, 칠곡교육청과 칠곡문화원의 후원을 얻어 칠곡군 내 각급 학교에 공모를 진행했다. 공모 주제는 호국의 고장 칠곡의 특징과 칠곡의 자연 및 문화, 미풍양속을 국내외에 널리 알릴 수 있는 소재를 담은 작품을 10월 말까지 접수하는 것이었다. 그 결과 총 30여 편이 응모하였다.

접수된 작품들은 공정한 심사를 위해 칠곡교육청의 협조를 얻어 심사위원을 선정하고 일주일 정도 심사 기간을 거쳤다. 그 결과를 이사장님의 재가(裁可)를 받아 시상하게 되었다.

2008년 12월 4일, 우산장학문화재단 사무실에서 우산 김영호 이사장과 이사들이 칠곡군 내 유지들과 각급 학교 관계자, 칠곡교육청 담당자, 칠곡문화원장, 그리고 수상 학생과 학부모를 모신 가운데 시상식을 가졌다.

시상 결과는 대상에 인평초등학교의 소미주, 소민기 학생이 차지했고, 최우수상은 대교초등학교의 김세진, 김경진 학생이 받았다. 이외에 우수상 4작품, 장려상 4작품이 선정되어 시상하였다.

시상식에서 우산 이사장님은 우수한 작품을 출품한 각급 학교의 지도 교사와 학생들을 격려하고, 앞으로 더 좋은 작품을 만들어서 우리나라와 세계에 널리 알렸으면 좋겠다는 격려의 말씀을 해주셨다.

또 심사를 맡았던 선생님들의 심사 소감에서는 제1회 칠곡사랑 UCC 동영상 공모전에서 예상외로 좋은 작품이 많았다는 평과, 2회, 3회로 회를 거듭하면 상당히 좋은 작품이 나올 것을 기대한다는 평이 있었다.

우산 장학문화재단 이사장님의 인사말에서는 앞으로 더욱 열심히 연구하여 보다 더 좋은 작품이 만들어지도록 부탁하고, 오늘 이 작품 발표회가 영원히 기억되기를 바란다고 하셨다. 이어서 심사평이 있은 후에 시상식을 마쳤다.

25. 형님이 위암 수술을 받았다

  2007년 10월에 전립선암 수술을 받으신 후에 많은 요양이 필요하였다. 그래서 내가 형님에게 일을 그만하시고 편히 요양하시기를 권하였으나, 형님 성격상 남에게 일을 맡겨두는 성질이 아니셔서 잠시 요양하시다가도 쉬지 못하시고 사업을 하느라 바쁘게 생활하셨다.

  울산의 공장을 경주로 옮기면서 어렵게 구한 대지에 건물과 공장을 지어 이사를 하였고, 천안에도 새로운 공장을 만들어 가동시키셨다. 그 바쁜 가운데 의왕에 저택을 지으셨는데, 본채와 음악당까지 짓느라 많은 고생을 하셨다. 그리고 또 약목에 보원재를 계획하고 착공하여 완공에 이르기까지 많은 노고를 겪으셨다.
  그 와중에도 우산장학문화재단을 설립하여 고향을 위해 재단을 운영할 수 있게 되었다. 전립선암 수술 후에도 건강한 사람처럼 일하셔서 다소 안심하고 있었는데, 건강검진 결과 암이 전이되었다는 소식을 들었다. 그래서 빠른 시일 내에 수술을 받기로 하셨다.

  수술은 연세대학교 병원에서 우리나라 최고 권위 있는 의사의 집도로 진행하기로 하였고, 수술일은 2009년 2월 25일로 정해졌다. 영우와 나는 수술 결과를 보기 위해 아침 일찍 출발하여 연세대 병원에 계신 형님을 찾아갔다. 형님은 병색이 별로 없이 건강해 보이셨다.
  수술이 진행되는 동안 형수님과 우리 형제들, 그리고 유환이 형제 등 여러 사람이 함께 초조하게 기다렸다. 수술이 예상보다 늦게 끝나 형님이 깨어나는 것을 확인하고 나니 대구로 내려갈 수가 없었다. 그래서 여관에 묵지 못하고 병원 근처 찜질방에서 밤을 보내고, 아침 일찍 병실을 찾아가 상태를 살펴보니 경과가 아주 좋아 우리 형제들은 안심하고 약목으로 내려왔다.

그 후에는 매일 전화를 드리며 안부를 묻고, 상태가 좋지 않다는 연락을 받으면 한 달에 한 번 정도 문병을 갔다. 상태가 양호하여 집으로 퇴원해 계실 때는 약목에서 봉고차를 임대하여 의왕시의 자택으로 찾아가면 형님께서 반갑게 맞아주시며 음악당으로 안내하여 음악 감상을 하기도 하셨다.

아버님, 어머님의 제사를 지낼 때도 봉고차를 준비하여 문병을 겸하면 형님께서 우리를 반갑게 맞이하셨고, 그럴 때면 마음이 놓이곤 했다.

2009년 6월 15일(음력 5월 4일)은 형님의 77세 희수였다. 유환이가 연락을 주어 약목의 동생들과 함께 서울 병원으로 형님을 찾아갔다. 병원에서 축하 인사를 드리고 빨리 쾌차하시기를 빌었다. 형님은 우리들에게 여비도 주시며 "조금 더 나으면 함께 좋은 곳에 가서 맛있는 음식도 먹을 수 있었으면 좋겠다"고 말씀하셨다.
그 말씀을 듣는 순간, 왠지 모르게 마음이 무거워졌고 돌아오는 길이 유난히 멀게 느껴졌다.

26. 일본 동경과 중국 사천성에서 서예 전시를 하다

(1) 일본 동경 주일한국대사관 전시장에서 서예 전시를 할 때 참석하였다.

2008년 9월 4일부터 8일까지 열린 '일한서예대회'에 한국 측 대표단의 일원으로 참석하였다.
(사)국제서법연합 대구지회와 일본 서도협회 간의 서예 교류전으로, 2007년에 대구에서 열렸던 국제서예대회의 교류전 형식에 이어 회장단, 총무, 감사인 내가 함께 참석하였다.
상세한 내용은 서예 관계 부분에서 기술하기로 한다.

(2) 중국 사천성 성도에서 중·한 서예 교류전에 참석하였다.

2011년 6월 3일부터 8일까지 중국 사천성 성도에서 열린 중·한 서예 교류전에 (사)국제서법연합 대구지회 대표단의 일원으로 참석하였다.
성도 부근의 여러 관광 명소를 관람하고 푸짐한 대접을 받은 후 귀국하였다.
상세한 내용은 서예 관계 부분에서 기술하기로 한다.

27. 방산묘원을 조성하였다

　형님의 병환 이후 우리들은 조상님들의 산소 관리 문제로 고심하게 되었다. 그래서 형님과 상의하여 묘소를 정리하고 관리가 편리하도록 해야겠다는 생각을 하였다. 그러던 중 영재가 제안하여, 묘소를 화장 납골 처리 후 한곳에 모아 묘역을 만들기로 하였다.
　얼마 후 영재의 주선으로 2011년 5월 어느 날, 신양산 중간 지역에 묘역 조성 장소를 정했다는 연락을 받고 현지에 올라갔다. 도착해 보니 이미 정지 작업이 진행되고 있었다. 그곳에서 영진이를 만나 진행 상황을 듣고 내려왔다. 며칠 후 묘원이 완성되어 고유제를 올렸다.
　그 후 형님과 상의한 끝에 우리 가족의 묘역도 마련하기로 했다. 아는 사람을 통해 풍수 전문가를 소개받았는데, 계대철학연구원의 원장 김홍원 씨였다. 시내 음식점에서 만나 이야기를 나눠보니 믿음이 가는 분이었다. 그래서 김홍원 원장을 풍수사로 정하고, 영우에게 연락하여 다음 날 일요일에 현지를 함께 보기로 하였다.
　다음 날 김홍원 원장, 영우와 함께 신양산으로 떠났다. 전날은 날씨가 좋지 않았는데, 이날은 쾌청하여 기분이 매우 좋았다. 이것도 조상님의 음덕이라 생각되어 마음속으로 기뻤다. 신양산에 올라 영재가 조성해 놓은 묘역 옆과 조금 아래쪽의 넓은 바위 옆 두 곳을 보였더니, 두 곳 모두 가능하다고 하셨다.

　산을 내려와 남계동 보원재 뒤쪽의 방산을 살펴보였더니, 세 장소 모두 좋은 자리라는 말씀을 들었다. 점심을 먹고 대구로 내려오는 길에 원장이 "남계동 방산이 더 좋은 곳 같다"고 하셨다.

그 후 서울 형님께 문병을 간 자리에서 상의한 결과, 형님의 뜻에 따라 묘지 장소를 방산으로 최종 결정하고 공사를 시작하기로 하였다. 묘지 이장의 경험이 있는 약목의 일석산업사 신현문 사장을 만나 설명하고 공사를 맡겼다. 며칠 후 견적을 받아 형님께 보고드리자, 형님께서 공사를 시작하라고 하셔서 바로 착공하였다.

공사가 진행되는 중에 큰어머님이 돌아가셨다. 그래서 화장 후 신양산 묘역으로 장사를 지냈는데, 과거보다 훨씬 간편하고 깔끔하게 장례를 치를 수 있었다.

방산 묘역 공사는 상당히 어려워 시간이 다소 걸렸다. 공사 도중 몇 차례 현장을 방문해 수정도 하였다. 형님과 상의하여 다음 해 윤달에 이장을 하자고 약속하였다.

2012년 윤삼월이 되어 형님의 건강이 더 나빠지셨다. 그래서 영우, 유환이와 상의하여 윤달의 좋은 날을 택해 고조부님 이하 여러 산소를 방산 묘역으로 이장하기로 하였다.

윤삼월 첫 일요일을 이장일로 정하고 여러 묘역을 정리하여 이장을 마친 후 고유제를 지냈다.

이로써 방산 묘역이 완성되었다.

28. 처의 68회 생일 행사를 하려 서울에 가다

 2012년 처의 68회 생일이 음력 2월 10일(양력 3월 2일)이므로 조금 앞당겨 2월 25일(일)에 서울에서 식구들이 모여 식사를 하기로 하였다.
 그래서 부산 형목이네도 서울로 올라오게 하고, 우리는 2월 24일 오후 5시 20분 버스를 타고 서울로 갔었다.

 우리 내외의 생일이면 서울과 부산에 있는 아이들이 대구를 찾아오면 번거롭기도 하여, 금년 아내의 생일은 서울 지우네 집에서 하기로 하였다.
 부산 형목이도 서울 구경도 하고, 처가의 식구들이 서울에 많이 살고 있어서 같이 한 번 만나보기로 하였다.
 우리 내외가 서울 지우네 집에 도착하니 부산 형목이네가 비행기를 타고 벌써 먼저 와 있었다.

 2월 25일(일) 아침을 먹고 우리들은 아이들과 함께 롯데월드에 가서 놀았다. 몇 년 전에 한 번 와본 적이 있었지만, 오늘 와보니 너무 크고 화려하였다.
 아이들이 너무 좋아하는 것을 보니 내 마음속으로 무척 기뻤다. 그곳에서 점심을 먹고 조금 더 놀다가 지우네 집으로 돌아왔다.
 오후에는 생일 축하 행사를 위해 예약된 장소인 강남의 유명한 중국집에 도착하였다.
 벌써 장모님과 처남 댁, 처제, 동서 그리고 아이들까지 다 모였는데 약 40명 가까이 되었다.

처의 생일을 축하하는 자리였다. 저녁을 먹으면서 재미있는 이야기도 하고 즐거운 시간을 보냈다.

이런 행사는 이번이 처음이라 앞으로 자주 만났으면 좋겠다고 생각했다.

모두 헤어지고 우리들은 동환이 집에서 잤다.

다음날(26일)에는 지우네와 형목이네 모두 형님이 입원해 있는 연세대 병원으로 찾아가 문병을 하였다.

이때 유환이도 와 있었는데, 형님의 병세가 아주 심각한 상태로 식사도 잘 못하시고 말씀하시는 것도 힘이 들어 보였다.

그러던 중 처가 갑자기 하혈을 하며 몹시 피곤해하자, 형님께서 빨리 병원에 가보라고 말씀하셨다.

그래서 우리는 아이들과 작별하고 서울역에 가서 KTX를 타고 대구로 내려와 구심내과에 가서 치료를 받았다.

의사는 과로에 의한 현상이라며 앞으로 주의하라고 당부하였다.

29. 형님의 병이 더욱 위중하였다

　형님의 병세가 심상치 않았다.
　2012년 2월 26일에 문병을 다녀온 후로도 매일같이 형님에게 안부 전화를 빠지지 않고 하면서 병세를 짐작하고 있었다.
　형님이 편찮으신 후로는 매일같이 전화를 드렸지만, 요즘은 병세가 걱정되어 간호하시는 아주머니께 더 상세히 물어보는 경우가 많았다.

　2012년 3월 17일(토)에는 형님이 중환자실에 입원하셨다는 소식을 듣고 약목에 있는 동생들과 함께 봉고차를 빌려 서울 세브란스 병원으로 찾아갔다.
　중환자실에 도착하니 유환이와 경환이도 와 있었다.
　병세에 대한 소식을 듣고 면회를 신청하였으나, 한 번에 1~2명만 면회가 가능하다고 하여 거절을 받았다.
　그러나 억지로 몰래 들어가 면회를 하고 내려오면서, 차 안에서 동생들은 슬퍼하며 눈시울을 적시기도 했다.

　2012년 4월 14일(토)에는 형님이 더욱 위독하다는 말을 듣고 우리 내외가 아침 일찍 집을 출발하여 KTX를 타고 서울역에 도착하였다.
　병원으로 가는 중 용현 아저씨댁 종숙모를 만나기도 했다. 며칠 전에 병원을 물어서 알려드렸더니, 문병을 다녀오는 길이었다.

　병원에 도착하니 동환이도 와 있었다.
　같이 형님을 문병하였으나 아무 말씀도 못하시고 수족만 만져보며 말을 걸었지만, 그저 바라보기만 하셨다.
 형님 문병을 마치고 동환이 차를 타고 95세의 고령이신 장모님을 찾아뵈러 갔다.
 장모님도 치매 끼가 있어 막내 처제가 모시고 있었는데, 고생이 많아 보였다.
 그렇게 보고 다음날 대구로 내려왔다.

30. 형님이 세상을 떠나셨다

 2012년 5월 19일(음력 윤3월 29일, 토요일) 오전 6시 50분, 형님이 별세하셨다고 유환이가 나에게 연락하였다.
 그 전날 금요일에 영우와 연락하여 형님 문병 계획을 세우고 있었는데, 비보를 접하니 가슴이 찢어지는 듯하였다.
 약목 동생들은 빌려놓은 봉고차를 타고 가게 하고, 나는 마음이 급하여 처와 함께 KTX를 타고 서울 연세대 병원으로 갔다.
 도착하니 동환이가 먼저 와 있었고, 우리는 나중에 도착하였다.

 형님은 편찮으셔도 늘 우리의 곁에 계실 줄 알았는데, 막상 돌아가셨다고 하니 실감이 나지 않았다.
 형님은 우리 집안의 대들보이자 주인이셨다. 어려운 일이 있으면 언제나 형님께 의지하고 상의했으며, 결정의 중심은 항상 형님이셨다.
 돌아가셨다는 사실이 믿기지 않아 멍하니 앉아 있으면서 울음도 눈물도 나오지 않았다.

 정신없이 한참을 보내고 나니 유환이가 나를 붙잡고 돌아가신 전후의 사정을 이야기해 주었다. 그러나 돌아가신 것은 현실이니 장례를 준비하지 않을 수 없었다.
 상의 끝에 호상은 영희 형님이 맡고, 장례식은 회사장으로 하기로 결정하였다.
 시간이 촉박해 4일장으로 하였고, 회사장으로 진행하므로 일체 부의금은 받지 않기로 했다.
 모든 일은 회사 직원들이 주선하였기에 우리 가족들은 많은 일을 하지 않아도 되었다.

하지만 나는 또 한 가지 걱정이 있었다.

우리 장모님이 낙상하여 오른쪽 대퇴부가 골절되어 오늘 백병원에 입원해야 했다. 처가에도 처남들이 모두 세상을 떠나고 없으므로 내가 가보지 않을 수 없었다.

형님 장례식장은 일부 준비가 되었기에 내가 없어도 잘 진행될 것 같았다. 그래서 형수님께 사정을 말씀드리고, 동환이와 함께 백병원으로 갔다.

도착하니 수술은 끝났고, 장모님은 95세의 고령으로 약간의 치매 기운이 있어 보였다.

우리 내외를 잘 알아보지도 못하는 듯했다.

그리고 동환이와 함께 그의 집으로 가서 잤다.

다음날 5월 20일, 동환이 처와 함께 연세대병원 영안실로 갔다.

대렴을 하는데 형님이 아직도 살아 계신 듯하였다.

옷을 갈아입히고 성복제를 지냈다. 그 후 손님들을 맞이했는데, 많은 분들이 찾아와 조문을 하였다. 저녁에 손님이 없어 우리들은 병원에 마련된 방에서 잤다.

날이 밝아 5월 21일이 되니 벌써 형님이 돌아가신 지 3일째 되는 날이었다.

아침 상석을 드리며 형님이 잡수시고 계신지, 얼마나 시장하실까 하는 생각이 났다. 그러나 나는 형님께 아무런 도움을 드릴 수가 없었다. 형님은 늘 내가 부탁드리면 모두 들어주셨는데, 나는 아무것도 해드릴 수가 없었다. 이렇게 한탄하면서 아무도 없는 곳에 가서 혼자 흐느껴 울기도 했다.

내일이 장례날이라 준비를 해야 했기에 이날도 바쁘게 보냈다.

다음날인 5월 22일은 장례식 날이었다.

오전 4시에 일어나 5시에 출상을 하기 위해 간단히 식사를 마치고 발인제를 지냈다.

이 병원은 형님께서 마지막으로 계셨던 곳이었다.
형님은 이 병원에 입원해 있을 때 병원 발전을 위해 기부금을 내셨고, 병원 복도에는 기부자 명단에 형님의 이름이 새겨져 있다. 그래서 형님께는 이 병원이 남다른 의미가 있었다.
'이제는 다시 이 병원에 못 오신다'는 생각을 하니 마음이 아팠다. 이런 생각을 하는 동안 영구차는 오전 10시에 수원 화장장에 도착하였다.
순서를 기다리느라 시간이 오래 걸려, 그곳에서 점심을 먹고 나서야 화장을 할 수 있었다.

오후 1시가 넘어서 화장장을 출발하여 천안 우영산업 본사에 도착하였다. 회사에 도착하니 많은 사원들이 두 줄로 서서 회장님의 영구 행렬을 맞아 주었다.
그제야 형님이 돌아가셨다는 실감이 나며 눈물이 났다.
영결식을 마친 후 형님의 영정이 회사를 한 바퀴 돌고, 영구차는 약목을 향해 달려갔다.

형님이 지어놓은 보원재에 도착하니 벌써 오후 5시 반이었다. 영우가 미리 내려와 준비를 해두었기에 장례식은 순조롭게 진행되었다.
평토재와 반혼재를 지내고 서울에서 온 손님들을 올려보냈다.
그날 저녁은 형님을 모시고 보원재에서 첫날밤을 보냈다.
형님이 지으신 이 보원재에서 밤을 보내니 세월의 무상함이 느껴졌다.
날이 밝아 5월 23일이 되자, 일정을 조정하여 삼우제를 당겨 지내기로 하였다.
서둘러 삼우제를 지내고 형님의 영정과 상주들을 서울로 보내니, 슬프고 허전한 마음이 온몸을 감싸 발걸음이 떨어지지 않았다.
영정은 의왕시 청계사에 모시고 49제를 모시기로 하였다.

31. 형님을 청계사에 모시고 49제를 봉행하다

형님을 의왕시 청계사에 모셔놓고 49제를 올리기로 하였다. 모든 제사에 참석할 수 없어 삼제와 구제에만 참여하기로 하였다.

2012년 6월 9일, 약목 보원재에서 출발해 청계사에서 삼제를 올렸고, 제를 마친 뒤 형님댁에서 앞으로의 일을 상의하였다. 이어 장모님이 새로 옮긴 요양병원을 찾아 문병하고 대구로 내려왔다.

7월 7일에는 막제(49제)에 참석하기 위해 다시 청계사를 찾아 마지막 제를 올렸다. 제사를 마친 뒤 형님댁과 장모님이 계신 요양병원을 들러 인사를 드리고 귀가하였다.
　이렇게 형님을 영원히 떠나보내고 나니 마음속에 허전함과 아쉬움이 오래 남았다.

32. 기제사 지내는 방법을 논의하다

  2012년 6월 15일, 고조부님 제사를 지내기 위해 약목 보원재를 찾았다. 형님이 돌아가신 이후, 이번 제사를 마지막으로 고조부모님의 제사를 매혼하기로 하였다.
  이튿날 제사를 지낸 뒤 신위를 산소 옆에 묻고 예를 올렸으며, 할아버지·증조부님의 제사도 같은 방식으로 매혼하였다.

  그 후 형님댁에서 아버님 제사를 지냈는데, 형수님께서 어머님 제사도 함께 지내자고 하셨다. 나는 형수님이 살아 계시는 동안은 따로 모시자고 하였고, 결국 아버님·어머님·형님만 제사를 지내기로 정했다.
  세상의 흐름에 따라 제사 방식도 간소화하게 되었고, 형님이 살아 계셨다면 어찌하셨을까 하는 생각이 들었다.

33. 여수 엑스포를 관람하다

  2012년 여수에서 열린 세계 해양박람회를 관람하기로 했다.
  6월 24일 아침 7시 관광버스를 타고 출발했는데, 비가 내려 걱정스러웠다. 행사장 주변은 차량이 붐볐고, 이순신대교를 지나며 새로운 다리의 공법에 감탄했다.
  여수항에서 유람선을 타고 행사장을 한 바퀴 돌고, 해양생물관(아쿠아리움)과 한국관, 국제관 등을 관람했다.
  시간이 부족해 다 보지 못한 것이 아쉬웠으나, 세계 각국이 참여한 해양박람회를 직접 본 뜻깊은 하루였다.

34. 처의 칠순을 맞아 간단히 행사하다

처는 1945년 3월 23일생(음력 2월 10일)으로, 2014년에 칠순을 맞았다.

형님이 돌아가신 뒤라 조용히 보내고자 간단히 식사 자리를 마련하였다. 서울에서는 처형·처제·처남댁들이, 약목에서는 동생들이 모여 축하했다.

2015년 여름방학에는 동환이와 이서방이 제주도 여행을 주선해 우리 부부와 자녀 가족 9명이 함께 2박 3일간 즐거운 시간을 보냈다.

다만 미국에 사는 중환이네 식구들과 함께하지 못한 것이 아쉬움으로 남았다.

35. 내가 벌써 80세가 되었다

2015년 1월 1일, 어느덧 여든을 맞았다.

예전에는 상상도 못할 나이였지만, 오늘날 의료 발달과 생활 여건 덕분에 건강히 지내고 있음을 감사히 여긴다.

건강을 위해 수십 년간 규칙적인 생활을 지켜왔다.

취침은 밤 11시경, 기상은 오전 6시경으로 정해 습관화하였다.

아침에는 좌욕을 하고, 소금물로 목을 씻어내며 하루를 시작했다.

이러한 작은 실천들이 지금의 건강을 지탱해준 밑거름이 되었다고 믿는다.

36. 우리 내외가 대만 여행을 하다

주변 사람들이 대만 여행을 다녀온 이야기를 하여 우리 내외도 한 번 가보기로 하였다. 대봉동 하나여행사를 통해 2016년 5월 22일부터 25일까지 3박 4일 일정으로 김해공항에서 출발하는 여행을 예약하였다.

5월 22일 아침 일찍 대구를 떠나 김해공항에 도착해 하나여행사 직원의 안내를 받고 12시 5분 비행기로 대만 도원공항에 도착했다. 가이드와 합류해 20명 일행과 함께 여행을 시작하였다.

첫째 날에는 대만 고궁박물관, 용산사, 야시장, 서문정 거리를 둘러보았다. 고궁박물관에서는 왕희지의 서화 등 귀한 유물을 감상하였다. 용산사와 야시장은 대만의 전통과 활기를 느낄 수 있는 곳이었다. 밤늦게 주도호텔에 도착하여 투숙했다.

둘째 날에는 야류 해양공원의 기암괴석과 지우펀 거리의 이국적인 풍경을 감상하고, 101타워 전망대에서 타이베이 전경을 구경했다. 저녁에는 발 마사지를 받으며 피로를 풀었다.

셋째 날에는 기차를 타고 화롄으로 이동해 태로각 협곡, 칠성담 해변, 대리석 공장을 견학했다. 태로각 협곡의 웅장한 절벽과 태평양의 시원한 풍경이 인상적이었다.

넷째 날에는 충열사에서 위병 교대식을 보고, 중정기념관을 관람하였다. 면세점에서 쇼핑을 마친 후 공항으로 이동했으나, 탑승 게이트가 갑자기 변경되어 혼란이 있었다. 한국 도착 후

공항 측에 항의했으나 받아들여지지 않아 아쉬웠다.

　김해공항에서 대구로 돌아와 집에 도착하니 밤 10시였다. 짧지만 알찬 여행이었고, 특히 고궁박물관의 서화와 태로각 협곡의 절경이 오래 기억에 남았다.

대만에 갔다 온 기념으로 시 한 수를 지었다.

　詩題; 訪臺灣.
　赤猿孟夏訪臺灣, 巨島華麗兩海間.
　筆墨右軍觀古博, 登層百壹市望環.
　洋邊萬蝕奇形石, 深谷千尋絶壁山.
　張統國祖中正館, 美多名蹟感銘還.

37. 대학 동기들과 의령을 방문하다

2016년 6월 4일(토), 대학 56동기회원 8명이 의령으로 봄나들이를 떠났다.

아침 8시 50분 동대구역에 모여 시티투어 버스를 타고 안내원의 설명을 들으며 출발했다. 의령에 도착하니 가랑비가 내려 조금 불편했지만, 우산을 쓰고 군청 안내원의 인도를 따라 관광을 시작했다.

첫 방문지는 임진왜란 때 의병장으로 활약한 망우당 곽재우 장군의 유적지였다. 곽 장군은 의령 외가에서 자라 의령 곳곳에 유적이 남아 있다고 했다.

다음은 남강의 정암(鼎岩), 일명 솥바위였다. 강 한가운데 솥 모양의 바위가 있고, 그 세 발은 의령의 세 인물을 상징한다고 했다. 즉 망우당 곽재우, 호암 이병철, 구씨 가문을 가리킨다고 했다.

점심 후에는 호암 이병철 생가를 찾아 그의 삶과 업적을 들었다. 오랜 세월 부유한 집안에서 성장해 삼성의 기틀을 다진 이야기가 인상 깊었다.

이후 일붕사를 방문했는데, 일붕 서경보 종사가 설계한 석굴형 사찰로 독특한 구조가 인상적이었다.

귀로에 나는 이날의 감회를 시로 남겼다.
詩題: 訪宜寧
同僚大學訪宜寧, 孟夏雨天濕葉靑.
創業三星湖巖屋, 龍蛇義將忘憂庭.
鼎模特樣南江島, 寺一鵬成石窟形.
遺蹟善多美保護, 人情豊盛倍加馨.

38. 대장내시경 검사를 하다

 2015년 12월 15일, 대구묵연회 총무 조용만 선생의 아들이 운영하는 대구송도외과에서 배꼽탈장 수술을 받았다. 무거운 물건을 자주 들다가 생긴 탈장이었다.

 이듬해인 2016년은 건강보험공단 종합검진 대상 해였다. 어느 날 대변에 피가 섞여 나와 병원을 찾았더니, 항문 출혈이라며 치료를 받았다. 그러나 증상이 멈추지 않아 6월 11일 위·대장내시경 검사를 받았다.
 검사 결과, 대장에 여러 개의 용종이 발견되어 제거하였는데, 그중 큰 용종 하나가 선종(암 전단계)으로 판명되었다. 제거 후 출혈이 계속되어 입원 치료를 받았다.
 그때 아내와 아들 동환이의 걱정이 컸다. 다행히 치료가 잘 되어 완치되었지만, 이후로도 늘 건강에 주의를 기울이게 되었다.

39. 대구시 원로작가 초대전에 참가하다

2016년 11월 8일부터 13일까지, 대구문화예술회관 제11전시실에서 (사)한국서예협회 대구광역시지회 주최로 열린 「붓길 인생」 대구 원로작가 10인 초대전에 참여했다.

참여 작가는 소음 권오경, 백산 김부기, 약산 김영훈(본인), 여암 김재현, 운곡 남충길, 백천 류지혁, 경전 박재갑, 죽파 소병철, 목암 유장식, 원담 이태준 선생님들이었다.

전시 개막식에서는 붉은 카펫 위를 걸으며 작가 소개와 화환 증정이 이어졌고, 서예협회 이사장의 축사와 내빈들의 격려 속에 감격스러웠다.

바쁜 일정에도 동생 영우, 아들 동환, 사위 이성용이 참석해 주어 더욱 뜻깊었다.

'붓길 인생'이라는 전시 제목처럼 내 인생의 한 획을 남긴 전시였다.

40. 미국 동부와 캐나다를 여행하다

• **여행 목적**: 미국 동부와 캐나다를 관광하며 미국에 사는 아들 중환을 만나는 것
• **기간**: 2017년 7월 5일 ~ 7월 13일 (9일간)
• **여행사**: 한국 하나투어 / 현지 동부여행사

7월 5일 새벽, 인천공항행 버스를 타고 출발하여 아시아나 항공으로 뉴욕 JFK공항에 도착했다.

입국 후 현지 가이드 김인준 씨를 만나 첫 일정을 시작했다.

뉴욕에서는 맨해튼, UN본부, 차이나타운, 5번가를 둘러보고, 유람선을 타고 자유의 여신상을 보았다. 엠파이어 스테이트 빌딩 전망대에서 내려다본 뉴욕의 야경은 장관이었다.

워싱턴 D·C.에서는 백악관, 국회의사당, 링컨기념관, 한국전 참전기념비 등을 관람했다.

나이아가라 폭포에서는 제트보트와 유람선 탑승 등 모든 선택 관광을 즐겼다. 폭포 물줄기를 직접 맞으며 장대한 자연의 힘을 느꼈다.

그곳에서 아들 중환 내외와 손자 현우를 만나 반가운 시간을 가졌다. 멀리 타국에서 만나니 감회가 더욱 깊었다.

이후 토론토·퀘벡·천섬·몽모랑시 폭포 등을 둘러보며 캐나다의 풍광과 문화를 체험했다. 여행 막바지에는 뉴욕 맨해튼 야경 투어로 황홀한 불빛의 도시를 감상했다.

7월 13일 귀국길에 올라 인천공항을 거쳐 대구에 도착하니 자정 무렵이었다.

긴 일정이었지만, 생애 다시없을 뜻깊은 여행이었다.

41. 여래실묘원 조성과 파조 정조공 단소 설단

1. 여래실묘원 조성 결의
　선산 원동의 묘소들이 산재하고 무너져 있으며, 영모재 또한 퇴락하여 정비가 시급하였다. 이에 2016년 3월 4일 약목종중 대종회에서 묘소를 약목의 적당한 곳으로 옮기기로 결의하였다.
　2017년 3월 4일에는 '여래실묘원 이장추진위원회'를 조직하고, 위원장에 정목, 위원으로 영우·영구·영보·영기·영백·관목, 고문은 내가 맡았다.
　같은 해 3월 13일에는 남계리 309번지 부지를 김우식으로부터 매입하기 위해 선산의 논과 밭을 처분하여 구입하였다.

2. 파조 정조공 설단 추진
　우리 정조공파의 숙원 사업이던 파조 설단을 묘소 이장과 병행하기로 2017년 9월 20일 약목종중회의에서 결의하였다.
　이에 대구 일선회와 각 문중에 협조를 요청하고 여러 차례 협의를 거쳤다.
　같은 해 9월 23일, 우산장학문화재단으로부터 정조공 설단 성금 1천만 원을 지원받아 설단비를 제작하기로 하였다.
　비문은 2007년 '정해대동보' 발간 시 내가 작성했던 설단문을 그대로 사용하였으며, 이번에도 직접 글씨를 써서 제작하였다.

3. 묘소 이장과 고유제 봉행
　2018년 봄, 여래실묘원 조성이 완료되어 선산 묘소 이장을 위한 고유제를 봉행하였다.
　먼저 비석을 옮기고 이어 묘소를 이장하였으며, 많은 종원들이 참석하였다.

특히 임란공신의 묘 앞 월석에는 태극문양이 새겨져 있어 그대로 보존하기로 하였다.

4. 파조 정조공 설단비 제막식 및 여래실묘원 준공식

2018년 5월 26일, 여래실묘원이 완공되어 파조 정조공 설단비 제막식 및 고유제, 준공식을 거행하였다.

대종회 호용 회장님을 비롯하여 거창에서 종손 기수씨 등 여러 문중 인사들이 참석하였고, 특히 거창 소감공문중에서는 버스를 대절해 30여 명이 함께하였다.

행사는 성대하고 엄숙하게 진행되었다.

5. 고유제 및 준공식 진행

고유제의 초헌관은 종손 기수씨, 아헌관은 대종회장 호용씨, 종헌관은 추진위원장 정목씨가 맡았으며, 축문은 내가 직접 지어 낭독하였다.

준공식에서는 추진위원장 정묵의 인사말, 종손 기수씨의 인사, 호용 대종회장의 축사에 이어 내가 단소 설단비의 비문 해설과 여래실묘원 조성의 내력을 설명하였다.

이로써 오랜 숙원이던 정조공파 단소 설단과 묘원 조성 사업이 마무리되었다.

　正朝公設壇告由祝文.
　維歲次戊戌四月丁未朔十二日戊午.
　　二十代孫基洙敢昭告于.
　顯二十代祖考正朝公府君.
　顯二十代祖妣安人金氏.
　顯二十代祖妣安人羅州鄭氏.
　恭惟祖先　麗末正朝　純忠嗣脉　聯赫繼顯　天稟有德　忠孝廉

謹 早登桂籍 善州首吏.

　倭人侵奪 焚燒廨舍 黎民文籍 藏入金山 無爲俘虜 鄉人保全 不失簿書 護國安慰.

　多事愚昧 未奉追遠 今爲代石 用衛神明 敢告事由 敬薦苾馨 伏惟.

　尊靈 是憑是安,

42. 2018년 7월 28일~8월 8일 동유럽 여행

2018년 2월, 동환이가 장녀 지우의 연세대 경제학과 입학을 기념하여 가족여행을 계획하며 우리 내외도 함께 가자고 하였다.
여행 경비는 동환이가 부담한다고 하였으나 미안한 마음에 1인당 300만 원씩은 우리가 부담하기로 하였다.

7월 28일 새벽 2시 반에 기상하여 3시 40분 고속버스로 인천공항 제2터미널로 향했다.
13시 5분 출발 예정이던 대한항공이 30분 지연되어 출발, 약 10시간 비행 후 독일 프랑크푸르트 공항에 도착하였다.
현지 가이드 박환석을 만나 본트마르팀 호텔에 투숙하였다.

[여행 일정 요약]
- **제2일**: 오스트리아 로텐부르크와 잘츠부르크 시내 관광, 모차르트 생가와 '사운드 오브 뮤직' 촬영지 방문
- **제3일**: 절츠캄머구트 호수지대, 호엔잘츠부르크 성, 할슈타트 마을 관광
- **제4일**: 슬로베니아 블레드성과 류블랴나 구시가지 탐방
- **제5일**: 발칸반도의 국립공원(유네스코 지정 자연유산)과 자다르 나로디니 광장 관람
- **제6일**: 두브로브니크 성벽 투어와 유람선 관광
- **제7일**: 스플리트 디오클레티안 궁전, 성당 관람
- **제8일**: 자그레브 구시가지 관광 후 헝가리 부다페스트로 이동, 다뉴브강 야경 유람선
- **제9일**: 부다페스트 시내 관광 및 슬로바키아 브라티슬라바 구시가지 관람

- **제10일**: 오스트리아 비엔나 궁전과 체스키 크롬로프성 관광 후 체코 프라하로 이동, 야경 관람
- **제11일**: 프라하성 조망과 올드카 투어 후 귀국(비행기 출발 1시간 이상 지연)

여행 중 아내가 심한 변비로 고생을 하였으나, 동유럽의 문화유산과 아름다운 풍경이 깊은 인상으로 남았다.

43. 서울 여행

2019년 5월 4일, 처형과 처제와 함께 길상사를 방문하였다.

그 후 2019년 7월 12일에는 다시 서울을 찾아 태봉을 구경하였다.

두 번 모두 처형과 처제가 동행하여 즐겁고 뜻깊은 시간을 보냈다.

44. 형수님 별세

형수님은 2021년 6월 29일(음력 5월 30일)에 별세하셨다.
형님과 결혼하신 뒤 평생 고생만 하신 것이 생각나 더욱 마음이 아팠다.
가정환경과 생활방식이 달라 어려움이 많았으나, 형님은 성격이 무뚝뚝하여 속내를 자주 나누지 못하셨다.

1968년 영천 산동고등학교 근무 중 대구 연수에 참여했을 때, 형님댁에서 머문 적이 있었다. 그 무렵 형님은 삼립공업사 공장장으로 일하며 동촌 사택에서 생활하고 계셨다.
형수님은 어느 날 밤늦게 나에게 형님 이야기를 하시며 속마음을 털어놓으셨는데, 형님은 워낙 바쁘셔서 그런 이야기를 나눌 겨를이 없었던 것이다.

형수님은 형님 별세 후 약 9년을 더 사시다 세상을 떠나셨다.
장례식은 불교식으로 치러졌으며, 유골은 약목 방산묘원에 모시고, 청계사에서 불교 의식에 따라 모든 절차를 진행하였다.

45. 『중용완해』 출판

약산서실에서는 서예 교육과 함께 한문 교육을 병행하였다.

처음에는 천자문을 세 번 이상 익히게 하고, 이후 명심보감·소학·대학·중용·맹자·논어·시경·서경·주역에 이르기까지 공부하였다.

21년간 약산서실을 운영하면서 한문 공부를 두 바퀴 돌 정도로 꾸준히 이어갔다.

서실 운영이 끝난 뒤, 그동안의 공부를 책으로 남기고 싶어 『중용완해』를 컴퓨터로 정리하여 출판하기로 하였다.

신문 광고를 통해 알게 된 한비출판사를 찾아갔더니, 사장 김영태 씨가 우연히 나와 같은 일선 김씨 화이군파 31세손이었다. 항렬이 같고 나이가 많아 '형님'이라 부르며 인연이 생겼다.

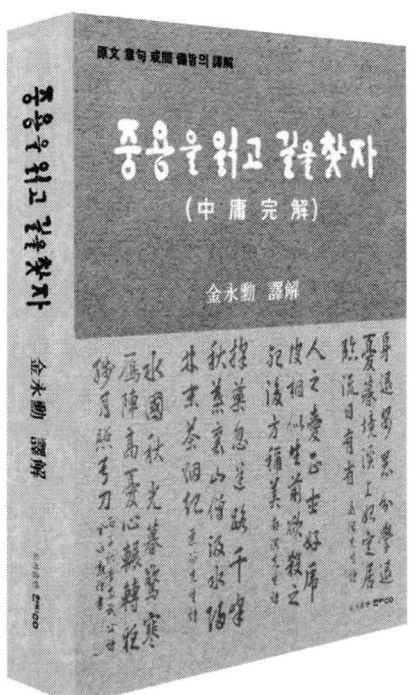

그 인연으로 다른 출판사로 옮기지 않고, 2022년 3월 15일에 출판을 의뢰하였으며, 2022년 10월 19일에 『중용완해』가 출판되었다.

책값은 출판협회와 협의하여 4만 5천 원으로 정하였다.

46. 서울 청와대 방문

2023년 2월 25일, 우리 내외와 처형, 처제가 함께 청와대를 방문하였다.

개방된 청와대의 전 구역을 천천히 둘러본 뒤, 인근 식당에서 식사하고 귀가하였다.

47. 송림시서영수회의 회장직 사임

송림시서연구회는 한시를 짓고, 그 시를 직접 붓글씨로 써서 표구·전시하는 모임이다.

이승필 선생이 창립하여 한시 창작법을 지도하였고, 해마다 야외 시회를 열어 우수작을 시상하였다.

나는 창립 1년 뒤 회원으로 가입하였으며, 이후 회장이 별세한 후 수년간 회장을 맡아왔다.

그러나 시력이 점차 나빠져 더는 활동을 지속하기 어려워 2023년 9월 16일, 회장직을 사임하였다.

48. 대구묵연회의 회장직 사임

대구묵연회는 1975년에 창립된 단체로, 대구·경북의 뜻있는 서예작가들이 모여 매달 과제를 정하고 서로의 작품을 평가·격려하며 공부하는 모임이다.

이 단체는 지난 50년 동안 지역 서예계의 중심 역할을 하며 수많은 작가를 배출하였다.

나는 1978년부터 회원으로 참여하였고, 이후 총무와 부회장을 거쳐 2013년부터 회장직을 맡았다.

그러나 최근 시력이 좋지 않아 10년 동안 이어온 회장직을 내려놓고 2024년 1월 15일, 사임하였다.

49. 『대학완해』 출판

『중용완해』와 마찬가지로 『대학』 역시 원문만 있고, 장구(章句)·혹문(或問)·비지(批旨) 등의 해석이 없어
이를 상세히 풀이하여 새롭게 정리하기로 하였다.

책 제목은 『대학완해』로 정하고, 표지에는 "젊은이여! 대학을 읽고 뜻을 세우자."라는 문구를 넣어 젊은 세대가 꼭 읽고 뜻을 세우기를 바라는 마음을 담았다.

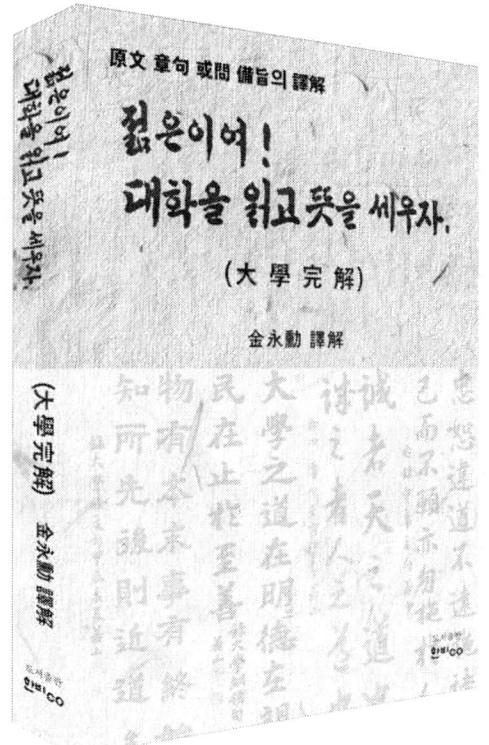

이에 『대학완해』 출판을 한비출판사에 의뢰하였으며, 현재는 후속작으로 『소학완해』 집필을 진행하고 있다.

50. 정조공파 종친들의 총회를 개최하다.

 2024년 11월 23일~24일(1박 2일)에 정조공파 종인들을 안동국학원에서 정조공파가 생긴 이후 처음으로 총회를 개최하였다. 거창의 3파 종원들과 약목, 장천, 선산의 종인들 100여 명이 한자리에 모였다. 정조공파 종친회장님의 인사와 전국 선산(일선) 김씨 대종회장님의 인사가 있은 후에 내가 효(孝)와 종친들의 단합에 대하여 강의를 하였다. 이렇게 하여 총회가 끝이 났다.

51. 칠곡군민회의에서 김유환 우산장학 문화재단 이사장이 군민상을 받다

 우산장학문화재단이 군민에게 장학 사업과 문화 창달 및 효행을 실천하게 한 공로로 군민상을 받는 무척 기쁜 일이 있었다. 나도 그날 시상식장에 참석하여 같이 축하를 해 주었다. 이 모든 것이 우산 형님이 멀리 내다보는 혜안이 있어 얻어진 결과라고 생각한다.

52. 동환이와 우리 내외가 같이 여행을 가다

    2025년 여름 방학 때를 이용하여 대학 일이 바쁜 중에도 동환이가 우리 내외를 데리고 8월 11일~12일 (1박 2일) 동안 여행을 갔었다.
    동환이가 원래 계획은 더 많은 기간을 계획하고 출발하였다. 11일 아침 일찍 출발하여 원래는 부산을 가고 다른 곳으로 갈려고 하다가 가까운 경주부터 관광을 하고 가기로 하고 경주부터 관광을 하였다. 먼저 첨성대 앞의 고궁을 보고 호미곶에 가서 전시장을 보고 점심을 먹고 황룡사지의 무너진 목탑 만드는 모형을 구경하고 호텔에 투숙하였다.

    아침에 일어났더니 갑자기 변비가 와서 겨우 용변을 하고 아침은 호텔의 간편한 식사로 하고 포항으로 향하였다. 포항에 도착하여 포항제철 전시장을 관람하고 점심을 윤남희의 코다리 정식을 아주 맛있게 먹고는 울산으로 갔다.
    저녁 식사를 먹고 나니 비가 와서 처(妻)가 그만 집으로 가자고 하는데 나는 배가 약간 아팠다. 그래서 대구 집으로 돌아왔는데 나는 대변이 나오지 않았다. 변비였다.
    다음 날 아침에 밥도 조금 먹고 병원에 가서 변비약을 먹으니 한 시간 정도 지나니 대변이 나왔다. 집으로 온 것이 잘한 일이었다. 그 후로 변비약을 먹고 있다.

53. 장남 김중환이가 '혀' 수술을 하다

중환이가 2024년 4월 23일 미국에서 들어와 큰 처남이 대구 영남대 병원의 병원장으로 있는 영남대병원에서 혀 수술을 받고 돌아갔다.

장남 중환이는 경북대학교 공과대학 전자공학과를 졸업 후 군대를 면제해주는 현대전공에 취직하고 시간을 내어 한양대학교 대학원에 진학하여 석사학위를 받았다.
석사학위 수여식에도 나는 학교 일로 참석하지 못했다. 현대전공이 한국철도차량(주)로 합병되면서 수원에서 근무하다가 미국 Ansaldo-STS로 입사하여 가족 전원이 미국에 가서 지금도 같은 회사에 이사로 근무 중이다.

중환이의 처(妻) 김은숙은 경북대학교 사범대학 가정과를 나와서 경북에 발령받아 중등학교 교사로 있다가 중환이와 결혼 후 교직을 사임하고 중환이와 수원에서 살면서 남매를 키우다가 미국으로 갔다.
미국에서도 여러 가지 일을 하면서 살고 있다. 장손녀인 김지아는 수원에서 초등학교를 다니다가 미국에 가서 공부를 하여 의과대학교에서 치과를 전공하고 지금은 치과의사로 병원에서 근무 중이다.

둘째 김현우도 수원에서 초등학교를 다니다가 미국에 가서 공부를 하여 약학대학에 입학하여 약사가 되어 회사에 열심히 근무하고 있다.

54. 차남 김동환의 큰딸 김지우가 신용보증기금 원주지사에 입사를 하다

   김동환의 장녀인 김지우가 2025년 7월에 실시한 입사시험에 합격하여 강원 신용보증재단 원주지사에 근무를 하고 있다.
   김동환은 경북대학교 수의과대학을 졸업하고 화학연구소에 입소하여 근무하면서 대학원에서 공부해 석사학위를 받고 또 더 연구하여 박사학위를 받았다.
   그리고 동아제약연구소에 입사하여 근무하던 중에 2014년 대전의 건양대학교에 교수로 채용되어 근무 중이다.
   이같이 바쁜 가운데 같은 과에서 공부하고 같이 화학연구소에 근무하던 수의사 석사인 이정숙과 결혼을 하였다. 지금은 제약회사에 근무 중이다.

   동환이의 장녀인 지우는 연세대학교를 졸업하고 신용보증재단에 합격하여 근무를 하고 있다.

   둘째 딸 지호는 2023년 홍익대학교 건축학과에 합격하여 열심히 다니고 있다.

55. 부산의 외손자 이형목이 2021년 12월 14일에 군에 입대를 하다

부산으로 시집간 김경은의 외동아들 이형목이 입대를 했다. 김경은은 정화여고를 졸업 후 유아교육과를 희망하여 유명한 영진전문대학의 유아교육과에 입학하고 졸업 후에 바로 유치원에 입사하여 활동을 하던 중 우연히 부산의 이성용을 만나서 결혼을 하였다.

사위 이성용은 대학교 경영학과에서 공부를 하고 부친께서 운영하시는 ㈜삼보주유소에서 회사를 운영하고 있으며 부산에서 열심히 사회 활동을 하고 있다.

경은이의 외동 아들인 형목이는 부산에서 초등학교, 중학교에서 성적이 우수하므로 주위에서 영국 유학을 시키는 것을 권하고 집안에서도 영국 유학을 권하여 영국으로 유학을 떠났다. 고등학교 과정부터 영국에서 공부를 하고 대학도 영국에서 공부를 시켰다.

나이가 들어 군대를 가게 되어 군에 입대를 하고 2023년 초에 제대를 하였다. 그리고 영국으로 가서 공부를 계속하여 2025년 봄 학기에 맨체스터 대학을 우수한 성적으로 졸업한 후 귀국하여 취업을 하였다.

56. 지금 나 김영훈과 아내 신홍자는 그래도 바쁘게 살고 있다

얼마 전에 약목에 사는 동생 김영우(전 약목초등학교 교장)가 나를 찾아와서 금년이 음력으로 내가 90살이 되므로 구순 잔치를 할 것을 권하므로 나는 거절하였다.

지금 나이만 먹었지 주위 사정이 구순 잔치는 하지 않겠다고 거절하고 형제들만 모여 하루를 보내기로 하였다.

나는 옛날에 우리 집안의 가례를 정비할 필요가 있다 하여 아버님이 계실 때는 집안의 가례를 옛날부터 할아버지가 참고했던 '가례대요'라는 한문으로 된 책을 참고하여 지금에 맞게 정리하여 2002년 9월에 '가례초록'을 태양기획인쇄소에서 만들어 약목 종중과 장천의 종중에 사용을 하고 있었다.

그 후 2024년에 거창의 정조공파 후손들에게도 나누어 주었다.

또 재직 중에 상고회(尙古會)를 조직하고 전국의 유명한 곳을 탐방한 것을 2011년 11월에 한아름 문화사에서 상고회지로 만들어 회원들에게 나누어 주었다.

약산서예학원을 그만두고 그동안 하지 못했던 일을 열심히 하며 살고 있다. 그래서 '중용완해'를 책으로 만들고 '대학완해'도 만들었다. 또 '소학완해'도 만드는 중이다.

아내 신홍자는 나에게 시집와서 너무나 고생을 한 것을 잊을 수가 없다. 우리아이들 키우고 출가 시키고 형님은 서울에 계시니 고향의 봉제사며 묘제사 등을 하는데 고생이 많았다고 지금 이 글로 전한다.

6장
서예관계
[書藝關係]

(一) 書藝

1. 書藝 공부를 始作하다

<1973年 4月 5日 鳳岡書道會에 入門(素軒 金萬湖先生 師事)하여 書藝를 始作하다.>

1972년 5월에 남산여고에 부임한 후에 학교생활이 바쁜 중에 취미 생활 한 가지를 하고 싶은 생각을 하고 있었다. 그런데 어떤 선생은 테니스를 열심히 치며 운동을 하고, 어떤 선생은 그림을 그리기도 하였다.

1973년 3월 초 신학기가 되어 물리과 양태지 선생이 김재완 선생의 소개로 봉강서도회에 가서 서예 공부를 하기로 하였다는 이야기를 듣고, 나도 서예 공부를 해보고 싶은 생각이 났다. 그래서 퇴근하고 집에 와서 처(妻)와 상의를 하였다. 그랬더니 처도 좋은 생각이라고 하여 서예를 공부하기로 하였다.

1973년 4월 5일 식목일에 행사를 마치고 양태지 선생을 따라서 중구 대봉동에 있는 상주한의원을 찾았다. 상주한의원의 원장이시며 봉강서도회 회원을 지도하고 계시던 소헌 김만호 선생님께 인사를 드리고 서예를 가르쳐 주시기를 청하였다. 그러나 아무런 말씀도 하지 않으시고 있어서 그날은 그대로 돌아왔다.

다음 날 오후에 다시 찾아가서 인사를 하였으나 아무런 말씀이 없었다. 나는 나름대로 생각하기를 스승에 대한 예의를 갖추지 않았다는 생각이 났다.

그래서 서문시장으로 달려가서 명태 한 쾌와 명주 한 필을 사 가지고 와서 소헌 선생님 앞에 놓고 큰 절을 하였다. 그러고 나서 내가 선생님께 말씀을 드리기를 '제가 서예를 배우려고 왔습니다. 저를 가르쳐 주십시오'라고 정중히 청하였다. 그랬더니 선생님이 말씀하시기를 '내가 바빠서 어제는 말을 못했는데 성의가 있구나'라고 말씀하시면서 화선지를 내어 놓으시고 붓으로 이름과 본관을 쓰라고 해서 비로소 선생님의 제자가 되었구나 라고 생각했었다.

그날 이후로 삼덕동의 우리 집과 멀지 않아서 매일같이 서실에 가서 열심히 서예 공부를 하였다. 때로는 오후에 고등학교 3학년을 담임할 때는 자습시켜 놓고 서실에 와서 공부를 하기도 하였다.

1974년 3월부터는 저녁 시간을 내어서 수성동에 계시던 낙운(洛雲) 김인권(金寅權) 선생에게 한문(논어)을 수 년 동안 수학하고 사군자는 雪窓 張凌雲에게 수학(修學)하였다.

2. 처음으로 書藝展에 出品하다

봉강서도회에 입문한 후로 한 번도 서예 작품을 만들어 보지 못하여서 다른 회원들이 작품을 만들어서 전시하는 것이 무척 부러웠다.

어느 날 소헌 선생님께서 나를 부르시더니 이번 봉강서도회 원전에 한 번 작품을 내도록 하라는 말씀을 듣고 무척 기쁘면서도 두려웠다. 그래서 빨리 출품할 명제를 정하였다. 중용의 한 구절인 "물유본말 사유종시 지소선후 즉근도의(物有本末 事有終始 知所先後 則近道矣)"를 정해 주셔서 구양순체로 매일 연습을 하여 출품을 하였다. 이것이 내가 최초로 작품을 만든 것이었다.

전시는 1975년 4월 16일부터 21일까지 대구백화점 화랑에서 제8회 봉강서도회 서예전이 열렸다.

이 소식을 아버님께 말씀을 드렸더니 전시가 끝난 후에 약목 집으로 가지고 오라고 말씀하셨다. 나는 내 첫 작품이라서 내 방에 걸어 놓고 싶었으나, 아버님이 말씀하시기 때문에 약목에 가지고 가서 아버님이 거처하시던 방 앞에 걸어두었다. 그랬더니 아버님께서 오는 사람들에게 이 작품을 자랑하시던 생각이 난다.

어느 날 아버님이 대구에 오셔서 선산 재실에 현판을 만들 것을 말씀하시면서 몇 가지를 써서 주기를 부탁하셨다.

그러나 지금 배우는 나는 현판을 쓸 수가 없음을 말씀을 드렸더니, 하루는 나에게 말하시기를 현판은 영목이 형님이 서울의 서예가에게 부탁을 하였으니 재실 문(門)의 현판과 주련을 부탁하여 써서 만들어 주기도 하였다.

그 후 1976년 5월 1일부터 5일까지 제9회 봉강묵연회원전이 대구 시립도서관 전시실에서 열렸는데 중용 1장 '천명지위성(天命之謂性)' 2곡병(曲屛)을 출품하였다. 이후로는 매년 한 번도 빠지지 않고 출품하였다.

3. 영호남 서예 교류전이 열려서 참가하다

광주에 계시던 송곡 안규동 선생님이 소헌 선생님과 친분이 있어서 대구에 와서 하룻밤을 주무시고 나서는 송곡 선생님의 개인전을 대구에서 열도록 주선을 부탁하는 가운데 교류전 문제가 생겨서 개최하기로 합의를 하였다.

광주의 송곡 안규동 선생이 지도하는 광주필진회와 대구의 소헌 김만호 선생이 지도하는 봉강서도회가 매년 오가면서 개최하기로 하였다.

제 1 회인 1976 년에는 광주에서 열기로 하고 내년에는 대구에서 열기로 하였다. 그래서 나도 출품하기로 하고 준비를 하였다.

대구에서 작품을 준비하여 광주로 보내면 광주에서 표구를 하여 전시를 하기로 하였다.

1976 년 12 월 23 일부터 29 일까지 제 1 회 영호남 서예 교류전을 광주 전남미술관 전시실에서 열렸다.

나는 '임화경우(林花經雨)'를 출품하였다. 개회식에 참석하기 위하여 봉강 회원 10 여 명이 22 일에 광주에 가서 1 박을 하고 개전식에 참가하였다.

나는 학교 수업 관계로 참석하지 못하였다. 영호남과의 문화 교류는 많지 않은 가운데 우리 서도회에서 광주와 인연을 맺고 실시하니 영호남의 인적, 물적 교류뿐만 아니라 문화의 교류로 더욱더 뜻이 있는 행사였다.

다음에는 1977 년 5 월 5 일부터 10 일까지 제 10 회 봉강연묵회 회원전을 겸하여 제 2 회 영호남 교류전을 대구 시립도서관 전시실에서 열렸는데 나는 '극기명(克己銘)' 8 곡병을 출품하였다. 그리고 광주필진회 회원 10 여 명이 5 월 4 일 오후에 와서 1 박을 한 후에 개전식에 참가하였다.

1978 년 4 월 29 일부터 5 월 5 일까지 제 11 회 봉강연묵회 회원전이 대구 시립도서관 전시실에서 열렸다. 나는 '도리원서(桃李園序)' 2 곡병과 '득호우래(得好友來)'를 출품하였다.

그리고 1978 년 6 월 15 일부터 20 일까지 제 3 회 영호남 서예 교류전이 광주 전남미술관에서 열렸다. 나는 '득호우래(得好友來)'를 출품하였고 나도 6 월 14 일에 광주에 가서 1 박을 하고 개전식에 참석하고 돌아왔다. 그때 송곡 선생님이 '약산소월(若山素月)'이라는 작품을 써서 주셨다.

1979 년 5 월 1 일부터 6 일까지 제 12 회 봉강연묵회 회원전 및 제 4 회 영호남 서예 교류전이 대구 시민회관 전시실에서

열렸다. 나는 '사무사(思無邪)'와 '거화취실(居華就實)'을 출품하였고 광주에서 역시 10여 명이 개전식에 참석하였다.

4. 처음으로 공모전에 입상을 하였다

　몇 년 동안 서예를 공부하였으므로 공모전에 출품해보는 것도 의의가 있는 것 같아서 소헌 선생님의 권유도 있고 하여 출품해보기로 하였다. 한 달 가까이 준비를 하여 경상북도 서예대전에 출품하였다.
　처음으로 공모전에 출품하므로 다른 사람들보다 잘 해보겠다는 생각으로 학교 수업도 있지만 서예에 정성을 더 쏟았다. 준비하는 동안 선배 선생님들의 많은 도움을 받으며 열심히 준비를 하였다. 시일이 임박하여서는 서도회 사무실에서 늦게까지 준비를 하면서 고생도 많았다. 1979년 5월 20일에 작품을 만들어 출품하였다.
　드디어 발표하는 날이 다가왔다. 1979년 5월 26일 매일신문에 경상북도 서예대전 입상자가 발표되었다. 나는 처음으로 입선하였다. 명제는 '오도손시평절록(敖陶孫詩評節錄)'을 출품하였다. 앞으로 기회가 있을 때는 공모전에 자주 출품해야겠다는 생각을 하였다.
　입상작품 전시는 1979년 6월 26일부터 7월 2일까지 대구시민회관에서 열렸는데 시상식은 6월 26일에 하여 상장을 받아왔다. 시상식에는 경상북도 김무연 지사가 참석하여 직접 시상을 하였다.
　내가 처음으로 공모전에 입상한 사실을 아버님이 아시고는 아주 기뻐하시고 더욱더 열심히 하라고 말씀을 하시고는 소헌 선생님을 만나보시기를 원하셨다. 그래서 아버님이 고혈압으로 몸이 불편하여 우리 집에 며칠 계실 때 모시고 가서 아버님과 소헌 선생님이 처음으로 인사를 한 적이 있었다.

5. 한문 공부를 다시 시작하였다

서예를 공부를 하면서 내가 한문이 부족함을 느끼고 한문 공부를 해보고 싶었다. 평소에는 소헌 선생님께 조금씩 배우기도 하였고 또 앞의 낙운 선생님께 논어를 조금 배우기도 하였으나 많이 부족하였다.

그래서 우리 서도회의 전 회장이신 소원 이수락 선생님이 향교에서 한문을 지도하신다는 것을 알고 1979년 여름 방학인 7월 20일부터 향교의 소원 이수락 선생님을 찾아가서 한문을 수학하기 시작을 하였다.

향교에서 한문 공부는 월요일부터 금요일까지 매일 아침 7시부터 8시까지 한 시간씩 강의를 하였다. 월, 수, 금은 사서(논어, 맹자, 대학, 중용)를 연속해서 강의를 하고 화요일은 고문진보를 강의하고 금요일에는 산고만록(소원 선생님의 자작 문집)을 강의하였다. 방학 중에는 열심히 다닐 수 있었으나 개학한 후에는 아침을 6시에 먹어야 했고, 학교의 출근 시간이 8시이므로 강의를 다 듣지도 못하는 경우가 있었다.

또 학교 행사가 있을 때는 강의를 많이 빠져야만 했었다. 방학 중에는 열심히 향교에 나가서 공부하고 평소에는 등록만 하고 빠지는 경우가 많아서 소원 선생님에게 말씀을 드렸으나 미안한 마음이 많았다.

1980년 3월 20일의 총회에서 담원 고의환 선생님이 회장이 되셨다. 이전까지는 청사 박선정 선생님이 회장을 하시고 청하 박희동 선생님이 총무를 하시다가 청하 선생이 영남한림원 서실을 개원하고 나서 나에게 총무를 넘겼다. 이때부터 내가 총무를 했다.

내가 총무가 된 후에 봉강서도라는 이름이 맞지 않다는 의견이 많았다. 처음에는 봉강서도회라고 하다가 '서도'는 일본식 이름이라고 하여 개명한 것이 1976년부터 봉강연묵회라고 하고 있었다.

그래서 회원들이 중국은 서법이라 하고 일본은 서도라고 하고 우리나라에서는 '서예'라고 하니 이름을 정확하게 정하도록 하자는 의견이 있어서 나는 담원 고의환 회장님과 같이 우리 회의 고문이신 서울에 계시는 원곡 김기승 선생을 찾아가서 자문을 구하기로 하였다.

그래서 담원 회장님을 모시고 서울의 원곡 선생님을 찾아가서 상의하고 왔었다. 그리고 소헌 선생님에게 결과를 말씀드린 후에 회원들과 상의하여 '봉강연서회(鳳岡硏書會)'라고 이름을 바꾸기로 하였다.

- 1980년 5월 1일~6일 제13회 봉강연서회 회원전 '경재잠(敬齋箴)' 8곡병과 '지성무식(至誠無息)'을 출품하였다.
- 1981년 5월 1일~5일 제14회 봉강연서회 회원전 '장자동명(張子東銘)' 8곡병과 '수체심연(水滯深淵)'과 '효우(孝友)'를 출품하였다.
- 1982년 7월 1일~5일 제15회 봉강연서회 회원전 및 제5회 영호남 서예 교류전 대구 시민회관. 나는 '지성무식(至誠無息)'을 출품하였고 광주필진 회원이 참석하였다.

6. 소헌 김만호 선생님의 서집을 발간하다

소헌 선생님의 서집을 계명대학교의 주선으로 1992년 초부터 봉강연서회의 결의로 준비를 하기 시작하였다.

편찬 위원은 계명대학교의 김영태, 윤가호, 김남현, 배인호, 장진필 교수와 고의환 봉강연서회 회장, 이수락 홍도학원 원장을 모셨다.

편집 위원으로는 봉강연서회 부회장 김대환, 우상홍과 총무인 김영훈, 서기 박혁수, 회원인 이정배, 유덕길, 양태지였다.

그러나 자료를 수집하는 데 선생님의 장남인 김상대 교수와 나와 박혁수가 주로 수고를 많이 했다. 자료를 수집할 때는 박혁수와 내가 주로 다니면서 현판 사진도 찍고 내가 바쁠 때는 박혁수 혼자 가서 사진을 찍었다. 그리고 탁본을 할 때는 탁본하는 법을 배워서 여러 곳을 다니면서 고생이 많았다.

그리고 책을 편집할 때는 경북인쇄소의 최상희 사장과 김상대 교수, 박혁수 그리고 내가 주로 일을 하였는데 며칠 밤을 보내기도 하였다.

편집이 되고 나니 출판이 문제였다. 출판의 경비는 주로 계명대학교의 신태식 총장님의 주선으로 진행하였다.

그러던 중에 서집의 출판을 앞두고 계명대학교 신태식 총장님이 타계하시고 나서 어려움이 많았다. 그러나 동산도서관 개관을 기념하여 만들고 또 동산기념도서관 개관 기념으로 '동산기념도서관'이라는 현판 글씨도 소헌 선생님이 직접 써주고 하여 무난히 해결되었다.

출판 후에 전국의 각 도서관과 여러 곳에 배부하는 데 담원 고의환 선생님과 나는 여러 곳을 다니면서 배부하기도 하였다.

7. 嶺南書藝人 聯合展이 열였다

　대구의 서예인 들과 부산의 서예인 들이 같이 참석하는 서예인의 단합하는 모임이 있으면 좋겠다는 의견이 많았다. 그래서 대구의 서예가협회의 수촌 서경보선생과 부산의 청남 오재봉선생이 만나서 연합회를 구성하기로 하였다.
　그래서 화합하는 좋은 방법은 전시회를 개최하는 것이었다. 그러면 서예인들이 한자리에 모이게 되고 자연히 연합회가 되리라고 합의를 보았다 그리고 전시회를 매년 1회씩 돌아가면서 전시하는 것이 좋겠다고 결정이 났었다.
　그래서 출품할 희망자를 모집하였다 결과 너무 많은 사람들이 참석하려고 하므로 선별하는데 고생이 많았다
　그렇게 하여 1982년 12월 15일부터 第1回 嶺南書藝人聯合展이 부산에서 열였다. 나는 학교 수업관계로 참석하지 못하고 작품만 출품하였다. 이후부터 매년 실시하였다.

- 1983년 4월 24일부터 29일까지 제6회 영호남 서예 교류전이 광주에서 열렸다. 나는 '도리쟁연(桃李爭姸)'을 출품하고 광주에 가서 참석하였다.
- 1983년 5월 1일~5일 제16회 봉강연서회 회원전 '주자 물심음(朱子 物心吟)', '법고창신(法古創新)', '송풍수월(松風水月)'.
- 1984년 5월 1일~5일 제17회 봉강연서회 회원전 '반야심경(般若心經)' 8곡병, '궁리수신(窮理修身)', '해도무애천작안(海到無涯天作岸)' 2곡병.

8. 四君子를 工夫하였다

　서예를 공부하면서 사군자도 배워야겠다는 생각을 늘 가지고 있었다. 그러던 중에 우리 봉강서도원에 중국인인 설창 장능운 선생이 회원이 되여 같은 회원이 되었다.
설창이 대만 사범대학교의 미술과를 나온 사람으로 사군자를 잘 그리고 산수화며 여러 가지를 잘 그렸다. 그래서 설창에게 사군자를 배우기로 하였다.
석강 고득성과 노하 이정배가 같이 배우기로 하고 설창이 운영하는 서실에 가서 1984년 3월부터 매일 오후에 가서 공부를 하였다.
　처음은 난초를 그리기를 배우고 대나무, 매화, 국화 순으로 사군자를 배운 후에 나는 연꽃과 소나무를 그렸다. 그런데 다른 사람들은 말을 그리고 산수화도 배웠다.
　그러면서 부족한 한문을 보충하기 위하여 대명여중에 근무하던 배병선선생과 계대의 이원주 교수 등과 같이 1985年 3月초부터 裵東煥先生님에게 漢文을 修學하였다.
　주로 삼경을 배웠는데 수목금요일 오후 7시부터 2시간씩 수업을 하였다.
　처음에는 이해하기가 어려워서 수강생들이 각자가 복습해 와서 서로 토론도 하고 연구도 하였다. 수강료는 매달 백만원씩 마련하여 드리는데 5명이면 각자 20만원이고 4명일 때는 25만원을 내기도 하였다. 이와 같이 3년간을 공부하였다.

- 1985년 5월 1~5일까지 제18회 봉강연서회 회원전을 '대구 시민회관'. '천자문(千字文)' 8곡병과 '박문약례(博聞約禮)'와 '등완백예서(鄧完白隸書)'를 출품하고, 처음으로 공부한 '묵련(墨蓮)'을 출품하였다.

- 1986년 1월 25일 제2회 한국서화미술대전 입선 (한국서화작가협회).
- 1986년 6월 21일~25일 제7회 영호남 서예 교류전(대구) 및 제19회 봉강연서회 회원전 '분향간서(焚香看書)'.

9. 大邱市 中等學校 先生님들 중 書藝家들이 모임을 가지고 展示會도 했다

1986년 신학기가 되고 나서 남곡김시환과 남헌이상배와 와촌남상진과 나는 대구시내 중등교사들의 서예를 좋아하는 사람들이 모임을 갖기로 하고, 청구고등학교 우촌김문선 교장선생님의 교장실에서 첫모임을 갖고 정식으로 대구시중등교원서예연구회를 교육청에 등록을 하였다.

그 후에 1986年 12月에 第1回 中等교원書藝展을 열었다. 이후부터 매번 참가하였다.

10. 素軒 金萬浩先生님의 一代期를 담은 비디오를 制作하다

소헌선생님이 연만하시므로 선생님의 일대기를 영상으로 담아서 남기면 좋겠다는 의견이 있어서 회원들의 뜻을 모아서 제작하기로 하였다.

회장님이 다시 선출하였는데 청사 박선정 선생님이 되시고 나서 첫 번 째 사업으로 비디오를 제작하기로 하였다.

비디오를 시작하는데 책임지고 할 사람이 없어서 내가 총무로서 이 일을 하지 않을 수가 없었다. 그래서 비디오 촬영할 기사를 구하였는데, 경전 박재갑이 근무하고 있는 동원예식장의 비디오 촬영기사인 이덕우씨와 계약을 하고 촬영에 들어갔다. 여러 가지로 상의한 결과 여름방학 동안을 이용하여 작업을 시작하기로 하였다. 멀리 움직이는 곳에는 선생님의 장남인 김상대와 상의하여 승용차를 이용하기로 하고 서기인 박혁수도 동행을 하였다.

그리고 준비가 되는 데로 움직였는데, 먼저 선생님이 처음 약방을 하신 곳인 상주시 청리면을 찾아가서 촬영도 하고 또 다음 날은 오토재가 있는 금성면을 찾아 가서 촬영하기도 하였다. 며칠 동안 야외 촬영을 마치고 서실에서 며칠을 촬영하였다.

촬영이 끝난 후에는 편집을 하는데 마땅한 장소가 없어서 이덕우씨 집에서 며칠 밤낮을 보내면서 작업을 하여 편집이 끝났다. 그리고 녹음을 위하여 김상대가 잘 알고 있는 방송국 아나운서 출신인 최 양을 만나서 녹음실에서 하루 종일 녹음을 하여 완성을 하였다.

그리고 완성된 비디오를 여러 개 복사하기 위하여 제일 잘한다는 곳을 찾아서 여러 개를 복사여 회원들에 배부하였다.

- 1987년 5월 23일~27일 제20회 봉강연서회 회원전 '율곡선생시(栗谷先生詩)' 2곡병, '진덕수업(進德修業)', '언충신행독경(言忠信行篤敬)'.
- 1988년 5월 20일~24일 제21회 봉강연서회 회원전 '박학독지(博學篤志)', '반야심경(般若心經)', '성교서절림(聖教序節臨)'.
- 1988년 10월 22일~26일 제8회 영호남 서예 교류전(진주) '군자식무구포(君子食無求飽)'.

- 1989년 3월 27일~31일 제9회 영호남 서예 교류전(광주) 퇴계선생시 '성벽상탐정(性癖常耽靜)'.
- 1989년 5월 20일~24일 제22회 봉강연서회 회원전 '퇴계선생시(退溪先生詩)', '양사언선생시(楊士彦先生詩)', '박학독지(博學篤志)', '겸수익만초손(謙受益滿招損)'.
- 1989년 11월 20일 제9회 대구미술대전 입선(미협).

11. 大邱墨緣會에 加入하였다

1975년부터 대구시내 서예가들의 모임인 대구묵연회가 생겼다. 조광호 김대환 김원식 김병채등이 회원으로 매년 전시회를 가지고 있었는데 나를 가입하기를 원하여 1989년에 처음으로 가입을 하였다. 모임은 남강 김병채선생이 공부하고 있었던 대구 주류 판매 주식회사 건물 3층에서 격월로 모임을 가지면서 연서활동을 하고 있었다. 구성원은 모두 나이가 많았고 상당히 서력이 많은 분들이 많았다. 가입 후 처음 전시회는 1989年 12月 10부터 15일까지 매일신문사 지하 전시실에서 第14回 大邱墨緣會員展에 출품하였다.

전시회가 있은 후 부터 매년 빠지지 않고 참가하였다. 경우에는 야외로 나들이도 하고 회원들의 친목하면서 연서 활동을 하였다.

- 1990년 6월 14일~18일 제23회 봉강연서회 회원전 '이백 도리원서(李白 桃李園序)' 2곡병, '착수생춘(着手生春)', '궁리진성(窮理盡性)'.
- 1990년 11월 8일 제10회 대구미술대전 입선(미협) '충무공시(忠武公詩)'.

- 1991년 7월 14일~17일 제24회 봉강연서회 회원전 및 제10회 영호남 서예 교류전(대구) '수국춘광동(水國春光動)'.
- 1992년 1월 19일~23일 제11회 영호남 서예 교류전(진주) '백전청산리(百轉靑山裏)'.

12. 素軒 金萬浩先生님이 他界하시다

　소헌 선생님께서 몇 년 전부터 몸에 병이 나서 약을 오래도록 드시고 계시었다. 그러던 중에도 시간이 있으면 제자들을 지도해 주시기도 하셨다.
　병환 중에도 우리들이 찾아가면 꼭 자리에서 일어 나셔서 우리들을 맞아 주셨다.
　타계하시기 며칠 전에 찾아뵈었더니 몸이 말을 듣지 않는다고 말씀하시면서 눈을 감고 계시는 것을 보고 돌아왔었다.
　그러던 중1992년 3월 5일 아침에 素軒 金萬湖先生님이 他界하셨다는 소식을 듣고 달려갔었다.
　소헌선생님은 1908년 10월 19일생(음 9월 15일)으로 85세에 타계하신 것이다.
　각 곳에 부음을 전하였는데, 대구시 서예협회에서는 서예인장으로 장례를 거행하기로 하고 葬禮推進委員會를 구성하였다.
　3월 9일에 大邱市書藝人葬으로 장례식을 거행하였는데 제자들은 모두 상복을 입고 관을 운구하고 영구차 앞에는 대구시 경찰청에서 나온 사이카가 안내를 하였다.
　그 뒤를 영정을 실은 차가 뒤따르고 다음으로 영구차가 따랐다. 장례는 盛大히 擧行되였으며, 나는 장례위원으로 참여하였고 장지는 다부동에 마련한 장소에 모셨다.

- 1992年 5月 6日-10日 第25回 鳳岡研書會員展 '恭敬惠義' '溫讓恭儉讓' '先爲之寶'
- 1992년6월 일 대구시 서부도서관에 '독서삼도'작품기증
- 1993년 5月 8日-12日 第26回 鳳岡研書會員展 '修德務慈' '龍飛御天歌'
- 1993년 5月 18日 第13回 大邱書藝大展 入選(美協) '退溪先生詩'

13. 素軒金萬浩先生님의 藝術碑를 세우다

　소헌 선생님이 타계하신 후 일주기를 맞이하여 예술비를 건립하기 위하여 1993년3월부터 봉강연서회에서 여러 차례 모임을 가졌다.
　첫째는 예술비 건립위원회를 구성하기로 하였다. 위원장은 선생님 집안의 김상직 씨와 곽원순 곽병원 원장을 세우고 부위원장을 여러 명 모셨다.
　둘째는 장소 문제였다. 그래서 대구시를 찾아가서 예술비 건립에 대하여 이야기하고 장소를 제공해 줄 것을 부탁하였다. 그랬더니 시에서 쉽게 두류공원내의 장소를 허락하여 주어서 현지를 답사하고 일차로 장소를 결정하였다.
　얼마를 지나지 않아서 대구시에서 장소를 변경하라는 연락이 왔었다. 그래서 대구시를 다시 찾아갔더니 망우공원이 좋겠다고 하여서 망우공원에 가서 장소를 결정하였다.

예술비를 세울 석물을 준비하고 도안을 정하는데 김상대의 소개로 조각가를 만나서 우리들이 생각하고 있는 붓 벼루 종이가 들어가는 도안을 부탁하여 설계가 완성 되였다 그렇게 하여 1993년 10월 초에 예술비가 완성이 되였다.

　소헌김만호선생 예술비를 제막하기 위하여 준비를 하고 일시는 선생님의 생신 일을 기념해서 행하기로 하였다. 그래서 1993년 10월 16일에 경향각지에서 오신 많은 손님들을 모시고 망우공원 내에 세워진 선생님의 예술비 앞에서 제막식을 가졌다.

- 1993년 11월 2일 제2회 매일서예대전 입선.
- 1993년 11월 22일~28일 제1회 서협 대구지부 회원전 '강벽조유백(江碧鳥游白)' 출품.
- 1994년 6월 4일~8일 제27회 봉강연서회 회원전 '반야심경(般若心經)', '궁리진성(窮理盡誠)'.
- 1994년 7월 12일 제14회 대구서예대전 입선(미협) '퇴계선생시(退溪先生詩)'.
- 1994년 11월 8일 제3회 매일서예대전 입선.
- 1994년 11월 21일 제1회 대구 직할시 서예대전 입선 '퇴계선생시(退溪先生詩)'.
- 1994년 12월 9일~13일 제19회 대구묵연회 회원전 '지성무식(至誠無息)', '박학독지(博學篤志)'.
- 1995년 4월 24일~28일 제12회 영호남 서예 교류전(광주) '개황임록안(開荒臨綠岸)'.
- 1995년 5월 20일~24일 제28회 봉강연서회 회원전 '반야심경(般若心經)' 팔곡병, '주자권학문(朱子勸學文)', '온자혜화(溫慈惠和)'.
- 1995년 6월 일 대구동부도서관에 '물위금일불학이유래일(勿謂今日不學而有來日)'을 기증.
- 1996년 3월 26일~31일 제2회 대구지부 회원전 주자권학

시(朱子勸學詩) '휴림좌석노인행(休林坐席老人行)' 출품.
- 1996년 5월 14일 제16회 대구서예대전 입선(미협) '율곡선생시(栗谷先生詩)'.
- 1996년 5월 18일~22일 제29회 봉강연서회 회원전 '교도접례(交道接禮)', '주자시(朱子詩)', '도연명권학시(陶淵明勸學詩)'.
- 1996년 6월 1일 서도민전(부산 시민회관) 입선.
- 1996년 7월 2일 제3회 대구광역시 서예대전 입선 '율곡선생시(栗谷先生詩)'.

14. 第1回 書藝個人展을 열었다

내가 서예를 공부한 것이 벌써 20여 년이 지났다. 그러나 아직도 공부할 것은 많으나 금년이 나의 회갑이고 하여 서예개인전을 한번 해보라는 주위의 권유가 많았다.

막상 개인전을 할 것을 생각해보니 너무 어려운 것 같아서 처음에는 포기를 하고 있었다.

그때 소금 우상홍회장님이 나를 부르더니 말씀하셨다.

"서예를 공부한 것도 오래 되었고, 우리 봉강연서회에서는 선생님을 제외하고 개인전을 한 사람이 없으니 약산이 회갑도 되고 하니 개인전을 한번 하는 것이 좋겠다"고 하시므로 용기를 얻어서 준비를 하였다. 1996년 여름방학 기간부터 하나하나 준비를 하고 계획을 세웠다. 그리고 계명대 서예과 교수로 있는 근원 김양동교수에게 자문을 구하여 준비를 하였다. 내가 근무하는 신명여자중학교 김동수교장이 초대하는 형태로 하고 근원 김양동교수의 추천의 글과 봉강연서회의 소금 우상홍회장의 축하의 글을 받아서 도록을 만들었다.

그래서 전시할 일시를 정하는데 나의 생일 부근의 날을 정하는 것이 좋겠다는 의견이 있었다. 나의 회갑기념으로 전시를 하기로 하였으니 11월 초가 나의 음력생일과 비슷한 날이 었다. 그래서 1996年 11月 3日부터 7日까지로 일시를 정하였다.

第1回 個人展을 大邱市民會館 전시실에서 1996년 11월 3일 오후 3시에 개전하였다. '春華秋實'등 50餘点을 가지고 전시를 하였다.

그때 전시장에는 약 200명 가까운 축하객이 모여서 대성황리에 전시를 하였다. 축사는 남산여고 김진석교장이 하고 우상홍회장님과 여러분의 축사가 있었다.

많은 경비를 들이지 않고 회갑연을 겸하여 하였더니 많은 칭찬을 받기도 하였다.

이때 박상근선생님이 전 과정을 촬영해 주시고 윤욱환선생이 비디오 촬영을 해주어서 무척 기뻤다.

15. 素軒先生追慕文人展이 열었다

(第30回 鳳岡硏書會員展을 기념하여)

소헌선생님이 타계하시고 선생님이 계시지 않아도 봉강연서회원전은 매년 계속되어 오고 있었다. 그래서 1997년이 30회 회원전이 되어서 조금 뜻있게 행사를 해보고 싶었다. 그리고 금년에는 선생님의 추모 문인 전을 열었으면 좋겠다는 의견이 많아서 그렇게 추진하기로 하였다. 그러기 위해서는 우리 봉강연서회원 중에도 멀리 떨어져 있는 회원에게도 연락을 하여 동참하게 하고 또 영호남교류전에 참가 해던 광주의 필진회의 회원과 진주의 필우회의회원도 같이 참여하기로 하고 연락을 하여 많은 회원들이 동참하였다.

그래서 1997년 5월 10일부터 16일까지 대구시민회관 전시실에서 제30회 봉강연서 회원전을 맞아서 소헌선생 추모 문인전을 개최하였다. 나는 '격물치지'를 출품하였으며 전시 당일에는 광주필진회원과 진주필우회원들이 많이 참여하였고 전국 각 곳에서 오신 손님들이 너무 많았다.

16. 國際書法藝術聯合 大邱慶北支部創立 會員으로 참여하다

우리나라에서 몇 년 전에 국제서범예술연합(줄여서 '국서련'이라함)이 창시 되여 오고 있었다.

대구에서도 국서련지회를 창립하면 좋겠다는 연락이 와서 서산 권시환과 송하 백영일과 석경 이원동등이 주동이 되어 지회를 만들려고 하였다.

그때 총무를 맡고 있던 석경이 나를 찾아와서 가입하기를 권하였다. 그런데 국서련은 주로 국제적인 전시를 주로 하기로 하고 서울에서 여초 김응현선생이 중심이 되여서 창설 되었다. 그 후로 각 곳에 지회를 결성하여 전국적인 서예단체가 되었다.

그래서 나도 1997年 6月28日에 國際書法藝術聯合大邱支會 創立에 加入하였다

그 후에1997年 11月4日부터9日까지 대구 문화예술회관에서 전시하는 國書聯大邱慶北支會創立展에 작품을 出品하고 參加하였다. 나는 '반야심경'을 출품하였다. 이 후부터는 매번 참가

하였다

- 1997년 5월 27일 제4회 대구광역시서예대전 입선 '점필제선생시'
- 1997년 11월 18일 제6회 매일서예대전 입선 '점필제선생시'
- 1997年 12月 22日 '東部科學' 冊의 題字를 쓰다
- 1997년 12월 23일-28일 제5회 중등교원서예전 '개화결실'
- 1998년 4월 7일-12일 제17회 대구미술협회전 '삼락'
- 1998년 5월 6일 제5회 대구광역시서예대전 입선(서협) '야은선생시'
- 1998년 5월 18일-22일 제31회 봉강연서회원전 '삼락' 야은선생시'
- 1998년 8월 11일-16일 제3회 대구광역시지부회원전 '유지자사경성'
- 1998年 10月8日-18日 國書聯全國書藝展(대구경북 호서 호남 영남)(大邱文化會館) '安詳恭敬'
- 1998年 12月26日-30日 國書聯全國巡廻展出品 參加 (蔚山藝術會館)
- 1999년 5월 22일-26일 제32회 봉강연서회원전 '효경구' '은고여천'
- 1999년 7월 13일 제19회 대구서예대전 입선(미협) 이천선생시 '동잠'
- 1999년 11월 16일 제8회 매일서예대전 입선.

17. 처음으로 國展級인 大韓民國書藝大展에 入賞하다

우리나라에서 국전이라는 것이 일제 때의 조선미술전람회였다.

이 회가 해방 후부터는 대한민국미술 대전(국전)이 되여 오다가 1980년부터는 국전이 없어졌다. 그래서 미술에서 서예가 분리되어 전시회를 하기로 하고, 대한민국서예협회가 탄생하고 대한민국서예대전이 생겼다. 그 다음해부터 미술협회 내에 그대로 남아서 대한민국미술대전 서예 분과로 전시회를 하는 집단이 생기고, 대한민국서예협회에는 대한민국서예대전을 실시하였다. 그러나 또 뜻있는 서예가들이 모여서 대한민국서가협회가 생겨나서 대한민국서예전람회를 만들어 3개의 대전이 생겼다. 그러던 중에 나는 별로 뜻이 없어서 있었는데 대구서예협회에서 출품하기를 권하여 1999년 4월말에 처음으로 출품하였다 그 결과 다행히 5월초에 발표가 났는데 제11회 대한민국서예대전에 입선(서협)되였다. 내용은 이천선생의 사물잠 중에서 동잠 즉'철인지기'를 출품했었다.

1999년 5월30일부터 6월5일까지 열리는 시상식에 참석하기 위하여 우리내외는 5월 30일 새벽기차를 타고 서울에 갔었다. 그리고 중환이 에게도 연락을 하고 같이 만나서 상장도 받고 점심도 먹고 오후에 대구로 내려왔었다.

18. 약산서실(若山書室)을 개원하다

나는 신명여자중학교에서 퇴임을 하면서 퇴임 후에 할 일을 찾아야겠다는 생각으로 일찍부터 서예를 공부해왔다. 삼덕동의 집을 새로 짓거나 수리하여 서실을 만들어 볼 생각도 했으나, 사정이 여의치 않아 삼덕동의 집을 팔고 대봉동으로 옮겼다.

그래서 퇴임을 하면 어떻게 할까 하고 많은 생각을 했었다. 1999년 6월에 마지막으로 경은이를 결혼시키고 나니 마음도 가벼워졌는데, 마침 여름 방학을 맞았다. 한 달 후면 퇴임을 하는데, 서실 할 곳을 생각하면서 처음으로 처(妻)에게 이야기를 하였다.

우리 내외는 서실을 하는 것이 좋겠다는 의견이 일치하여 서실 할 곳을 찾기로 하였다. 그전에 나는 머릿속으로 여러 곳을 생각했었는데, 마침 삼덕동의 적당한 곳을 찾게 되었다. 삼덕3가 유진기업 2층의 40평 가까운 빈집을 얻어서 계약하고 간단히 수리를 하였다.

그래서 서원(書院)을 개원할 준비는 마쳤다. 다음 날 철물점을 찾아가서 서실의 책상과 의자를 샀다. 그리고 약산서실 간판과 입구의 나무로 만든 현판은 소헌 선생님이 써주신 '약산서실'이라는 나무 현판도 달았다. 8월 31일에 학교의 퇴임식을 마치고 바로 다음 날 약산서실 개원 준비를 하였다.

기다리던 1999년 9월 1일 아침이 밝았다. 약산서실을 개원하는 날이었다. 봉강연서회의 회원에게 연락하고 학교 선생님들과 계성고등학교 대학교 동창생들에게 연락을 하였더니 많은 사람들이 모여서 성황리에 개원을 하였다.

개원하면서 회원은 신명여중에서 지도하던 부녀 회원 10명과 고등학교 동창생들 중에서 동기회 사무실에서 같이 글을 쓰던 친구들, 그리고 학교에 같이 근무하던 이갑목 선생 등이 회원이 되었다.

19. 大邱市書藝大展의 招待作家로 選任되다

나는 경상북도 서예대전에서 입상한 후로 바빠서 많이 출품을 못하고 지나다가 대구시서예대전이 생긴 후로 계속 출품을 하여 왔었다. 그러나 특선 이상을 하고 많은 점수를 따야 빨리 점수를 얻을 수가 있는데 특선을 하기 많이 힘이 들었다. 그래도 계속 출품하여 초대작가의 점수가 되었다.

- 2000년 4월 10일에 처음으로 대구시서예대전의 초대작가가 되었다는 통보.
- 2000년 4월 18일부터 30일까지 열리는 제7회 대구광역시서예대전에 초대작가로 초대작가전에 이천선생 '시잠'을 출품. 이후 매년 대구시서예대전에 초대작가로 출품
- 2000년 5월 13일-17일 제33회 봉강연서회원전 '이천선생시잠 동잠' '자강불식'
- 2000년 12월 5일-10일 한중일국제서예전출품 참가(대구문화예술회관)
- 2001년 5월 5일-9일 제34회 봉강연서회원전 '근심연무' '어위길상'

- 2001년 5월 15일-20일 제8회 대구시서예대전 초대작가전 '공경준적이명예' 출품
- 2001년 7월 10일 제21회 대구서예대전 입선 이천선생 '청잠'

20. 중국 절강성에서 열리는 국제서예전 (중한서법예술전)에 참가하다

나는 국제서법연합 대구지회 회원으로 가입한 후, 국제전이 처음으로 열리게 되자 함께 참가하기로 하였다.

중국을 여행해야 했기 때문에 여권을 새로 발급받고, 기타 준비를 위해 참가 회원들이 따로 모여 여행에 필요한 사항을 의논한 뒤 각자 준비한 서류를 사무국장에게 제출하였다.

출발은 2001년 8월 11일 오전 8시, 대구공항에서 만나기로 하였다. 회원 10명이 모두 모여 출국 수속을 마친 후, 대한항공 상하이행 비행기에 탑승하였다.

약 3시간 후 비행기는 상하이 공항에 착륙하였고, 입국 수속을 마치니 절강성 서법가협회 회원들이 마중을 나와 있었다.

준비된 버스를 타고 상하이의 호텔로 이동해 저녁을 먹고 하룻밤을 묵었다.

다음날 12일 아침, 준비된 버스를 타고 항저우로 이동하여 점심을 먹고 전시장에 가서 전시된 작품을 관람하였다.

개전식을 성대히 마친 뒤 환영만찬에 참석하고 호텔에서 숙박하였다.

13일에는 항저우의 고적을 관람하였다.

동정호에서 배를 타며 옛 선비들이 시를 짓던 모습을 떠올렸고, 오창석이 창시한 '서령인사'를 방문하여 전서로 새긴 서

령인사기의 비석도 보았다. 또한 영흥사에 들러 거대한 불상과 유적을 답사하고 호텔로 돌아와 숙박하였다.

14일에는 소주로 가서 왕희지의 유적지를 찾았다.

가는 도중 넓게 펼쳐진 뽕나무밭을 보고 비단 생산의 원천임을 알 수 있었고, 비단제품과 진주 생산지, 차밭 등도 함께 둘러보았다.

이후 회계산에 있는 왕희지가 「난정서」를 쓴 곳에 도착하였다.

산 입구에는 '대한민국 서법가 환영'이라는 대형 현수막이 걸려 있었고, 현장에서 휘호할 준비가 되어 있었다.

이런 행사는 이번이 처음이라고 하여 각자가 휘호를 하였다.

기념관에 걸린 여러 석판의 「난정서」를 보고 감탄했으며, 왕희지가 친구들과 곡수연(曲水宴)을 열었던 곳에서 우리도 술잔을 기울였다. 출구 쪽에는 거위상과 '태(太)'자가 새겨진 글자가 있었다.

전해지는 이야기로는, 왕희지가 '태'자를 쓰다 '대'까지만 쓰고 자리를 떠났는데, 아들 왕헌지가 점을 찍었고, 부인이 "점이 좀 잘못되었다"고 하였다는 일화가 있다.

그 '태'자를 직접 보았다.

왕희지 유적 관람을 마치고 마왕퇴를 방문하였다.

이 무덤에서 출토된 고대 명주에 쓴 글씨를 보며 감탄하였다.

그 후 비행기를 타고 장가계로 이동하였다.

15일 아침 일찍 장가계 산을 올랐다.

어느 지점까지는 엘리베이터를 타고, 그 이후에는 걸어서 올라갔는데, 일부 사람들은 인력가마를 타고 이동했다.

정상에서 경치를 감상하고 내려오니 매우 피곤하였다.

돌아오는 길에는 환상적인 석회동굴도 관람하였다.

16일에는 장가계 주변을 관광한 뒤 비행기를 타고 상하이로 돌아와 '상하이의 맨해튼'이라 불리는 야경을 감상하고 호텔에 묵었다. 마지막 날인 17일, 상하이 시내를 구경한 후 귀국 비행기에 탑승하였다.

서울에 도착한 날은 마침 아버님의 기일이어서 제사에 참석하지 못하고 곧바로 대구로 내려왔다.

이로써 2001년 8월 11일부터 17일까지의 중국 여행은 마무리되었다.

21. 대한민국서예전람회에 입상하다

나는 1999년 대한민국서예대전에 입선한 이후 계속 출품하였으나, 그 뒤로는 입상되지 않았다.

그러던 중 2001년 10월 초에 열린 제9회 대한민국서예전람회에 「이천선생 청잠」을 출품하여 입선하게 되었다.

국전급의 대전에서 입상한 것은 이번이 두 번째로, 비로소 나의 실력이 공식적으로 인정받은 듯하여 매우 기뻤다.

아내와 함께 시상식에 참석하기 위해 2001년 10월 20일 새벽 기차를 타고 서울로 올라갔다.

예술의전당 서예관에서 열린 시상식에 참석하고 점심을 먹은 후, 대구로 내려왔다.

이천선생의 「청잠」으로 제9회 대한민국서예전람회(서울 예술의전당)에 입선한 것이 참으로 뜻깊었다.

- 2002년 5월 4일~8일 제35회 봉강연서회원전 「성실겸허」, 「이천선생 청잠」
- 2002년 5월 21일~26일 제9회 대구시서예대전 초대작가전 「치가근검위선」 출품
- 2002년 8월 13일~17일 제5회 한중서예교류전(서협 영남지회, 김천문화회관) 「용비어천가 이장 근심지목」 출품

22. 대구서예가협회에 가입하다

(영남서예대전 초대작가와 한국교육미술협회 미술대전 초대작가로 선임되다)

　대구 시내 서예가들 중 각종 서예대전에서 초대작가 이상으로 활동하는 서예가들이 모여 만든 단체가 '해동서화협회'였다.
　그 후 '영남서화가협회'로 이름이 바뀌었다가 다시 '대구서예가협회'로 개칭되었다.
　대부분의 서예가들이 이 협회에 가입하길 원했고, 지방의 유명한 서예가들도 다수 가입해 있었다.
　소헌 선생님과 죽농 선생님도 회원이셨다.
　나 역시 가입을 희망하였고, 우리 봉강연서회에서는 소금우 상홍 선생과 혜정 류영희 선생이 먼저 가입해 있었다.
　얼마 후 협회에서 연락이 와서 나 역시 가입하게 되었고, 2000년 9월 초 정식 회원이 되었다.
　그해 총회에서 나는 감사로 선임되어 협회 운영에 깊이 관여하게 되었으며, 영남서예대전 운영위원으로 위촉되었다.

- 2002년 9월 20일에는 영남서예대전 초대작가로 선임되어 이후 매년 초대작가전에 작품을 출품하였다.
- 2002년 10월 19일~23일 제27회 대구묵연회원전 「청잠」, 「치가이근검위선」
- 2002년 11월 12일~15일 제22회 영남서예대전 초대작가전 「치가이근검」 출품
- 2002년 12월 10일 한국교육미술협회 미술대전 초대작가로 선임되어 초대작가전에 참가
- 2002년 12월 21일~26일 대구서예한마당(대구문화예술회관) 「박문강식이양돈」 출품

23. 鳳岡書會 創立 50周年 紀念 第40回 鳳岡硏書會員展을 開催하다

소헌 선생님이 타계하신 후에도 한 해도 빠지지 않고 매년 봉강연서회원전을 개최하여 왔다.

1958년에 봉강서계회를 창립하시고, 10년 후인 1968년에 봉강서도회원전을 경북공보관 화랑에서 개최한 후로 매년 회원전을 열었는데, 올해로 봉강창립 50주년이 되고 또 제40회 봉강연서회원전을 개최하게 되었다.

이에 운영위원장으로 옥천 정오열 선생님을 모시고 준비하였다. 먼저 옛날에 교류전을 하던 광주의 필진회와 진주의 필우회에 연락하여 찬조 출품을 의뢰하고, 각지에 산재해 있는 봉강 회원들에게도 연락하여 준비하였다. 그 결과 광주에서

10점, 진주에서 7점의 찬조작품이 출품되었다.

대회 장소는 대구시민회관 전관을 임대하여 2007년 5월 22일부터 27일까지 열기로 하고 준비를 마쳤다. 이 큰 행사를 준비하고 전시하면서 먼저 가신 선배님들의 생각이 많이 났다.
행사 당일, 광주에서는 학정 이돈흥이 5명의 회원을 이끌고 참석하였고, 진주에서도 청산 박상문이 5명의 회원을 인솔하고 참석하여 무척 반가웠다.
생각보다 많은 관람객이 찾아와 대성황리에 끝이 났다.
나는 소원 이수락 선생님이 지으신 「봉강서계회 서문」을 써서 전시하였다.

- 2007년 5월 22일~27일 제14회 대구시서예대전 초대작가전 「호서불염간환독」 출품

24. 우루무치에서 열린 中韓書法交流展에 參加하다

국제서법연합 대구경북지회에서 한중서법교류전이 금년에는 신강자치구 우루무치에서 열리기로 합의되어 준비하는 과정에서 참여 인원을 선정하였고, 나도 함께 가기로 하였다.
나는 두 번째로 한중서예교류전에 참가하였다.

우루무치의 교류회원들에게 줄 선물을 준비하는 것이 좋겠

다고 하여, 내년에 대구에서 열리는 아시아체육대회의 홍보물이 있다고 하여 대회준비위원회를 찾아갔다.

우리 국서련 회원들이 중국에 가서 전시를 하므로 아시안게임 홍보물을 주면 우리가 많은 홍보를 하겠다고 말하니, 필요한 양을 주며 많이 홍보해 달라고 부탁하였다. 그래서 필요한 홍보물을 가지고 갔다.

전시회는 2007년 7월 29일부터 8월 2일까지 중국 신강자치구 우루무치미술관에서 열리므로, 중한서법교류전 출품을 준비하였다.

7월 29일 새벽에 일어나 동대구역 앞에서 리무진을 타고 인천공항에 도착하여 아침을 우리 회원들에게 사주었다.

인천공항에서 비행기를 타고 상하이에 도착한 뒤, 우루무치행 비행기로 갈아타고 저녁 9시에 여관에 도착하였다.

7월 30일 아침, 우루무치미술관에서 개관식을 하고 점심을 먹은 후 내가 가져간 선물을 나누어 주었다.

오후에는 시내를 관광하고 토속촌을 방문하였으며, 점심은 현지식으로 먹었다. 오후에는 낙타를 타고 사막을 여행하고, 삼륜차를 타고 사막을 돌기도 하였으며, 저녁에는 여관에서 만찬과 휘호회를 가졌다.

7월 31일 아침 일찍 비행기를 타고 천지연에 도착하니, 우리나라 백두산 천지와 같은 큰 호수가 있었다. 그곳에서 염소고기 만찬을 마치고 내려오면서 포도밭을 구경하고 비행기를 타고 다시 우루무치로 돌아왔다.

이곳에서는 우리를 국빈 대접하듯이 최고의 호텔과 비행기, 차량을 제공받았다.

8월 1일 아침 일찍 비행기를 타고 돈황에 도착하였다.

처음 찾은 곳은 마고산 돈황굴로서, 우리나라 혜초선사가 「왕오천축국전」을 썼던 735번 굴을 돌아보았다. 돈황굴은 800여 개의 굴이 있었다.

그 후 월아천과 옥문관을 관람하고, 사막에서 낙타도 타고 모래 썰매도 타보았다.

8월 2일 아침 일찍 돈황에서 비행기를 타고 인천공항에 도착하니 오후가 되었고, 리무진을 타고 대구로 귀환하였다.

나는 「박문강식」을 출품하였다.

- 2007.10.15~20 제32회 대구묵연회원전(대구중앙도서관) 「재여하일등운기」,「호서불염간환독」
- 2007.10.30~11.4 제27회 영남서예대전 초대작가전 「공관신민혜」
- 2007.11.6~11 제7회 대구시지부회원전(서협 문화회관)
- 2008.5.17~21 제41회 봉강회원전(대구중앙도서관) 「시혜종덕」,「학이불사즉태」
- 2008.5.20~25 제15회 대구시서예대전 초대작가전 「군자식무구포」
- 2008.8.12~17 한중국제서예대전(대구문화예술회관) 「군자식무구포」

25. 日本에서 열린 日韓國際書法展에 參加하다

2008년 8월 한중국제서예대전이 끝난 후, 일본에서 한일 간 국제서법전이 열리게 되었다.

국제서법연합 대구경북본부에서 일본 도쿄의 일본서도협회와 교류전을 이어오고 있었는데, 이번에는 한국과 일본만의 교류전으로 도쿄에서 열기로 합의하였다.

회장단이 간단히 참석하기로 하였고, 회장 서산 권시환, 부회장 미산 전현주, 총무 경산 김시현, 그리고 감사인 내가 함께하기로 하였다.

2008년 9월 5일부터 열리는 전시회에 참석하기 위해, 9월 4일 아침 일찍 동대구역에서 리무진을 타고 김해공항으로 이동해 비행기를 탔다.

도쿄 공항에 도착하니 일본서도협회 회장이 마중을 나와 함께 이동하여 작은 호텔에 투숙하였다.

9월 5일 아침, 도쿄의 한국대사관 전시장에 도착하니 대사관 직원들이 반갑게 맞아 주었다.

개전식에는 주일한국대사와 교민들이 참석하였다. 나는 「교학상장」을 출품하였다.

개전식을 마치고 환영만찬 후 숙소로 돌아왔다.

9월 6일 아침에는 일본 서점을 찾아가 책을 사고, 21만 원을 주고 붓을 샀다.

오후에는 서예서적을 많이 출판하는 이현사를 찾아갔다. 이현사 사장이 반갑게 맞이하며 선물을 주었고, 내부도 둘러보았다.

9월 7일에는 도쿄 시내를 관광하였다. 야스쿠니신사, 전통시장, 유명 사찰 등을 둘러본 후 숙소에 돌아오니 만찬 준비가 되어 있었다.

회원들과 작별의 자리를 갖고, 9월 8일 아침 일찍 호텔을 출발해 도쿄 공항으로 향하였다.

전송 나온 회원들과 작별한 후 비행기를 타고 김해공항에 도착하였고, 리무진을 타고 대구로 돌아왔다.

- 2008.9.22~29 제16회 대한민국서예전람회 입선(서가협) 「군자식무구포」
- 2008.10.14~19 한중국제서예대전(김천문화예술회관)
- 2008.10.14~19 제28회 영남서예대전 초대작가전 「일가장존환락색」
- 2008.11.15~19 제3회 약묵회원전(대구중앙도서관) 「경손무민」, 「일가장존환락색」
- 2008.12.16~21 중구서화초대작가전(봉산문화회관) 「공관신민혜」, 「일가장존」
- 2009.2.26~3.4 제24회 영남서예임연합전(부산시민회관) 「무불경의」
- 2009.4.3~8 제2회 자작시자서전 「대덕산추경」
- 2009.5.6~10 제42회 봉강연서회원전 「사의광시」, 「대덕산추경」
- 2009.5.16 제11회 대구학생서예휘호대회 운영위원장 위촉
- 2009.5.26~31 제16회 대구시서예대전 초대작가전 「수욕정이풍부지」
- 2009.6.6~12 제3회 중국 신강 한국서법교류전(우루무치미술관) 퇴계선생 시 「노수기암」
- 2009.10.6~11 제29회 영남서예대전 초대작가전 「삼락」
- 2009.10.7~11 대구묵연회원전(중앙도서관) 「낙금소우」, 「수욕정이풍부지」
- 2009.10.17 제주국제서법연합전 찬조출품 「용비어천가 이장」
- 2009년 11월 10일 무량수전

無量壽殿

己丑孟冬

- 2009.12.1~6 달구벌서화전「사의광시」
- 2009.12.8~13 2011 대구세계육상선수권대회 성공기원 한중일국제서예대전(대구문화예술회관) 도연명 시「인생무근체」
- 2009.12.22~27 중구서화작가초대전「삼락」,「거인행의」
- 2010.4.27~5.1 제10회 중등교원서예전「예기구」
- 2010.4.27~5.2 대구서예가협회전(문화예술회관)「근위무가지보」
- 2010.5.25~30 대구시서예대전 초대작가전「정관자득」
- 2010.5.31~6.5 제43회 봉강연서회원전(중앙도서관)「퇴계선생시」,「귀수」,「전관자득」
- 2010.7.7~13 태산중한서법교류전(중국 산동성 태안시) - 명도선생 시「한래무사부종용」(사정상 불참)
- 2010.8.24~29 중구서화작가초대전「정관자득」,「유자황금」
- 2010.10.19~23 자작시자서전(중앙도서관)「보원재」
- 2010.10.24~28 대구묵연회원전(중앙도서관)「덕숭업광」,「근신」
- 2010.11.2~7 한중국제서예전(대구문화예술회관) 포은선생 시「수국춘광동」
- 2010.11.3~8 제11회 한중서예교류전(울산) 정자 시잠 출품
- 2010.11.27~12.1 제4회 약묵회원전(중앙도서관) 찬조출품「박문강식」, 명도선생 시
- 2010.12.21~26 제30회 영남서예대전 초대작가전(문화예술회관)「사무사」
- 2011.2.22~27 제25회 영남서예임연합전(대구)「거인행의」,「수도입덕」
- 2011.5.7~13 제44회 봉강연서회원전(중앙도서관) 포은선

생 시「보원재」,「만초손겸소익」
• 2011.5.17~22 제18회 대구시서예대전 초대작가전「언충신행독경」

26. 중국四川省 成道 中 韓書法家交流展에 參加하다

• 日時; 2011年 6月 3日-8日 최충선생시 '만정월색'을 출품
• 參加者; ·會長 地山 權時煥 副會長 松下 白永一 副會長
            美山 全炫姝 監事 若山 金永勳
          ·理事 以山 金道鎭 理事 小泉 孫蘭淑 理事 中石
            郭海泳 理事 白研 朴汶煥
          ·理事 昭雲 全乙洪 事務次長 雲亭 朴敬子

　3日午前 7時 50分에 東大邱高速버스터미날에 倒着하니 벌서 一行이 다 모였다 高速버스편으로 仁川國際空港에 12時 50分에 倒着하여 점심(本人이 전부 負擔)을 먹고 15時 30分에 出發하는 中國航空 ca436便에 올랐다. 飛行機가 離陸하여 上空 높이 올라 갔을 때 飛行機 窓밖에 보이는 雲山을 보면서 詩想에 잠겨 한 首를 읊었다.

　　　　　飛機窓外雲海煙　黑白相交似山川
　　　　　霧中暫視無眼界　自然造化孰知先

　18時에 合肥에 倒着하여 換乘하였다 仁川서 合肥까지는 國際線이고 合肥서 成道까지는 國內線이므로 換乘하여 21時 10分에 成道에 倒着하니 그 곳의 會員이 마중을 나와서 호텔

에 案內되어 白研先生과 같은 방에 投宿하였다

4日 午前 7時애 起床하여 食事후 9時 30分에 成道美術館에 倒着하였다.이 美術館은 오래된 建物로 크지는 않으나 아름다운 곳이라는 생각이 들었다.10時에 開幕式을 가졌는데 나는 최충선생시를 출품했다. 現場에서 揮毫도 하였는데 생각이 나서 詩를 한 首 읊었다.

　　　　古家多衆美術館 韓中交流作品展
　　　　各樣美品總集合 成道人情誠意眞

中食을 龍緣館에서 晩餐으로 待接을 받고 14時에 杜甫草堂을 찾았다. 杜甫는 唐나라 때의 有名한 詩人으로 759年에 成道에 내려와 流落하면서 親舊들과 어울러서 詩도 짖고 生活하면서 平地 竹林속에 正門 照壁 詩史堂 工部祠 그리고 後에 記念館등을 지었다.觀覽한 後 생각에 잠겨서 詩 한 首를 지었다.

　　　　竹林深處杜甫堂 垂年居此詩情揚
　　　　盛唐諸士同類集 騷客來訪聖賢昌

16時에 그 옆에 있는 武候祠를 찾았다. 이 武候祠는 西晉末에 諸葛亮을 記念하기 위하여 작은 城을 쌓고 明初에 祠堂을 짖고 後에 漢昭烈(劉備)의 惠陵에 君臣合墓와 劉備澱 諸葛亮殿 碑廊 過廳 三義墓(劉備 關羽 張飛)등을 觀覽하고 생각대로 詩 한 首를 지었다.

　　　　諸葛古居武候祠 桃園結義忠誠施
　　　　惠陵碑廊劉備殿 蜀都雄市視我師

19時 鐵善齋에서 歡迎晩餐 後에 호텔에 와서 投宿하였다.

5日 8時 30分에 호텔을 出發하여 廣元市로 갈 때 그곳 警察의 引導를 받으며 갔는데 그 때 비가 와서 우산까지 준비해 주었다.車中에서

　　　　夏日濃霧不知視　漸變細雨造化闢
　　　　路邊平原善耕處　新作大路車行稀

　12時　劍門關翠云廊의　樹齡 2500年　되었다는　松柏樹林사이를　雨中에　걸으면서
　　　　細雨險路劍門尋　霧中登山松柏林
　　　　二千餘年高齡木　漢王結義樹刻成

　13時에　劍門關　豆腐村에서　各種　豆腐料理로　점심을 먹었다. 14時 30분에　檢門關景區를　參觀하였는데 2008年 5月 12日에　일어난　地震으로 많은 곳이 무너지고 새로이　補修하였으며　峽道周圍　景觀과　劍門關과　새로 만든　彫刻品과　河應輝　主席이 써서 새긴　李白의　蜀道難　詩는 매우 좋았다　觀後頌曰
　　　　峽谷深處訪劍門　絶壁險難退賊痕
　　　　地震被害再建設　礫巖層成嘉形觀

　18時 30分　廣元市內　風台酒店에서　廣元市長이　主管하는　晩餐을 마치고 또　現場揮毫를　한후에 호텔에　投宿하였는데　最高級호텔로　一人一室에서 잤다.
　6日 8時 30分 호텔을　出發하여　明月峽으로　向하았다.明月峽은 嘉陵江邊의 아름다운　峽谷으로　外地와의　唯一한　交通通路로 좁은 峽谷을 따라　棧道(좁은 江옆　絶壁에 구멍을 뚫어서 사람이 다닐 수 있도록 나무판자를 깔아 놓은 것)가 지금은 5km程度이나　過去　諸葛亮이 더먼곳 까지 이어 졌다고 한다. 그　棧道를 우리도 걸었는데 그 中間에　馬林主席이 쓴　棧道由來에 대한 글씨를 보았다.　觀後頌曰
　　　　炎中晴明明月峽　嘉陵江邊棧道存
　　　　現古交通要衝地　地震被害再復元

　12時 30分　現地食으로 점심을 먹고 다시　成道市를　向헤 가

는 途中 三星堆博物館을 訪問하였다. 이 博物館은 古代 遺物이 地下에 묻혀있던 것을 最近에 發掘하여 展示한 곳이다. 이 곳을 金泳三 前大統領도 訪問한 적이 있었다고 했다. 現場揮毫를 마치고 頌曰

　　　　數千年前三星堆　天帝崇拜萬民災
　　　　巨大靑銅遺物展　觀客感歎古人才

20時 成道의 호텔에 倒着하여 投宿하였다.
6月7日 7時起床 호텔식으로 아침식사
　　　　靑城山을 향해가다 靑城山은 道敎의 産室로 張三鳳이 처음세운 곳으로 蔣介石總統도 이곳에서 기를 받아서 總統이 되었다고 한다. 觀後 頌曰

　　　　靑城高山有仙庭　道敎創始張道陵
　　　　偉力深通天下理　蔣中正亦訪問明

12時에 靑城山下의 現地食으로 中食을 하다.
午後 2時에 都江堰을 찾았다 都江堰市는 地震被害입은 避亂民村으로 새로 構成되어 있었다. 巨大한 長江의 물줄기를 바꾸고 갈라놓은 巨大工事였다. 觀後 頌曰

　　　　長江支流有岷江　都江堰分內外工
　　　　李氷業績多稱頌　水利惠民萬年功

午後 6時 호텔에서 送別晚餐이 있었다.
6月 8日 5時에 起床하여 出發 準備를하고 나서 6時에 호텔을 出發하였다.
　8時40分발 成道飛行場을 離陸하여 10時40分에 合扉空港에 到着하여 換乘手續後 出發하여 15時10分에 仁川空港에 到着하였다. 16時20分 東大邱行高速버스로 東大邱에 到着하니 20時20分이였다. 긴 旅行을 마치고 所感을 頌하다.

書藝交流四川留　五泊六日各地遊
　　李杜蘇陸遺跡富　蜀漢古都地震憂

이렇게 중국사천성 성도에서 열리는 서예전 참가는 끝이 났다.

- 2011년 10월 26일-30일 제31회 영남서예대전 초대작가전에 '일삼성오신'을 출품
- 2011년 11월 3일-8일 한중서예교류전(한국서예협회 영남서예인연합회주최 울산서개최) 이천선생의 청잠출품
- 2011년 11월 7일-10일 제4회 자작시자서전 '축세계육상선수권대회대구개최긴념' 출품
- 2011年 11月 11日-15日 第36回 大邱墨緣會員展에 參加(場所:中央圖書館)-先祖考詩8曲屛과　崔冲先生詩와　言忠信行篤敬을 出品함. 선조고시8곡병풍은 공서방댁으로 보냈다.
- 2011年 11月 15日-20日(河回마을 世界文化遺産指定 1周年紀念)　安東世界書藝大展에　參加(場所:安東文化藝術의 殿堂)-退溪先生詩(格致功深萬里通)을 出品
- 2012年 4月 19日-25日　晋州書道會　創立40周年紀念展에 鳳岡硏書會員10名　參加해야하므로 '滿招損謙受益'을 篆書로 써서 出品함
- 2012年 5月15日-20日 第19回　大邱市書藝大展　招待作家로　敏於事愼於言 出品함
- 2012年 6月 16日(土)-20日(水) 第45回 鳳岡硏書會員展(中央圖書館展示室)에 會長으로 孝經要抄 8曲屛 滿招損謙受益(簇子) 敏於事愼於言(橫額)을 出品하다.
- 2012년 10월 2일(화)-6일(토)4일간 제37회 대구묵연회원전이 대구중앙도서관 가온갤러리에서 열였다.
퇴계선생시(행서)와 삼성오신(예서)과 개화결실(행서)을 출품
- 2012년 10월 일 안동국제서예대전이 안동에서 대구국서연과

중국이 개최 효경요초를출품하였다.
- 2012년 12월 일 제32회 영남서예대전 초대작가로 눌어 언민어행을 출품
- 2013년 4월 일 제20회 대구시서예대전 초대작가로 유지자사경성 출품

27. 대구묵연회의 회장이 되다

2013년 4월 20일 대구묵연회 정기총회에서 대구묵연회의 10대 회장으로 선출 되었다.대구묵연회는 1976년에 창립되어 오는 동안에 9명의 회장님들이 회를 잘 운영하여 왔다. 본 회의 창립 취지는 대구시에 거주하면서 서예를 좋아하여 모인 단체로, 창립 당시에는 대구의 많은 뜻있는 작가들이 모여서 활발하게 활동하면서 친목을 돈독히 하여 37년 동안 매년 회원전을 하면서 지나오고 있다.
그런데 내가 본회를 맡으니 짐이 아주 무거운 것 같아서 잘 할 수 있을지 걱정이었다.

- 2013년 5월 4일(토)-9일(목) 5일간 제46회 봉강회원전이 대구중앙도서관 가온갤러리에서 열었다. 유지자사경성(행

서)과 오체천자문과 효경요초(행서)를 출품하다.
- 2013년 8월 27일-9월 1일 한국서예가협회 회원전(대구) 연비언약 출품
- 2013년 10월 8일(화)-12일(토)4일간 제38회 대구묵연회 원전이 대구중앙도서관 가온갤러리에서 열었다. 내가 회장이 된 후에 처음으로 가지는 회원전이었다.
  자강불식(행서)과 거공집경여충(행서)과 연비어약(전서)를 출품하였다.
- 2013년 12월 일 중한서법교류전이 운암성에서 개최 계분사수파 율곡선생시 출품
- 2013년 12월 17잉-22일 대구경북서예가협회전 참가
- 2014년 5월 일 제21회 대구시서예대전에 초대작가로 업광근공숭지를 출품
- 2014년 5월 27일(화)-31일(금)5일간 제47회 봉강연서회 회원전이 대구중안도서관 가온갤러리에서 열였다.
  전명도선생시(행초)와 유지경성(예서)과 업광근공숭지(행서)를 출품하였다.
- 2014년 10월 1일(수)-5일(일)4일간 제39회 대구묵연회원전이 대구중앙도서관 가온갤러리에서 열였다.
  선조고시(8곡병풍 행초서)와 은의광시(행서)를 출품하다.
  선조고시8곡병풍은 안서방댁으로 보내주었다.
- 2014년 10월 일 한중국제서예전이 국서려과 중국운암성이 경주에서 개최 '처독거한' 한훤당선생시 출품

28. 素軒美術館을 開館하고 素軒先生의 遺作展이 열렸다

소헌 김만호선생의 예술세계를 빛낼 소헌미술관이 약 2년여의 노력 끝에 2014년 11월 10일에 준공하고 오후3시에 개관하였다. 그리고 소헌선생님의 유작전이 열렸다.

소헌미술관은 소헌선생님의 넷째 아들인 형재 김영태교수가 물심양면으로 노력하여 이 날 준공되었다. 또 소헌 미술관의 운영을 위하여 운영위원회를 조직하였는데 내가 운영위원장을 맡아서 진행하였다.

개관식에 많은 사람들이 참석하였는데 김관용 경상북도지사 원로서예가 초정 권창륜선생 전 대구한의대 변정환 총장 등 200여명이 참석하였다.

· 2014년 11월   일 제34회 영남서예대전에 초대작가로 덕일신만방회를 출품

- 2014년 11월 25일-28일 제6회 약묵회원전에 격려작품으로 덕일신만방회와 시편23편 6곡변풍 출품. 시편23편 6곡 평풍은 정서방댁으로 보내졌다.
- 2015년 5월 16일(토)-30일(토) 제48회 봉강연서회원전이 처음으로 소헌미술관에서 열렸다.한훤당선생시(예서) 경손무민(행서 족자)를 출품하다.

29. 봉강연서회의 회장직을 사임하다

2003년 11월 24일에 회장으로 선출된 후 약 13년간 회의 일을 맡아서 지나다가 2015년 6월 6일 정기총회에서 회장직을 사임하고 혜정 류영희선생이 회장으로 선출되었다. 오래도록 진 무거운 짐을 벗으니 마음이 많이 가벼워졌다.

- 2015년 8월 15일-20일 제22회 대구시 서예대전에 초대작가로 剛毅木訥을 출품.
- 2015년 11월 17일-22일-제35회 영남서예대전에 초대작가로 서경구(공숭유지 업광유근 유극과단 인망후한)을 출품.

30. 대구묵연회 제 40회 회원전을 개최하다

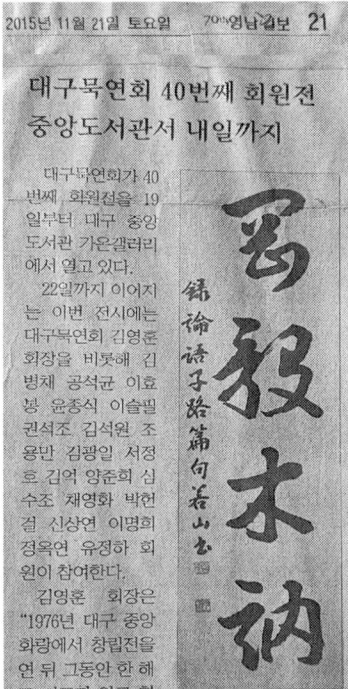

1976년 초에 대구묵연회가 창입한 후로 1976년 10월에 제1회 대구묵연회 회원전을 개최한 후 매년 회원전을 개최하여 많은 회원을 배출하였다.

2015년인 금년이 제 40회 회원전을 2015년 11월 19일에 대구중앙도서관 가온갤러리에서 개최하였다. 추진위원장으로는 창입 당시부터 한 번도 빠지지 않고 유일하게 활동하고 계시는 남강 김병채선생님을 모시고 뜻있는 전시회가 되도록 노력하여 성황리에 전시를 하였다.

· 2015년 11월 19일-22일-제40회 대구묵연회원전에 시혜매종덕 (액자, 강정호 보조기에 기증). 강의목눌(족자)출품.
· 2016년 5월 13일(금0-31(화)-제49회 봉강연서회원전이 소헌미술관 전시실에서 열였다. 범충선공의 계자제구와 호시우행(김영보 에게 보냄)를 출품.

31. 한국서예협회 대구광역시지회 원로작가초대전(붓길인생)에 참여하다

2016년 11월 8일(화)--11월 13일(알) 대구문화예술회관 제11전시실에서 10명의 초대작가를 모시고 전시회를 개최하였다. 초대된 작가는 소음 권로경, 백산 김부기, 약산 김영훈,
여암 김재현, 운곡 남충길, 백천 류지혁, 경전 박재갑, 죽파 소병철, 목암 유장식, 원담 이태준등 으로 성대하게 개최되었다. 특히 서울의 한국서예협회 이사장 윤점용께서 직접 참석하여 축사를 해주셨고 대구시내의 원로작가와 많은 인사들이 참석해 주셨다. 특히 김영우와 김동환 그리고 이성룡이 참석해 주어서 고마웠다.
출품작은 점필제선생시와 할아버지시, 반야심경(박제일네집에 보냄) 등10점을 전시하였다.

- 2016년 12월 1일(목)-4일(일)-제41회 대구묵연회원전이열였다. 업광근공숭지,반야심경(김유환에게 보냄), 관자제자직구, 출품.
- 2017년 4월 11일-16일 제50회 봉강연서회원전(묵연60년)전이 대구문화예술회관에서 광주필진회, 진주필우회원들이 참석한가운데 성대히 열렸다. 봉강서계서와 반야심경을 출품하다.
- 2017년 10월 22일-26일 제42회 대구묵연회원전이 대구중앙도서관 가온갤러리에서 열였다. 호학, 광개토대왕비문을 출품하다.
- 2018년 5월 11일(금)-20일(일) 제51회 봉강연서회원전이 소현미술관에서 열었다. 효경요초6곡병(처가댁에 보냄)과 이천선생시잠을 출품함
- 2018년 10월 27일(토)-30일(화) 제43회대구묵연회원전이

중앙도서관에서 열였다.
　아충무공시. 덕업상권. 출위천하리. 출품.
- 2019년 5월 18일(토)-26일(일) 제52회 봉강연서회원전이 소헌미술관에서 열었다.
　이천선생 동잠. 지도유예, 출품.
- 2019년 10월 10일(목)-14일(월).제44회 대구묵연회원전이 중앙도서관에서 열었다.
　점필제선생시. 심광체반.유지경선.
- 출품 이후는 너무 많아 이 후는 줄인다.

(二)碑文關係

1. 正朝一善金公諱延設壇碑銘 (정조 일선 김공 휘 연 설단 비명)

우리 일선 김씨 중 가장 후대에 자리한 정조공파는 종원 수는 많으나 파조이신 정조공(正朝公)의 내력을 알 수 있는 비도 없고, 제사도 없이 흩어져 지내왔으며 지금까지 흠향도 하지 못하고 지나왔었습니다.

그래서 제가 종친회의 회장이 된 후 여러 가지 방법을 모색하다가, 우선 대종회에서 흠향하지 못하고 있는 여러 선조님을 합동으로 모시는 방법을 제안하였다. 시조공 선산에 열성조 제단을 세울 것을 제안하여 시행하게 되었습니다.

그러나 그 열성조(列聖祖) 중 정조공은 유일한 파조이시다. 파조님을 그렇게 다른 분들과 같이 행사하는 것에 저는 만족하지 못하고, 단독 설단을 할 것을 우리 종원들에게 자주 이야기했었다.

고심하던 중, 점필재파(點畢齋派)의 종손인 김병식 씨를 만나 상의하던 끝에 동의를 얻었다. 사실 점필재 선생님도 정조공의 후손이니, 점필재파의 후손도 역시 정조공의 후손이다.

그래서 우리 두 사람이 협의하여 정조공의 설단 문을 짓기로 하였다. 자손록은 병식 씨가 정리 및 조사하고, 전체 문안은 제가 정리하여 설단 문을 거의 완성하였다.

그 후 2007년 정해 대동보를 수단(修檀)하면서 이 정조공의 설단 문을 넣기로 하여 대동보에 싣게 되었다.

그 뒤 약목종중에서 선산 원동에 모시고 있던 묘소를 약목으로 모두 이장(移葬)하기로 하고, 칠곡군 약목면 남계동의 산을 구입했다.

이때 정조공을 함께 모실 것을 다른 곳의 종원들과 상의하여 옮기게 되었는데, 그때 병식 씨가 돌아가시니 상의할 곳이 없었다. 그래서 거창의 김기수 씨와 연락이 닿아 설단하기로 합의하였고, 2018년 5월에 약목 여래실 묘원에 모시게 되었다.

비문은 대동보에 실려 있는 대로 내가 지은 것으로 하고, 내가 직접 비문을 써서 정조공 파조 할아버님의 설단 비를 세우고 매년 흠향하기로 하였다.

2. 全羅觀察使碑

 아버님(九字 鉉字)께서 우리종중의 선조이신 전라관찰사공 (휘 감)의 사적을 일선지 등의 기록에서 찾으시고 그것을 여러 곳에 문의하시여 대종회장인 익환씨와 상의하시여 비문의 골격을 완성하였다.
 이것을 가지고 대전에 사시는 성암공의 후인 대영씨에게 비문을 지어주실 것을 부탁하여 비문을 지었다.

 지은 비문을 양양공의 후인 영주씨에게 감수를 받고 완성하였다. 그 완성한 비문을 저에게 주시면서 대학의 유명한 교수에게 감정을 해보라고 하셨다. 그래서 경북대학교 역사과 교수이신 노명식 박사를 찾아가서 상의를 하였다.
 노명식 박사는 옛날 저를 가르쳐 주신 분으로 경북대학교 역사과 교수들과 상의하시고 나서 나에게 말씀하시기를 "옛날 역사적 사실이 남은 것이 많지 않으니 이 정도의 사실이라면 믿어도 될 것이라"고 하시며 비문으로 이같이 하여도 가능하다고 말씀을 하셨다. 그래서 이

사실을 아버님께 말씀을 드렸더니 만족하시면서 비문이 완성된 것으로 대종회장이신 익환씨와 상의를 하시여 비로소 비문을 확정하였다.

그런데 아버님께서 병이 나시여 대구 경대 병원에서 치료를 하시면서 잠시 저의 집에 계시면서 저에게 부탁하기를 왜관의 석물 하는 집에 맡겼다고 하시고는 소생하지 못하시고 타계를 하시니 애통한 일이었다.

그 후에 새로 종친 회장이 되신 김영위 형님과 상의하여 비문을 쓸 사람을 찾았으나 경비며 적당한 사람이 없어서 영위 형님이 나에게 비문을 쓰라고 하시여 사양을 하였다. 며칠 후에 다시 부탁하므로 잘 쓰지 못하지만 쓰기로 하였다. 서예공부를 아직 많이 하지 않아서 사양하였으나 공부하는 마음으로 쓰기로 하였다.

나는 걱정이 되어 서실의 김만호 선생님께 배워가며 썼다. 처음은 토요일 오후에 왜관에 와서 비석 위에 앉아서 붓으로 글을 쓰고 다음 일요일에 쓰며 며칠을 써서 완성하니 나가 비문을 쓴 것은 이것이 처음이었다.

1981년 3월에 완성하고 2개월 후에 수비를 하고 고유제를 지내는데 고유축문을 쓰라고 하니 쓸 수가 없어서 내가 그때 주역을 배우던 고령 점필제 선생님의 후손인 아산 김병호 선생에게 부탁을 하였다. 고유축문을 써서 가지고 와서 내가 독축을 하기도 하였다.

3. 壬亂功臣義兵將 一善金公諱國珍史蹟碑

사백년 전 임진왜란이 일어났을 때에 조정의 출신의 자격으로 있다가 고향인 선산 상주지역에 나가서 왜란에 싸우라는 명을 받고 고향인 선산에 내려와서 의병을 모아 의병장이 되시여 상주 후천에서 왜병과 싸우다가 순국하시니 임란공신록에 호성원종이등공신으로 책봉되신 주부공(휘국진)을 천양 하지 못하고 지금까지 지나왔였다.

2005년 5월초에 충남 보령시의 임란공신을 모시는 호국사에서 추모대제를 한다는 연락을 받고 약목의 종원들이 회장인 나와 같이 2005년 5월 20일 약목에서 아침 일찍 보령 호국사로 갔었다. 도착하니 오후2시였다. 제예 행사는 이미 끝난 후 이였다. 우리는 주부공의 세워둔 비석 앞에 준비한 대로 차려 놓고 축문도 읽고 제사를 지내셨다. 그 후 운영사무실에 가서 늦었는 인사를 하고 이번 행사에 대하여 이야기를 들을 수 이었다. 임란공신이 너무 많아서 이등공신 이상을 추모하되 연락이 되는 분만 비를 세우고 행사를 하였다고 하였다. 그 때 우리 주부공 할아버지도 이등공신 이상임을 알고 공신록을 구입하여 찾았더니 호성원종이등공신으로 기록되여 있었다. 너무도 바가웠다. 원목씨도 같이 공신록을 구입을 하였읍으로 찾아보고 기뻐하셨다.

그래서 빠른 시일 내에 전 종원에게 알리고 사적비를 세우기로 하니 온 종원 들이 합심하여 경비를 부담하고 비문은 종친회장인 내가 짓고 써서 이 비를 세웠다.

임란공신위병장 일선김공휘국진사적비의 제막식은 2008년 3월 22일에 하였다.

4. 다른 집의 비문을 지은 것과 쓴 것

(1) 1991년 전수병 교장선생님의 부모님의 비문을 쓰다.
(2) 1993년 칠곡군의 국조전이건기념 비문을 신동철이 짓고 김영훈이 쓰다.
(3) 1996년 파평윤씨 태국씨의 묘비 문을 윤성기가 짓고 김영훈이 쓰다.
(4) 1998년 안돈김씨의 묘를 계명대의 이전으로 묘를 이장하면서 그 묘비를 짓고 쓰다.
(5) 2003년 동래정씨 만재공의 공덕비를 짓고 쓰다.
(6) 2003년 파평윤씨 영식씨의 묘비 문을 윤종오가 짓고 김영훈이 쓰다.
(7) 2004년 선산김씨 순언의 부친의 묘비 문을 짓고 쓰다.
(8) 2008년 경주이씨 원영씨의 묘비 문을 짓고 쓰다.
(9) 2011년 통정대부절충장군청주한공면술지묘비문을 광주 이용환이 짓고 내가 다시 쓰다.
(10) 2018년 獨立有功者인 一庵 金容鎬先生의 碑文을 짓다

5. 상양문과 현판 등

(1) 단군신전의 상양문
대구시 달서구의 신축 단군신전의 상양문과 애국가 전문을 쓰다.

(2) 점필제 선생의 종가 대강당의 상양문.
경상북도 고령군의 점필제 선생의 종가 신축한 대강당의 상양문을 쓰다.

(3) 보원제의 상양문.
경상북도 칠곡군 약목면의 보원제의 상양문을 쓰다.

(4) 보원제내의 현판들

보원제 현판

상덕문 현판

우산당 현판

보본추원숭조돈목의 가훈비

李白少時學業未成棄歸道逢一嫗磨鐵杵
白問之嫗曰欲作鍼白感其言遂還卒業

磨鐵杵

父母俱存兄弟無故一樂也
仰不愧於天俯不怍於人二樂也
得天下英才而教育之三樂也

三樂

7장
약산 서실
若山書室

1. 1999년 9월1일 약산서실을 개원하다

1999년 8월 31일 신명여중에서 퇴임한 후 그 다음날 9월 1일에 삼덕3가 356-1 유진기엽 2층에서 신명여중 학부모 서예반에서 서예공부를 하던 회원 8명과 고등학교 동창생3명 그리고 이갑목 선생 이명숙씨 등의 회원으로 약산서실을 개원하였다. 그리고 서실의 한 쪽 방은 계성고등학교 43회 졸업생들의 동기회 사무실로 쓰기로 하였다.
　오전 9시에 서실로 출근을 하여 오후 6시경 퇴원하면서 서실을 운영하고 나도 공부를 하였다.

2. 약묵회 창립

1999년 10월 1일에 약산서실의 회원들의 모임인 약묵회를 창립하였다.
　초대회장에 류천 김상채와 총무 소정 임선옥이 선출되었다.
　약묵회의 하는 일은 회원 상호 간의 친목을 도모하고 각종 사업을 실시하기로 하였다.
　• 사업내용은　첫째 회원상호간의 친목
　　　　　　　둘째 약묵회원전 개최.
　　　　　　　셋째 각종대회에 참가.
　　　　　　　넷째 선진지 시찰 및 야유회 개최.
　　　　　　　다섯째 기타 필요한 사항 등.
2000년 9월1일 개원1주년 기념으로 추사선생님 고택을 방문(김병진의 차 주선)하다.
　충청남도 예산에 있는 추사선생님의 고택은 우리나라의 서예를 공부하는 사람들이 한 번은 가서 볼만한 곳이었다.

추사선생님의 서예작품 뿐만 아니라 많은 고적들이 있어서 공부하는데 많은 도움이 되었다.

3. 각종 대회에 참가하다

• 2001년 5월 16일 제8회 대구시서예대전에 입상자가 나왔다.
　　　·입선 ; 효심 이명숙(약산서실에서 최초로 입상)

• 2001년 6월 한국여성서예대전에서 최초 특선 입상자
　　　·한글부문 특선 ; 소정 임선옥

• 2001년 6월 25일 약묵회 총회에서 임원을 선출하다.
　　　·제2대 회장 송석 서옥수 .총무 소정 임선옥

• 2001년 8월 28일개원 2주년 기념으로 제1회 세계전주비엔나래 관람 (김병진의 차 주선)를 관람하다. 전주에서 우리나라 최초로 세계 서예대전이 열렸는데 2년 마다 열리기 때문에 비엔나래라고 하였다. 여러 곳에 나누어서 열려서 참관하는데 시간이 걸렸다.

• 2002년 5월 15일 제9회 대구시서예대전 입상자
　　　·입선;효심 이명숙, 송석 서옥수, 초원 김조연,

• 2002년 7월 25일 제1회 대구시서예전람회 입상자
　　　·입선-청하 이갑목, 소정 임선옥,(한글).

• 2002년 10월 개원3주년 기념으로 도산서원과 청송 주왕

산을 여행하다.(김병진 차 주선)
청송의 주왕산을 탐방한 후에 안동의 도산서원을 관람했기 때문에 시간이 부족하여 도산서원을 상세하게 관람하지 못하고 돌아왔다.

- 2002년 10월 20일 제22회 영남서예대전 입상자
  ·특선-송석 서옥수, 입선-초원 김조연, 소정 임순옥

- 2003년 5월 15일 제10회 대구시서예대전 입상자
  ·입선-송석 서옥수, 효심 이명숙, 월화 박잠기

- 2003년 6월 15일 제2회 대구시서예전람회 입상자
  ·입선-청하 이갑목, 윤언 박호주, 초원 김조년 소정 임순옥

- 2003년 6월 20일 한국여성서예대회 입상자
  ·입선-소정 임선옥

- 2003년 10월 20일 제23회 영남서예대전 입상자
  ·입선-송석 서옥수, 윤언 박호주, 월화 박잠기
  ·삼체상 입상-초원 김조연 (행서 예서 전서)

- 2003년 10월 개원4주년기념으로 담양의 면앙정과 송강정과 한국가사문학관을 견학하다.(김병진 차 주선) 담양의 송강 정철선생의 유적을 중심으로 견학하고 또 소쇄원을 탐방하였다.

- 2004년 5월 제11회 대구시서예대전입상자
  ·입선-윤언 박호주

• 2004년 9월 25일 제3회 대구시서예전람회 입상자
    ·입선-청하 이갑목, 윤언 박호주

• 2004년 10월 23일 제24회 영남서예대전 입상자
    ·특선-초원 김조연, 입선-송석 서옥수, 청하 이갑목, 월화 박잠기
    ·입선- 효심 이명숙, 윤언 박호주

• 2004년 10월 개원5주년 기념으로 남해안을 여행하다.(김병진 차 주선)

4. 제1회 약묵회원전을 개최하다

2004년 12월 15~19일 약묵회가 발족한 후 처음으로 제1회 약묵회원전을 대구중앙도서관 전시실에서 열다.
처음 하는 행사로 실수도 많았고 회원들의 고생도 많았다. 앞으로 2년마다 격년으로 회원 전을 갖기로 하였다.

• 2005년 1월 28일 제3대회장 청하 이갑목 부회장 효심 이명숙 총무 월화 박잠기

• 2005년 4월 24일 제4회 대구시서예전람회 입상자
    ·입선-청하 이갑목, 약암 신학준; 윤언 박호주

• 2005년 10월 22일 제25회 영남서예대전 입상자
    ·입선-송석 서옥수, 초원 김조연, 윤언 박호주

• 2005년 10월 30일 개원 6주년행사로 대흥사와 노고단을 탐방하다.(김병진 차주선). 노고단은 고산 윤선도선생님의 유적이 있는 곳으로 뜻있는 탐방이었다.

• 2006년 4월 25일 제5회 대구시서예전람회 입상자
 ·입선-청하 이갑목 윤언 박호주

• 2006년 8월 개원7주년 기념으로 화양계곡으로 가서 야유회를 하다.

• 2006년 10월 24일 제26회 영남서예대전 입상자
 ·입선-송석 서옥수, 초원 김조연, 월화 박잠기, 윤언 박호주, 지정 한금조

• 2006년 11월9일~12일 제2회 약묵회원전(중앙도서관전시실)을 개최하다.

• 2007년 1월 26일 제4대 회장 공산 이현길 부회장 지헌 송경숙 총무 벽암 도재북

• 2007년 4월 24일 제6회 대구시서예전람회 입상자
 ·입선-청하 이갑목, 윤언 박호주, 경석 안승조, 지정 한금조

• 2007년 9월 25일 개월 제8주년기념 행사로 군위 제이석굴암을 탐방하다.

5. 약묵회에서 최초로 초대작가가 나왔다

※첫째 초대작가는 초원 김조연이 영남서예대전에서 초대작가로 선임되었다.

- 2007년 10월 4일 제27회 영남서예대전 입상자
    · 특선-송석 서옥수, 월화 박잠기,
    · 입선-윤언 박호주, 경석 안승조, 지정 한금조,
    (초원 김조연 영남서예대전 초대작가 선임)

- 2008년 3월 20일 제7회 대구시서예전람회 입상자
    · 입선-윤언 박호주, 지정 한금조,

※두번째 초대작가는 송석 서옥수가 영남서예대전에서 초대작가로 선임되었다.

- 2008년 9월7일 제28회 영남서예대전 입상자
    · 특선-윤언 박호주,
    · 입선-월화 박잠기, 신윤 박인자, 지정 한금조, 연송 한진숙,
    (송석 서옥수 영남서예대전 초대작가 선임 초대작가전 출품)

- 2008년 9월26일 개원 제9주년기념 행사(갓바위 식당)

- 2008년 11월 15일~19일 제3회 약묵회원전 대구중앙도서관 전시실)을 개최.

• 2009년 1월 25일 ·제5대회장 공산 이현길 ·부회장 지헌
  송경숙 ·총무 벽암 도재북 재선

• 2009년 4월 제8회 대구시서예전람회 입상자
  ·특선-윤언 박호주
  ·입선-송재 이상희, 소암 홍억선, 연송 한진숙,
  원담 윤순득

• 2009년 5월 대한민국낙동서예대전입상자.
  ·특선-송석 서옥수
  (대한민국낙동서예대전 초대작가 선임)

• 2009년 9월 제29회 영남서예대전 입상자
  ·입선-윤언 박호주, 월화 박잠기, 원담 윤순득,
  지정 한금조, 연송 한진숙, 신윤 박인자

• 2009년 10월 30일 개원10주년기념행사(동화사 시설지구
  산중식당) 케이불카 정상등정

• 2010년 4월 제9회 대구시서예전람회 입상자
  ·특선-윤언 박호주, 입선- 죽오 이우광,
  송재 이상희, 소암 홍억선,
  (윤언 박호주 대구서예전람회 초대작가선임)

• 2010년 5월 대한민국낙동서예대전 입상자
  ·입선-초원 김조연
  (대한민국낙동서예대전 초대작가선임)

• 2010년 9월 29일 개원 제11주년기념행사 (군위군 부계면

제2석굴암)

- 2010년 11월 27일-12월1일 제4회 약묵회원전(대구중앙도서관 전시실)을 개최하다.

- 2010년 12월 21일 제30회 영남서예대전 입상자
  ·입선-만오 김우현, 소암 홍억선

- 2011년 1월25일 ·제6대 회장 소당 김상수 ·부회장 월화 박잠기 ·총무 벽암 도재북

- 2011년 4월 19일-24일 제10회 대구시서예전람회 입상자
  ·특선-소암 홍억선 ·입선-만호 김우현, 죽오 이우광, 송재 이상희, 연송 한진숙(전원입상)

※**셋째**로 초대작가는 윤언 박호주가 영남서예대전에서 초대작가로 선임되었다.

- 2011년 9월 6일 제31회 영남서예대전 입상자
  ·삼체상(예서 전서 행초서) ·특상-소암 홍억선,
  ·입선-만호 김우현 ·장년부 특선-윤언 박호주,
  ·입선-월화 박잠기, 죽오 이우광
  ·일반부 입선-지정 한금조, 연송 한진숙 (전원입상)
  (윤언 박호주 영남서예대전 초대작가선임)

- 2011년 9월 30일 개원 제12주년기념행사(팔공산 산정식당)에서 가지다.
- 2012년 4월 일 제11회 대구시서예전람회 입상자(전원입상)
  ·특상-만호 김우현(전서), 소암 홍억선(한글)

·입선-예　서: 죽오 이우광, 연송 한진숙
　　　　전　서: 죽오 이우광, 소암 홍억선
　　　　행초서: 죽오 이우광

• 2012년 10월 12일(금)-15일(월) 제5회 약묵회원전(대구시 중앙도서관 전시실)을 개회하다.

• 2012년 10월　일 제32회 영남서예대전 입상자(전원입상)
　·입선-만오 김우현(전서), 죽오 이우광(전서)
　　　　월화 박잠기(행초서), 소암 홍억선(예서)
　　　　연송 한진숙(해서)

• 2013년 4월 24일 제12회 대구시서예전람회 입상자(전원입상)
　·특선-죽오 이우광 (해서), 연송 한진숙 (해서)
　·입선-소당 김상수 (행초서), 벽암 도재북 (행초서)
　　　　만호 김우현 (전서), 죽오 이우광 (행초서)
　　　　소암 홍억선 (전서), 송재 이상희 (예서)

• 2013년 12월 2일 제33회 영남서예대전 입상자(전원입상)
　·입선-소당 김상수(전서), 벽암 도재북(전서)
　　　　죽오 이우광(예서), 연송 한진숙(예서)
　　　　만오 김우현 (행초), 월화 박잠기(행초)

※넷째 초대작가는 월화 박잠기가 영남서예대전와 대구시서예전람회에서 초대작가로 선임되었다.

• 2014년 4월 25일 제13회 대구시서예전람회에 입상자.(전원입상)
　·특선-송재 이상희(예서)

·입선-소당 김상수(전서), 만오 김우현(전서), 벽암 도재북(전서), 죽오 이우광(예서), 소암 홍억선(해서), 연송 한진숙(해서), 연송 한진숙(행초)

• 2014년 10월 20일 제34회 영남서예대전에서 전원 입상.
·입선-소당 김상수(예서), 만호 김우현(전서), 벽암 도재북(예서), 죽오 이우광(행초), 소암 홍억선(해서), 연송 한진숙(해서)

• 2014년 11월 25일 (화~28일(금) 4일간 제6회 약묵회원전을 대구중앙도서관 가온 갤러리에서 회원19명의 40여 작품으로 성대하게 서예전을 가졌다.

• 2015년 1월 30일 약묵회 정기총회에서 임원이 개선 되었다
·회장-월화 박잠기 ·부회장-초원 김조연
·총무-죽오 이우광 ·감사-벽암 도재북

• 2015년 2월 12일 제14회 대구시서예전람회에서 전원 입상.
·특선-소당 김상수(행초)
·입선-벽암 도재북(행초), 죽오 이우광(예서), 소암 홍억선(해서), 연송 한진숙(행초)

• 2015년 4월 매일서예대전 입상자.
·입선-공산 이현길.

• 2015년 11월 죽농서예대전 입상자.
　　·입선; 공산 이현길.

• 2015년 11월 20일 제35회 영남서예대전에 전원 입상.
　　　　　　　(심사위원으로 참가)
　　·특선-소당 김상수(해서), 연송 한진숙(행초), 소암 홍억선(삼체중 전서) ·입선-죽오 이우광(예서).

• 2016년 2월 25일 제15회 대구서예전람회에 전원 입상.
　　·특선-벽암 도재북(해서).
　　·입선-소당 김상수(해서). 죽오 이우광(예서). 소암 홍억선(전서 예서 해서) 연송 한진숙(행초).

• 2016년 10월 27일 제36회 영남서예대전에 전원 입상.
　　·입선-소당 김상수(행초). 죽오 이우광(해서), 소암 홍억선(삼체중 해서).연송 한진숙(행초)

※**다섯째 초대작가는 소암 홍억선이 영남서예대전과 대구시 서예전람회에서 초대작가로 선임되었다.**

• 2017년 3월 21일~26일 제16회 대구시서예전람회에서 전원 입상.
　　·특선-만호 김우현(행초) 김상수(전서). 죽오 이우광
　　·입선-소당 김상수(전서). 죽오 이우광(예서), 연송 한진숙(행초),

6. 약산서실을 이사하다

2017년 3월 30일에 약산서실을 옮겼다.
내가 신명여자중학교 퇴임한 후 1999년 9월 1일부터 대구시

중구 삼덕3가 356-1(유진기업2층)에서 약산서실을 개원한 후, 17년 7개월을 지나던 곳을 떠나게 되었다.

집주인이 집수리를 하여 월세로 전환하기 위하여 우리를 나가게 하였다. 그래서 전세를 구하기 위하여 어렵게 장년회 총무인 김윤배의 소개로 1억 원의 전세로 새 서실장소를 마련하였다. 그 위치는 전의 서실에서 멀지 않는 곳이었다.

2017년 3월 30일 대구시중구 달구벌대로 2209 동현빌딩 5층으로 이사를 하였다. 이 곳은 원래 4층 건물인 옥상에 임시로 증축한 곳으로 엘리베이터가 없어 계단으로 오르고 내려야 하는 것이 좀 불편하였다. 역시 계성고등학교 동기회 사무실도 같이 옮겨 사용하기로 하였다.

- 2017년 10월 20일 37회영남서예대전에서 전원 입상.
  ·입선-소당 김상수(전서), 죽오 이우광(예서),
  　연송 한진숙(행초)
  ·초대작가-출품; 박호주, 박잠기, 김영훈

- 2018년 2월 28일 제17회 대구시서예전람회에 전원입상.
  ·입선-소당 김상수(해서), 죽오 이우광(예서, 해서),
  　연송 한진숙(행초),
  ·초대작가-출품; 박호주, 홍억선

- 2018년 9월 30일 제38회 영남서예대전에서 전원 입상.
  ·특선-죽오 이우광(전서). 입선 소당 김상수(행서).
  ·초대작가-출품 박호주. 박잠기. 김영훈

- 2019년 1월 25일(금) 18:00 MH 컨벤션웨딩홀에서 대구경북서예가협회에서 이우광, 한진숙이 영남서예대전에서 초대작가로 선임되다.

- 2019년 2월 28일 제18회 대구시서예전람회에서
    · 김상수 입선(행서)하다.
    · 박호주, 홍억선 초대작가로 출품

- 2019년 9월 30일 제39회 영남서예대전에서
    · 김상수 입선(예서)하다.
    · 서옥수 박호주 한진숙 김영훈 초대작가로 출품.

- 2020년 2월 25일 제19회 대구시서예전람회에서
    · 김상수 입선(전서). 최수목입선(행초)하다
    · 벅호주 초대작가로 출품.

7. 2020년 2월 28일 약산서실을 폐원하다.

대구시 중구 달구벌대로 2209 동원 빌딩 5층에 있던 약산서실을 폐원했다. 건물 주인이 건물을 새로 신축하려고 하므로 폐원하고 일부 서류는 소현 미술관에 옮기고 또 일부는 약목 보원제에 또 일부는 집으로 옮겼다.

8장
한시관계
漢詩關係

8. 漢詩工夫 始作

   1985年12月1日 겨울放學을 맞아서 처음으로 大邱鄕校 附設 漢詩 敎室에서 漢詩 공부를 始作
- 강의 담당(講義 擔當) 소원(韶園) 이수락 선생(李壽洛 先生)
- 강의 시간(講義時間) 매주 목요일 오후 7시부터 1시간(每週木曜日 午後 7時부터 1時間)
- 장소(場所) 대구향곡 명륜당(大邱鄕校 明倫堂)
- 내용(內容)
  1 한시(漢詩)의 뜻(定義)
  2 한시(漢詩)의 유래(由來)
  3 한시(漢詩)의 종류(種類)
  4 한시(漢詩)의 구성(構成)
  5 한시(漢字)의 고저(高低)
  6 한시(漢詩)의 운자(韻字)
  7 한시(漢詩)의 대(對)
  8 한시(漢詩) 짓기(創作)
  9 한시(漢詩) 감상(鑑賞)

   1986年1月末 放學이 끝나고부터는 시간이 없어서 더 以上 講義 받지를 못하였다.

(一)先祖考 魯岡公(諱 基玉)의 詩 7首

(1949年(己丑年)부터 仁洞 漆谷 星州 善山의 儒家들의 後裔들이 金蘭契를 結成하여 詩를 지었는데 6 25動亂으로 一部가 消失된 것을 책으로 역은 것이 金蘭詩集인데 그 한 부를 형님이 구하여 나에게 보내와서 그 중에 收錄된 先祖考의 詩 7首를 가려서 一部 脫字 된 것을 補完하여 여기에 收錄하였다)

(1) 歲暮感吟
狂奔歲色蜃成樓 분주히 세상이 신기루 같이 정신없이 지나가고
儘覺光陰蟹眼收 광음은 게눈 감추 듯 지남을 깨닫게 하네
果不消長恒日月 과연 언제나 항상 같은 해와 달의 기간을 줄일 수 없구나.
斯如迎送幾春秋 이와 같이 봄과 가을을 몇 번이나 보내고 맞았던고?
爲陰化賊三軍走 세월이 적으로 변하여 삼군이 달려가는 듯하고
衆燭模星七月流 여러 촛불이 별을 닮아 칠월의 유성같이 흘러가네
可愛梅君珠又弄 매화를 사랑하여 구슬같이 희롱하고
漢濱疑接洛江洲 은하수 끝이 낙동강 속 섬에 닿은 듯 하네
• (蜃成樓)-신기루가 생김.
• (蟹眼收)-게 눈을 감듯.

(2) 醒齋金鍾漢回甲吟
翁之和氣一團春 김옹의 화목한 기운이 한 덩어리 봄날과 같고.
六十昭光日日新 육십 년 동안 빛나는 것이 나날이 새롭도다,
謝樹陰繁成實蓋 사수 그늘에 열매가 많이 맺히듯 자식들이 많고
萊衣班着動香塵 노래자 같이 고운 옷을 입고 어버이 앞에서 춤을 추네.

393

琴宮鼓是成王母 안내는 서왕모와 같이 불사약을 구하려 가고
星宿分恒照老人 남극의 노인성은 노인을 오래 살게 하네.
秦漢求仙今世也 진나라 한나라의 선녀가 불사약을 구해 오늘에 왔고
當應斯席得其眞 마땅히 이 자리에 그 참 맛을 보여주네
- (萊衣班着)-노래자가 오색의 옷을 입고 늙은 부모 앞에서 춤을 춤
- (成王母)-설화에 나오는 신선인 서왕모가 불사약을 가지고 곤륜산에서 살다.
- (老人)-남극의 노인성은 사람의 수명을 맡음.

(3) 立春吟
嚴愛相江我洛江 우리의 낙동강을 엄숙히 사랑하는데
磯頭鷗鷺幾雙雙 낚싯대 위로 나는 갈매기와 백로는 몇 쌍이던가?
白髮有情還似鶴 백발이 되어서도 학같이 되고 싶은 정이 있건만
深宵無眈但聞狵 깊은 밤 아무것도 보이지 않고 개 짖는 소리만 들리네
大簇先應來竹院 정월이 먼저 대나무 있는 집을 찾아오고
東皇已到闢梅窓 봄은 이미 매화 핀 열린 창가에 왔네
伊吾晝思常爲夢 낮에 글 읽는 소리를 생각하니 항상 꿈만 같네
憶裡諸君每夜逢 여러 선인들을 생각하니 밤마다 만나보고 싶네
- (大簇)-정월의 이칭.
- (東皇)-봄의 이칭.
- (伊吾)-글 읽는 소리.

(4) 敬老堂
庶政寬爲酒政寬 정사를 너그럽게 하드니 술에 대한 정사도 너그럽고
同筵耄耋喜相看 늙은이들이 한 자리에 앉아 한잔하며 서로 즐기네
薰風已解民心慍 훈풍이 와서 이미 날씨는 풀려도 민심은 성난 듯 하고
和氣如消髮雪寒 화기가 살아지니 기온이 차 머리에 눈이 오듯 하
扣腹人皆歌帝力 배를 두드리는 사람들은 다같이 제왕의 힘으로 노래
無書吾獨愧儒冠 나 홀로 유관을 쓴 선비로 부끄러워 글을 쓸 수가 없네
群誠未下華封祝 여러 사람들의 정성에도 화려한 봉축을 못하고

願滅共匪一不殘 공비들을 하나도 남기지 말고 없애기를 바라네.
- (耄耋)-늙은이.
- (扣腹)-배를 두드림.

(5) 偶吟
魚蝦爲侶上脣樓 고기와 새우가 짝이 되어 놀아서 마루 위로 올라오고
海市難賒歲月流 바다가 저자에는 외상으로 어렵게 세월을 보냈네
汗雨連垂晴暗驟 땀이 비오 듯 연이어 흐르니 밝고 어두움이 닥치고
鬢霜凝結夏擬秋 귀밑 머리 서리를 맞아 응키니 여름이 가을이 된듯하네
花爛榴樹開蜂舞 석류와 버드나무에 꽃이 찬란히 피니 벌이 춤을 추고
酒熟菊香露鴨頭 술이 익어서 국화의 향기나니 주전자 끝에 맺히네
聊知不老仙人術 애오라지 늙지를 않는 신선의 요술이 있음을 알고
只在安身未苦愁 다만 고통과 근심을 들고 몸이 편히 있겠네.
- (蝦)-새우,하
- (鬢)-귀앞머리,빈.
- (賒)-외상거래할,사

(6) 綠樹
綠樹沈陰爽若宵 푸른 나무그늘이 깊은 그늘로 상쾌한 밤 같은데
輕罷素扇懶搖搖 약간 찢어진 부채를 느리게 흔들흔들 부치네
來淸落水爲琴譜 서늘하게 떨어지는 물은 거문고의 소리가 되고
不絶縷風幼客簫 끈이지 않고 부는 바람은 어린이의 피리소리 같네
有値君詩金似重 알맞은 그대의 시는 금같이 중하고
陳年頭雪火難消 연두에 내린 눈은 불로도 녹이기 어렵네
雅遊一日緣非薄 하루 종일 즐겨 노니 인연이 얇지 않고
每以明心起驗朝 매양 아침에 일어나 생각한 일을 명심하고 있네.
- (懶)-느슨할,라.
- (搖搖)-흔들흔들,요요.

(7) 偶吟

陰陰雲氣日中天 어둡고 어두운 구름 사이 해가 하늘의 중천에 떠 있고
數屋江隣渺一邊 강가의 아득히 먼 한 곳에 몇 집이 있네
閉肆誰能藏北市 누가 능히 문닫은 점포를 북쪽의 저자에 있으리요?
調音吾獨抱南絃 나 홀로 남쪽에서 거문고 소리를 조율하고 있네
奇岩被雪形似鶴 기이한 바위에 눈이 덮이니 모양이 학을 닮았고
枯葉浮風語若蟬 마른 나무가 바람에 흔들리니 매미 우는 소리 같네
惟禮於今何可信 오직 예법을 지금에 와서 어떻게 가히 믿으리요?
回看全世盡然然 눈을 돌려 전 세계를 바라보면 모두가 그렇고 그렇네
(陰陰)-어둡고 어두운 모양.
(然然)-그렇고 그렇다

(一) 自作詩部

(1) 1987年 12月 8日 첫눈이 내리는 학교 창가에서 생각에 잠겨 詩를 지었다.

• 詩題; 學問
寒風招雪明 찬바람이 불어와서 눈이 오니 밖이 밝고.
冬氣化氷淸 겨울의 찬 기운에 물이 얼어 맑은 얼음이 되었네
勉學盡精力 학문을 하는데 정력을 다 하여도
道深難事成 학문의 길은 깊어서 이루기가 어렵도다.

(2) 1988年 10月에 서울에서 올림픽이 열렸다.

• 詩題; 88年 五輪大會讚
五輪槿域成 올림픽대회가 우리나라에서 열리니
選手盡精誠 각국의 선수들은 자기의 정성을 다하였네
友好增進讌 각국들과 우호 증진하는 잔치를 하니
乾坤振歡聲 온 세상이 환호성이 진동하네
• (槿域-우리나라)

(3) 1988年 11月 24日 눈이 나리는 데 全斗煥 前大統領의 隱遁 소식을 듣고

• 詩題; 卽事
細風紛雪難 세풍이 불고 눈이 내리는 어지러운 날씨에
獨坐隔窓音 홀로 앉아서 창 틈으로 들리는 소리를 듣고 있네
世事行如水 세상의 모든 일은 흐르는 물과 같으니
鴻傳動愍心 기러기가 근심된 마음을 움직여 전하네

(4) 1988年 11月 28日 全斗煥 前大統領이 百潭寺로 隱居했다는 소식을 듣고 百潭寺를 探訪後 詩를 짓다

• 詩題; 尋百潭寺
嚴冬尋百潭 엄동의 추운 때에 백담사를 찾았더니
白雪廳鵑音 백설이 내리는데 두견새 소리가 들리네
歸路稀人蹟 돌아오는 길에는 인적이 드문데
煙波恐起心 안개가 파도같이 밀려오니 두려움이 마음에 생기네

(5) 1992년 3월 5일 나의 스승이신 素軒 金萬浩先生 逝去하셨다

[1] 輓素軒金萬浩先生. (1992年 3月 5日 逝去素軒先生)
素翁挺出闡吾東 뛰어나신 소헌선생이 우리나라에 태어나셨고
哀慕先生聞永終 슬프게도 선생님이 서거하셨다는 소식을 들었네
仁義猶存高邁節 인의가 고매하신 분으로 계셨고
德容祥語盡精充 덕성스런 용모와 상세하신 말씀은 정성을 다하셨네
墨香振動千秋月 묵향이 진동하니 천추에 달같이 빛나고
訓氣開明萬歲同 훈육하신 기운이 만세에도 같이 밝으시네
後學勤行名不朽 후학들은 힘써서 행하여 이름이 끝이지 않게 하고
師恩相念聲無窮 스승의 은혜를 서로 생각하며 그 명성이 끝나지 않게 하세
門下生一善人金永勳再拜慟哭輓
• (挺出--인물이 뛰어남)

[2] 만소헌김만호선생
天生函丈幸相逢 하늘에서 낳아 주신 선생님을 다행히 서로 만나서,
書法重明於我東 선생님의 서법을 우리 동쪽(한국)에서 거듭 밝히셨네.
早繼道通歐顔褚 선생님은 일찍이 구양순 안진경 저수량의 도를 통하시고
遠崇根源逸少翁 멀리 숭상하신 근원은 일소옹(왕희지)이시네.
提撕(서.시)後進承先藝 후진을 이끌어 선생님의 예술을 잇게 하시고,

窮理前途覺幼蒙 궁리하여 유몽(우리들)의 전도를 깨우쳐 주시셨네.
執紼晩村鄕上路 만촌의 고향 길에서 상여 줄을 잡으니,
哀淚漣漣江水同 슬픈 눈물이 줄줄 흐르니 강물과 같도다.
侍敎生金永勳慟哭再拜 시교생인 김영훈이 재배하며 통곡한다.

(6) 1999年 8月 31日에 信明女中에서 退任하고 9月1日에 若山書室을 開院하다.

• 詩題; 若山書室
  若院幽窓裏 약산서원의 그윽한 창안에서
  山長筆法傳 서원의 원장은 필법을 전하고 있네
  書味知者熱 서미를 알리는 자들은 열의가 있고
  室衆雅懷宣 서실의 많은 사람들은 좋은 생각으로 자리 펴고 있네
  • (山長)-서원의 원장.
  • (雅懷)-좋은 생각.

(7) 2000년 이른 봄날에 고향을 생각하면서
• 詩題; 鄕愁
  春風花發在 봄바람이 불어오니 꽃이 피었고
  雪盡洛江流 눈이 다 녹아서 낙동강으로 흘러가네
  木芽多少 초목에는 새싹이 다소 돋아나는데
  雁聲起鄕愁 기러기 우는 소리가 들리니 고향생각이 난다.
  • (鄕愁)-고향생각.

(8) 1999年 봄에 비가 내리는 날
• 詩題; 澤雨
  松招澤雨處 소나무가 은혜로운 비를 불러오는데
  天地水和成 온 천지가 물로 변하였구나
  南岳薰風裏 남쪽의 산에는 비가 온 뒤에 훈훈한 바람이 불고

北村瑞氣生 북쪽의 마을에는 서기가 생겨나네
山陰春更好 산의 그늘진 곳에는 다시 좋은 기운이 생기고
江色夜猶明 강의 색이 밤에도 밝게 보이네
忍苦獨登樓 참고 고생하면서 홀로 누각에 오르니
自慙覓顯名 스스로 이름을 드러나기를 찾는 것이 부끄럽게 느껴진다.
- (慙)ㅡ부끄러울,참.
- (覓)ㅡ찾을,멱.

(9) 2002年 10月 20일에 曙岡 李秉守가 古稀를 맞아 축하하는 시를 지었다.
- 詩題; 祝曙岡李秉守古稀

鐵樹開花又十年 육십 년마다 피는 철수화가 피고 또 십 년이나 지났는데
琴聲相合樂崇先 안내와 서로 의논하여 조상을 섬기는 일을 즐겁게 하네
綱常擧起惟承志 삼강오륜의 뜻을 일으키며 그 뜻을 이어가고
佛道修身自展氈 불도로 몸을 닦으며 스스로 자기의 본분을 다하네
墨客稱揚名譽振 서예를 즐기니 서예가들도 칭송하며 이름을 떨치고
鄕隣咏頌業俱全 고향사람들도 사업이 잘 되고 있다고 칭송을 하네
家風繼述雲孫續 가풍을 계속해서 자손들이 이어가고
積善餘來蔭德筵 적선을 넉넉히 하였으니 음덕을 기리는 자리로다.
- (鐵樹는 육십 년 만에 꽃이 핀다)

(10) 2005年7月22日 善山(一善)金氏大宗會報에 大宗贊詩 發表
- 詩題; 善山(一善)金氏 大宗贊

善州華胄裔 선김은 선산 땅 맑은 정기를 받은 빛나는 씨족이요
東水美深源 낙동강의 물같이 근원이 아름다운 가문이라.
萬派原同本 물이 만 갈래로 갈라졌어도 근본은 한가지이고.
千枝一樹根 나무가 천 가지로 뻗었어도 뿌리는 한 나무라.
立身行道族 입신출세하여 도를 행하는 이름난 종족이요.

忠孝顯家門   충신과 효도로서 집안을 들 나게 한 가문이라.
世守眞敦睦   대대로 돈독한 화목함을 참으로 잘 지키는 집안이라
長傳永後昆   길이 먼 후손에게 까지 전하여 지리로다.
- (善州)ㅡ善山古名.
- (東水)ㅡ洛東江水.

* 漢詩工夫를 다시 始作하다.
- 期間 2006年 5月 5日(土)부터 8月 5日까지
- 場所 固城李氏宗親會 事務室
- 指導先生 松湳 李承弼先生
- 內容 漢詩作法을 中心으로
- 修了 松楠指導 第15期로 修了
- 入會 松林詩書研究會

*各種詩作

(11) 第4回松林詩書研究會白日場開催(처음으로 參席함)
場所; 慶尙監營公園 宣化堂
- 日時; 2006年 9月 16日 11 00-13 00
- 詩題; 燈火可親
- 押韻 時 知 吹 師 (遲)(當日考選官이 選定)
- 結果 生後처음 出品하여 佳作으로 入賞.
- 內容

燈火看書適好時 불을 켜고 책보기 좋은 때를 맞아
天高馬肥體伴知 하늘이 높고 말이 살찌는 때를 만나니 몸도 살찜
　　　　　　　　을 알겠네
蟬聲遠耳夏炎往 매미소리 귀에서 멀어지니 여름 더위도 가고

蟋響近庭秋風吹　귀뚜라미 소리 뜰에서 울어 가까우니 가을바람이 불어오네
稻杳穎黃豊盛衆　벼논의 벼 이삭이 누렇게 익어가니 모든 것이 풍성해지고
果田實赤滿饒師　과수밭에 열매가 붉게 익어서 사람들 풍요함이 가득하네
良求讀翰無覘理　좋은 지식을 얻으려 책을 읽어도 옳은 이치를 보지 못하고
歲月虛流不可遲　세월이 헛되게 지나가는 것을 가히 더디게 할 수 없네.
- (體伴)-몸이 살찌다.

(12) 西厓 柳先生 逝世四百周忌追慕紙上漢詩白日場 開催
- 詩題; 追慕 西厓 柳成龍先生
- 押韻; 東 同 風 功 窮
- 投稿磨勘; 2006年 8月 末日
- 投稿處; 安東市豊川面河回1里
- 內容

先生勁節燦吾東　선생의 굳은 절개 우리 나라에서 빛나고
道學文章孰與同　도학과 문장을 누구와 같다고 하리요
烈烈丹心千古月　열열 단심은 천고에 달 같으며
堂堂正氣萬年風　당당한 정기는 만년 지나도 그 학풍이 남아있네
濟民扶國垂靑史　백성을 구제하고 나라를 세움이 청사에 들어나고
壬亂驅倭立大功　임란 때 왜군을 몰아 내여 큰 공을 세우셨네
偉業煌煌遺蔭裡　선생의 위업이 황황 빛나서 그 음덕이 남았고
追思仰慕永無窮　미루어 생각하여 앙모하는 마음이 영원토록 무궁하리.
- (烈烈)-용감한 모양.
- (堂堂)-씩씩한 모양.
- (煌煌)-빛나는 모양.

(13) 華堂 崔壽慶先生喜壽記念祝詩
  · 日時; 2006年 10月 15日限
  · 住所; 大邱市南區梨泉洞295-4 崔壽慶
  · 韻字; 春 新 伸 人 眞 (眞字通韻)
  · 詩題; 祝華堂崔壽慶喜壽
  · 內容

   華堂喜壽更迎春 화당이 희수가 되여 다시 봄을 맞으니
   偕老同床歲歲新 부부가 해로하여 해마다 새롭게 사시네
   行善慶家多福獎 착한 일로 가정의 경사 있어 많은 복이 이어지고
   學優任業富盛伸 학업을 잘하고 사업에 임하여 부가 성하게 펴지네
   德仁儒道連繫衆 덕과 인의 유가의 도를 뭇 사람에게 이어 준고
   啓導遺風引率人 유풍을 계도하여 사람들을 이끌어 주네
   門閥可聲恒永保 좋은 문벌 그 명성 길이 길이 보존하고
   芝蘭庭訓樂和眞 좋은 친구와 가정의 교육이 즐겁고 참되고 화목하네.
     · (偕老)-內外俱存.
     · (芝蘭)-子孫들.

* 第1回 松林詩書硏究會 自作詩自書展
  · 日時 2006年 12月 1日(金)-6日(水)
  · 場所 大邱放送局展示室(1層)
  · 出品作 詩題 燈火可親(第4回白日場 作品)
  · 특징; 전국에서 처음으로 자기가 지은 시를 자기가 직접 붓글씨로 써서 제1회자작시자서전을 전시하게 되여서 많은 사람들로부터 호평을 받았다

(14) 第5松林詩書硏究會回白日場開催
  · 日時; 2007年 5月 26日(土) 午前10時
  · 場所; 壽城遊園地 壽城보트장
  · 詩題; 淸遊壽城池

- 押韻 頭 樓 悠 舟 (收)(當日 考選官이 選定)
- 內容

　　盛夏淸遊壽園頭　한 여름날 수성유원지에서 청유하니
　　滿堂群喜附池樓　많은 사람들이 모여 수성 못 가에 있는 누에서
　　　　　　　　　　　즐기네
　　南山綠樹千秋茂　남산의 푸른 나무는 천 년을 지나도 무성하고
　　北空靑天萬古悠　북쪽의 푸른 하늘은 만고를 지나도 그대로네
　　過歲野豊生美穀　지난날 수성들에는 아름답게 곡식이 나서 풍성했는데
　　現今都建走湖舟　지금은 도시가 건설되고 호수에 배만 달리네
　　洋來變俗漸漸高　서양문물이 들어와 풍속이 점점 더 변해가고
　　良行恒傳望善收　좋은 풍속 변함없이 전해져서 잘 이루기를 바라네.
　　(壽城池)-수성못.

(15) 2007年 8月 20日에 永川을 探訪하다.
- 詩題; 追慕圃隱先生

　　圃隱善橋血竹生　포은선생 돌아가신 곳인 선죽교에 혈죽이 생겼으니
　　貞忠大節感天成　정충대절이 하늘에서 내려주신 느낌이네
　　經綸博學千秋赫　경륜이 박학함은 천추에 빛나고
　　道德宣揚萬古明　도덕을 선양시킴은 만고에 길이 밝혔도다.
　　向主丹心模後世　임금님을 향한 일편단심은 후세에 모범이 되고
　　救邦正義盡衷情　나라를 구하려는 정의는 모두가 충정이네
　　黎民敎化乾坤裡　여민을 건곤에서 교화를 시키시고
　　偉績芳名永頌亨　위대한 업적과 꽃다운 이름은 영원히 칭송하고
　　　　　　　　　　흠향하네.
- (善橋)-善竹橋.
- (圃隱)-鄭夢周先生의 號

(16) 第6回松林詩書硏究會白日場開催
- 日時; 2007年 10月28日(土)午前10時
- 場所;大邱市東區俄洋樓

- 詩題; 登俄洋樓
- 押韻; 秋 流 幽 洲 (遊)(當日 考選官이 選定)
- 內容

    登阜俄洋滿野秋　언덕 위에 아양루에 올라보니 들에는 가을빛이 가득하고
    琴湖爭合洛江流　금호강이 흘러서 낙동강에 합쳐 흐르네
    草芽旣盛山多發　초목의 싹들은 무성하여 산에 많이 피어있고
    花葉將衰逕少幽　꽃잎은 장차 시들려 하니 오솔길이 조금 그윽하네
    人慾深危求利廩　사람의 욕심 심히 위태하게 이를 구해 창고에 가득하고
    道心增振得全洲　도덕심을 증진시켜 온 섬에 가득하게 하세
    今年愈勞無豊聚　금년에도 더욱 노력하나 풍요롭게 거두지를 못하고
    何日平安相救遊　어느 날이 되여야 편안히 서로 즐겨 놀 수 있으리오
    ・(洛江)-洛東江.
    ・(琴湖)-琴湖江.

(17) 第7回 松林詩書硏究會白日場開催
- 日時; 2008年 5月 3日(土) 午前10時
- 場所; 大邱 頭流公園(2·28 學生義擧塔 앞)
- 詩題; 2·28 學生義擧
- 押韻; 東 同 紅 崇 (雄)(當日 考選官이 選定)
- 內容

    藏春塢裏暑來東　봄을 감추고 지난 언덕에 동쪽으로 붙어 더위가 찾아왔네
    觀客頭流合會同　두류공원을 찾은 관광객이 같이 한데 모여서 어울리네
    半百前陵無草黑　반백 년 전에는 이 언덕이 풀 없는 검은 곳이었는데
    數年後苑有花紅　수년 후에 와서는 정원이 되여 꽃이 붉게 피여 있네

人權理念相爭高 인권과 이념이 서로 다툼이 높아져서
民生精神奮起崇 민생을 주장하는 정신이 분기하여 높아졌네
義擧學生純結意 의거한 학생들의 순수한 뜻이 맺혀서
集蜂庶衆似豪雄 벌떼같이 모인 군중이 흡사 호걸과 영웅 같네.
- (塢裏)-언덕 속.
- (頭流)-頭流公園.

(18) 1992年 1月 20日에 龜尾를 探訪하다.
- 詩題;追慕冶隱先生

冶隱烏山遁送年 야은 선생이 금오산에서 숨어서 세월을 보내셨니.
敬忠大節孰持先 경충의 대절을 누가 선생보다 앞선 이가 있으리요?
夷齊操若首陽裡 백이 숙제의 지조가 수양산에서 있었던 것과 같고
巢許貞如潁水煙 소부 허유의 정조가 영수에서 있었던 것과 같네
扶植綱常垂偉績 삼강오륜을 부식하여 위대한 업적을 남기시고
宣揚禮儀盡良賢 예의를 선양하여 선양한 현인으로서 다 하였네
二君不事心無變 두 임금을 섬기지 않는 마음은 변함이 없으시니
稱頌芳名萬歲然 칭송하는 꽃다운 그 이름이 만세토록 빛나리.
- (冶隱)-麗末三隱 吉再 號
- (夷齊)-伯夷와 叔齊.
- (巢許)-巢夫와 許由가 潁水에서 귀를 씻다.

(19) 第8回 松林詩書研究會 白日場開催
- 日時; 2008年 10月 10日(土) 10時
- 場所; 앞산 公園
- 詩題; 大德山秋景
- 押韻; 秋 頭 流 遊 (收)(當日 考選官이 選定).
- 2009년 4월 3일~8일 대구방송국전시 제2회 자작시 자서전에 출품

•內容
　　暑往凉來序近秋　더위가 가고 찬 기운이 오니 차례로 가을이 가까워지고
　　佳山大德染紅頭　좋은 대덕산도 머리부터 단풍이 붉게 물드네
　　蟬聲遠減溫且滅　매미소리 멀어지니 따뜻한 기운도 없어지고
　　蟋啼邇增冷入流　귀뚜라미 소리가 가까워 오니 찬 기운이 흘러 들어오네
　　廣野豊饒歡滿樂　넓은 들 풍요하니 기쁨이 가득하고
　　谷溪衆集喜多遊　계곡에 여러 사람들이 모이니 많이 놀며 즐기네
　　天神輔助希强健　하늘과 신이 도와서 우리들이 건강하기를 바래고
　　世上人間萬感收　온 세상 사람들이 만감을 거두네.
•(蟬聲)-매미소리.
•(蟋啼)-꿔뚜라미 소리.

＊ 第2回　松林詩書硏究會　自作詩自書展
•日時; 2009年 4月 3日(金)-8日(水)
•場所; 大邱放送總局 展示室
•展示出品作---第8回　白日場出品作　大德山　秋景
•結果 많은 觀客이 參觀(大邱市의 補助金를 받음)

(20) 第9回 松林詩書硏究會　白日場　開催
•日時; 2009年 6月 20日(土) 午前10時
•場所; 大邱市東區　鳳舞公園
•詩題; 不老釀造探訪有感
•押韻; 成　名　誠　聲　(評)(當日 考選官이 選定 發表)
•內容
　　公山淡水製釀成　팔공산의 맑은 물로 막걸리를 만들어서
　　飮益長生不老名　마시고 더 마실수록 장생하니 불로주라 이름하네

古法遵從嘗造德	옛 법을 따라 술을 빚으니 그 덕으로 맛있는 술을 빚었고
今規嚴守臭純誠	지금의 법을 엄숙히 지키니 그 정성으로 냄새도 순수하네
陶潛菊酒同香頌	도연명의 국화주와 향기가 같다고 칭송하고
李白仙醇等味聲	이태백의 신선주와 견주어서 맛이 같다고 명성이 높네
千載醑長康健讚	천년토록 오래 좋은 술이 되여 건강에 좋다고 칭찬받고
萬人愛用愈高評	만인이 애용하며 술 맛이 좋다는 소리 더욱 높기 바라네

- (醇)―진한 술. 순.
- (醑)―좋은 술. 서.

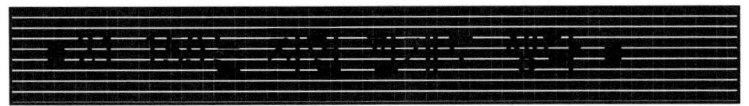

(160) 2022年 2月 21日 第34回 松林詩書硏究會 漢詩白日場은 코로나로 因하여 紙上白日場으로 實施.
　•詩題; 吟梅柳爭春. (佳作을 受賞)
　　梅柳相爭春又回　매화와 버들이 다투는데 봄이 다시 돌아오고,
　　韶光滿地百花開　봄기운이 땅에 가득하니 백화들이 피어나네.
　　東園宿草呈黃發　동원의 묵은 풀은 누른 빛이 나게되고,
　　西岸長松帶碧來　서안의 장송은 푸른 빛을 띠고 나타나네.
　　佳木向陽盈玉砌　좋은 나무는 태양을 향해 옥체를 채우고,
　　幽蘭含露傍金杯　유란이 이슬을 머금은데 금잔이 옆에 있네.
　　山川萌動如斯好　산천이 맹동하며 이같이 좋은 때에.
　　興趣題詩歲月催　시를 짓는 흥취가 세월을 제촉하네.

(161) 2022年 陰 8月 18日에 實施한 固城李氏君子亭講學契會에 發表한 詩.
　　君子講契晩秋先　군자정의 강학계회가 만추앞에 열리고,
　　柳谷池塘覆白蓮　유곡의 지당에는 연꽃이 희게 피었네.
　　問答古文相話樂　고문을 문답하면서 상담하며 즐기고,
　　磋磨名典對酬傳　명전을 차마하고 대수하며 전하네.
　　忘翁毅蹟繼能習　망헌공의 의적을 계속하여 능히 익히고,
　　慕軒遺風效自連　모헌공의 유풍을 스스로 본받아 이어가네.
　　盡日論談探究裡　진일토록 논담하며 탐구하는 가운데,
　　洛閩連統子孫賢　낙민을 연통하니 자손들이 어질다네.

(162) 2022年 9月 30日에 實施한 第35回 松林詩書硏究會의 漢詩白日場은 紙上展 實施.
　•詩題; 重陽雅會.
　　騷人雅會遇重陽　소인들이 중양을 만나 아회를 하는 때에,
　　黍稷全園益盛昌　서직이 전원에 더욱 성창하네.
　　玉露淸凉田野染　옥로가 철량하게 전야를 물드리고,

黃花和拂路邊香 황화가 화불하여 노변에서 향기나네.
秋深僻谷千年鑑 추심한 벽곡은 천년의 거울이요,
松翠南山萬壽觴 소나무 푸른 빛의 남산은 만수하라는 술잔이네.
滿庭吟詩鄕憶裡 만좌하여 음시하니 고향생각이 절로나는데,
傳來良俗不能忘 전래하는 양속을 능히 잊지 못하네.

(163) 2022年 10月 19日에 實施한 第五回 蘆溪文學 全國白日場 出品作

• 詩題; 蘆溪先生文學館竣工

蘆溪學館建吾東 노계학관이 우리나라에 세워지는데,
協力竣工瑞氣同 협력하여 준공하니 상서로운 기운이 같이하네.
動地宿望爲勉裡 땅을 움직일듯한 오랜 소망이 힘써서 이루는데,
衝天熱意盡誠中 하늘을 찌를듯한 정성을 다하는 중이었네.
文章卓犖丕興業 노계선생은 문장이 뛰어나 일을 크게 일으키고,
道德隆崇不絶風 도덕이 융숭하여 유풍이 끊어지지 아니하네.
性理琢磨稱節義 성리학을 탁마하시니 절조와 의리있다고 칭송을 하고,
懇祈發展祚無窮 학관의 발전을 간절히 기원하니 복됨이 무궁하리라.

(164) 2022年 12月 8日 實施한 松林詩書硏究會의 自作詩自書展에 出品한 作品.

• 詩題; 報遠齋.

芳山抱報齋 방산이 보원재를 안고 있고,
溪水繞南街 남계천의 물이 남쪽 거리를 둘렀네.
崇祖盡敦睦 조상을 숭배함에 돈목함을 다하고,
後孫追遠佳 후손들은 조상을 생각하고 제사를 잘모시니라.

(註)
• 報遠齋-경북 칠곡군 약목면의 일선김씨 제사.

- 芳山-보원재를 품고 있는 산.
- 溪水-보원재 앞의 남계천의 물.
- 敦睦-정의가 두텁고 화목함.
- 崇祖-조상을 숭배함.
- 追遠-조상을 생각하고 제사를 지냄.

(165) 2023年 8月31日에 實施한 第36回 松林詩書硏究會 漢詩白日場 紙上展施行
- 詩題; 願道德性恢復.

道德于今頹落時　오늘날 도덕이 퇴락하는 때에,
人心恢復世皆知　사람의 마음 회복을 바라는 것은 세상이 다 아는 것이라.
施仁養性民無患　어진 마음베풀고 본성을 길우니 백성은 근심하지 않고,
約禮扶綱政不危　예의를 지키며 삼강을 부식하니 정사가 위태롭지 않네.
治國優先崇義可　나라를 다스림을 우선으로하며 의를 숭상함이 가하고,
齊家必是斥邪宜　집안을 다스림에는 반드시 이것은 사특함을 물리침이 마땅라네.
事親敬長躬行守　어버이를 섬기고 어른을 공경함을 몸소 행하여 지키고,
美俗良風永遠期　미속과 양풍이 영원하기를 기약하세.

(166) 2023年 10월2일(陰 8月18日)에 實施한 固城李氏君子亭 講學契會에 發表한 詩

君亭講契每年明　군자정의 강계가 매년마다 밝게 열리고,
雲集士林雅趣成　군집한 사람들이 아취를 이루었네.
名地鄕民全力盡　명지의 향민들이 전력을 다하고,
勝筵會客竭誠盈　승연을 베푼 회객들의 정성이 가득 차있네.
騷公松下丹心動　소공들이 송하에서 단심이 움직이고,
詩伯柳湖節義生　시백들이 유호에서 절의가 생기네,
兩軒仰承追慕念　양헌을 앙승하며 추모함을 생각하고,

固城華閥永繁榮 고성이씨 화벌하니 영원히 번영하기 바라네.

(167) 2023年 10月 20日에 實施한 第六回 蘆溪文學 全國白日場 出品作

・詩題; 讀蘆溪先生早紅柹歌有感

蘆翁嶽降大豪生 노옹이 출생하시니 대호가 나셨도다.
讀早紅詩嘆孝輕 조홍시가의 시를 읽고 효도가 가벼워지는 것을 탄식하네,
武德功臣救國義 무공을 세운 덕으로 공신이 되시니 나라구한 의리가 있고,
歌風思母盡忠誠 가사를 지은 풍으로 어머니를 생각하니 충성을 다하는 정성이 있네.
惠民業績千年赫 혜민의 업적은 천년토록 빛나고,
絶世文章萬載名 절세의 문장은 만년토록 이름나네.
卓犖經綸靑史耀 탁월하신 경륜은 청사에 길이 빛나고,
遺芳詞氣永繁榮 가사의 기운이 남긴 향기가 길이 번영하기를 바라네.

(168) 2023年 11月 30日 第37回 松林詩書硏究會 漢詩白日場은 紙上展으로 實施함.

・詩題; 至月雅會.

至月寒波明月時 동짓달에 한파가 있는데 달이 밝은 때에,
爐邊雅會律音知 난로가에서 아회하니 율음을 알겠도다.
竹煙低暗累承葉 대나무사이 연기가 낮고 어두운데 잎이 여러겹 이어졌고,
松鶴孤高連茂枝 소나무사이 학이 외로이 높게 있고 나뭇가지는 연이어 무성하네.
衆坐書床高士傳 여러 사람이 앉아서 서상의 고사들의 전기를 읽고,
瓊筵燈火謫仙詩 연에 등불을 켜고 적선들의 시를 읊고 있네.
塵愁忘却無難事 티끌진 근심을 망각하니 어려운 일이 없고,

情話吐眞有信期 정다운 말로 진실을 토하며 믿음이 있기를 기약하네.

(169) 2023年 11月 27日 松林詩書研究會展示에 出品豫定作
・詩題; 秋野

秋霜覆黃葉 가을의 서리가 누른 낙엽을 덮었고,
野林村逕閑 들과 숲 시골길은 한가롭구나.
廣荒充五穀 넓고 거칠은 들에는 오곡이 충만하고,
執杖看橫山 지팡이를 잡고 멀리 늘어선 산을 바라보네.

(170) 2023年 12月 20日 大邱墨緣會 會員 心村 李弼柱 八旬 祝詩
・詩題; 祝心村書伯李弼柱八旬

心翁書伯八旬年 심옹 서백의 팔순을 맞이하도록,
廣李歸巖奉祀傳 광주이씨 귀암종택의 봉제사를 받들며 전하네
仁德齊家稱士類 인덕으로 집안을 가지런히 한다고 사류들이 칭송을 하니,
光榮華閥萬歲連 빛나고 영화로운 화벌로 만세토록 이어지기를 바라네.

(171) 2024年 3月 31日 實施한 第38回 松林詩書研究會 白日場 紙上展.
・詩題; 松林詩書研究會創立二十週年
・韻字; 年 連 筵 全 傳

創立松林二十年 송림시서연구회 창립 이십 주년에,
儒風美德瑞情連 유풍의 미덕이 상서로운 정으로 이어지고 있네.
詩文佳作喜聲席 시문의 좋은 글을 지어니 기쁜 소리가 나는 자리요,
書展開場祝賀筵 서예전이 열린 장소에 축하하는 자리로다.
扶植綱常天性達 강상을 부식함을 천성으로 통달하고,

宣揚道義至誠全 도의를 선양함을 지성으로 온전하게 하네.
願言協力隆興裏 원하건 데 협력하여 융흥하기 바라고,
永遠無窮萬世傳 영원히 무궁하도록 만세에 전하세.

(172) 2024年 9月20日(陰 8月18日)에 實施한 固城李氏 君子亭講學契會에 發表한 詩.
- 韻字; 明 生 情 成 聲

甲辰君契中秋明 갑진년의 군자정강학계는 중추에 밝았는데,
偉蹟兩賢陰德生 위대한 업적의 두분 어진이의 음덕이 생겨나네.
騷客吟哦當世志 소객이 음아하니 당세의 뜻이 되고,
歌朋讀誦故人情 가붕이 독송하니 고인의 정이 나네.
路邊白菊吐香起 길가의 흰 국화는 향기를 풍기고,
廣野黃禾垂穗成 넓은 들에는 벼가 익어 이삭을 드리우네.
敎化儒林無異彩 유림이 교화하니 다른 채색이 없고,
後孫化合有同聲 후손들은 화합하여 같은 소리를 내는구나.

(173) 2025年 6月 20日에 實施한 第八會 蘆溪文學 全國 白日場大會 出品作
- 詩題; 蘆溪先生忠孝思想宣揚
- 押韻; 東 同 風 中 窮

蘆溪遺跡洛江東 노계선생의 유적이 낙동강의 동쪽에 있고,
忠孝宣揚思想同 충효를 선양하는 사상은 어디서나 같네.
撫恤祈願强國氣 무휼하는 기운은 나라를 강하게 하는 기운이고,
養親追慕保家風 어버이를 추모함은 가정을 보호하는 가풍이네.
義兵戰勝功勳上 의병으로 전승하니 공훈이 높고,
篤實歌辭文學中 독실한 선생의 가사문학은 사리에 맞도다.
善政安民稱頌德 선정하여 안민하니 그 덕을 칭송하고,
遺芳俊傑仰無窮 준걸하신 남긴 향기 무궁하니 우러러 보네.

(174) 南溪九曲(2025년 봄에 報遠齋에서 南溪川(또는 斗滿川)을 바라보며 지은 시)

- 第一曲; 松蘿村

　飛龍山下有松蘿　비룡산의 아래에 송라촌이 있고,
　棲鎭鑛山重石多　서진광산회사에서 중석을 많아 채광하였네.
　殘屈好成生藥水　광산의 남아 생긴 굴에서 약수가 낳았고,
　觀光人集可能和　관광하는 사람들이 모이니 화합함이 가능하도다.

- 第二曲; 三綱臺

　三綱臺實古存川　삼강대는 실제로 옛날 천변에 있었고,
　君臣上下義國連　임금과 신하가 상하로 의리로서 나라를 이어 왔네.
　父子家中親族本　아버지와 아들은 가문가운데 가족들이 친하게 한이 근본이고,
　夫婦內外別身全　부부는 가정의 안이나 밖에서 몸을 온전하게 분별해야 하나니라.

- 第三曲; 崇武祠

　崇武祠中遺蹟存　숭무사의 가운데 유적을 가지고 있으며,
　申瀏將勝黑龍痕　신류장군의 승리의 흔적이 흑용강변에 있네.
　北進捕盜特陞惠　북진하며 도둑을 잡으니 특별히 승진의 은혜를 입고
　日記論書神道根　날로 기록하고 글을 논한 것이 신도의 근원이네.

- 第四曲; 上堂谷

　上堂谷前虎岩池　상당곡으 앞에 호암지가 있고,
　寺刹講堂羅代時　사찰의 강당으로 신라때에 있었네.
　道士衆生行啓裏　도사와 중생의 행실을 계도하는 가운데,
　法師說話得安思　법사의 설화에 편안한 생각을 얻게 되네.

• 第五曲; 崇義齋
善金祭舍崇義齋 일선김씨의 제사인 숭의재가 있으니,
派祖抗倭正朝佳 파조이신 정조공이 왜구에 항쟁하셨으니 옳았도다.
觀察使公保全羅 관찰사공은 전라도를 왜구에 대항하시며 보호하시고,
功臣壬亂義將懷 임진왜란의 이등공신인 의병장이 생각나네.

• 第六曲; 報遠齋
包德芳山報遠齋 방산이 보원재를 덕으로 싸고 있고,
金烏望遠近池懷 멀리는 금오산이 바라보이고 가까이는 못이 품었네.
崇祖敦睦家員盡 조상을 숭배하고 서로 돈목함을 가족이 다하고,
心合後孫追本佳 마음을 화합하여 후손들이 근본을 추구하니 좋은 일이로다.

• 第七曲; 如來室
如來室本善金棲 여래실은 본래부터 일선김씨가 살았고.
佛寺羅存名得題 신라 때에 불교의 절이 있어서 제목으로 얻은 이름이다.
木屢搗精民住地 일제 때 목구(개다), 근세는 도정공장 지금은 주민 거주지이고,
斗川側里號南溪 두만천 가의 남쪽 마을로 남계리라 부른다.

• 第八曲; 南溪四池
斗滿池源松羅村 두만지는 제일먼저 저수지로 근원은 송라촌이고,
虎岩水淺釣友根 호암지는 수심이 얕아서 낚시의 근원이 되네.
龍華寺前淸水貯 용화지는 용화사의 앞에 있으며 맑은 물이 저장 되였고,
川末南溪湖廣源 남계지는 두만천의 끝에 있어 호수가 넓은 근

원이다.

- 第九曲; 龍華寺

    龍華寺在斗川南　용화사는 두만천의 남쪽에 있고,
    彌勒藥師雙佛含　미륵불과 약사불이 쌍불로 있네.
    造刻纖精細巧術　조각이 섬세하고 정교하며 교묘한 기술이 있고,
    蓮池大師建創談　연지대사도 창건하였다고 하더라.

李白少時學業未成棄歸道逢一嫗磨鐵杵
白問之嫗曰欲作鍼白感其言遂還卒業

磨鐵杵

父母俱存兄弟無故一樂也
仰不愧於天俯不怍於人二樂也
得天下英才而教育之三樂也

三樂

9장
과학 관계
科學關係

1. 啓聖高等學校 다닐 때 과학반에서 활동을 하다

 계성고등학교 특별활동반 중 과학반을 담당하신 선생님은 김상열 선생님이셨다. 선생님은 서울대학교 약학과를 졸업하신 분으로, 당시 나의 고등학교 2학년 담임선생님이자 화학 교과 담당이셨다. 또한 동산병원의 약학 관계 위원으로도 활동하셨다.
 이런 인연으로 김상열 선생님은 과학반의 지도교사로 계셨고, 나는 2학년 때부터 과학반에 가입하여 활동하게 되었다.

 계성고등학교는 다른 학교에 비해 별도의 과학실을 갖추고 있어 실험과 실습을 자주 할 수 있었다. 나는 기차로 통학을 했기 때문에 오후에 시간이 남으면 자주 과학실에 들러 시간을 보내곤 했다.
 특히 내가 사범대학 화학과를 진학하게 된 것은 김상열 선생님의 영향이 컸다고 생각하며, 지금도 선생님의 은혜를 잊지 않고 있다.

2. 慶北大學校 師範大學 化學科에 入學하였다

 1956년 4월 3일, 나는 경북대학교 사범대학 화학과에 입학하였다.
 1학기를 마친 후부터는 세 명에게 주어지는 장학금을 계속

받아 등록금에 보탰다.

그러나 3학년 1학기, 장학금을 받아도 등록금이 부족하여 친구 이광, 박붕화의 장학금 일부를 빌리고, 또 이학기 선생님께도 돈을 빌려야 했다.

군대에 다녀오느라 오랫동안 그 빚을 갚지 못했는데, 제대 후에야 돈을 마련해 모두 갚을 수 있었다. 그때는 정말 체면이 말이 아니었다.

그 일로 인해 대학을 졸업한 후에도 발령이 나지 않자 교수님께 취직을 부탁드릴 면목조차 없었다.

3. 四學年이 되여 敎生을 나갔다

1959년 11월 21일에 군에서 제대하고, 1960년 4월 1일에 대학교 3학년으로 복학하였다.

군대에 가지 않은 동기들은 이미 교사로 발령받아 근무하고 있었으나, 제대한 동기들은 2년을 더 공부해야 했다.

1961년 4월 초부터는 교생 실습을 나갔다.

1학기에는 경대사대부속국민학교에서 교생실습을 하며, 과학반 아동들을 지도하기도 했다. 내가 맡은 5학년 2반은 여선생님이 담임이셨는데, 체육시간에는 남자 교생들이 대신 수업을 맡았다.

철봉 수업 중 한 학생이 철봉에서 떨어져 팔을 다치는 사고가 있었는데, 담임선생님께서 침착하게 학부모에게 연락하여 무사히 수습하시는 모습을 보며 많은 것을 배웠다.

2학기에는 대구공업고등학교로 실습을 나갔다. 화학과 교생 10명은 장천실 선생님의 지도를 받았다. 나는 매일 기차로 통학했는데, 교생실습의 마지막 과제로 교생 시범수업 대표를 선발하게 되었다.

당시 나는 집안의 약목 정미소 사고로 학교에 가지 못했는데, 그날 회의에서 내가 대표로 선정되어 있었다. 다음날 학교에 나가니 장천실 선생님이 나를 불러 "대표로 시범수업을 하라"고 하셨다.

항의도 못한 채 수업을 준비했다.

수업 당일에는 강당에 150여 명이 모였다. 과학과 교생 80명, 물리·화학·생물 교수님 10여 명, 다른 과 교생 30명, 공고 과학 교사들까지 참석했다.

경험도 없는 교생 신분으로 그렇게 많은 사람 앞에서 수업을 하니 정신이 없었다. 학생들의 질문에도 제대로 답하지 못했지만, 수업 강평 시간에 칭찬과 질책을 함께 받으며 큰 교훈을 얻었다.

4. 中央工業研究所에 囑託으로 勤務하다

1963년 3월 초, 서울에서 중앙공업연구소 연구원 모집 공고를 보고 지원하러 갔다. 그러나 공대 출신이 아니라는 이유로 원서 접수를 거절당했다.

이에 경북대 문리대 화학과 이대수 교수님의 추천을 받아 원서를 제출하고 시험을 보았으나 낙방하였다.

당시 2명 채용에 120명이 응시했는데, 대부분이 서울대·고려대·연세대 공대 출신이었다.

포기하지 않고 다시 이대수 교수님을 찾아가 촉탁직으로 근무할 수 있는 추천서를 받아, 유기합성실 성좌경 교수님께 드린 덕분에 유기합성실 촉탁으로 근무하게 되었다.

서울 서대문에 계신 돌아가신 당숙 김수현 아저씨 댁에서 며칠 머문 뒤, 연구소 근처에 방을 얻어 반년여 동안 근무하였다.

고생도 많았지만, 그 기간 동안 화학에 대한 특별한 관심과 열정을 키울 수 있었다.

5. 山東農業高等學校 근무 중 全國農業高等學校競進大會 特賞 수상

1967년 6월 초, 전국 농업계 고등학교 학생 경진대회 개최 공문이 왔다. 우리 학교에서도 출품해야 했지만, 자원하는 사람이 없어 교장선생님께서 나를 지명하셨다.

나는 대구 농고에 근무하던 선배 선생님을 찾아가 조언을 듣고, **'토양 산성도 개선 연구'**로 출품작을 정했다.

당시 우리나라는 화학비료 남용으로 토양의 산성도가 매우 높았다.

이에 경북도 내 여러 지역의 토양 시료를 채취해 산성도 측정 및 분포도 작성, 개량 방법 연구를 진행하였다.

2학년 학생들을 네 개 조로 나누어 각 지역의 시료를 수집하고 분석했다. 연구 결과를 정리해 발표했으며, 그 결과 전국 경진대회에서 특상을 수상하였다.

6. 聖義中學校 학생들이 實驗實習競演大會 優秀賞 수상

1969년 3월, 성의중·상업고등학교에 부임하여 과학반과 방송반 지도교사를 맡았다.

과학반 활동 중 도내 중학생 실험실습경연대회 공문을 받고, 과학반 학생 하춘수 등 4명을 선발하여 집중적으로 연습시켰다.

대회 당일, 통근열차를 타고 대구로 가서 참가했는데 예상 문제가 많이 출제되어 무난히 시험을 마쳤다.

결과 발표에서 우리 학교가 우수상을 수상하였으며, 학교 설립 이후 처음으로 과학 분야 상을 받은 일이었다.

7. 信明女子中學校에서 科學科長이 되다

1981년, 대구가 광역시로 승격되면서 교육 행정이 경상북도에서 대구시 교육청으로 분리되었다.

이에 따라 학교마다 과학과장이 신설되었고, 나는 신명여자중학교의 과학과장으로 임명되었다.

과학전람회, 발명품 전시회, 과학상상화 그리기, 과학 글짓기, 모형비행기·모형자동차 대회 등 각종 대회 참가를 총괄하며 바쁜 시기를 보냈다. 또한 과학교사 재교육 연수에도 참여하여, 나는 10여 년간 여름방학마다 과학교육연구원에서 강사로 활동하였다.

이 연수는 공립학교 교사들의 승진 점수에 반영되는 중요한 과정이었기에 의미가 컸다. 그 공로로 1983년 4월 21일 과학의 날, 대구시 교육감 1등급 표창을 받았다.

8. 全國科學展覽會에 積極 參與하여 좋은 成績을 올렸다

<1> 第32回全國科學展覽會에서 特賞을 受賞하고 科學 最優秀校로 選定되다.

1986년 4월초에 대구시 교육청에서 전국과학전람회 대구시예선대회에 출품하라는 공문이 왔었다. 그래서 내가 과학과장이 된지 벌써 몇 년이 지나도록 여러 가지 일을 했으나 과학전람회에는 한번도 출품하지 않았다. 그래서 금년에는 한번 출품해 보기로 하였다.

> 제32회 전국과학전람회
> 화　학
>
> 분자 크기 측정의 최적방법 개발로
> 혼합물의 순도 판별 연구
>
> 신명여자중학교 과학반
> 지도교사 김　영　훈

출품을 하기 위해서는 작품 명제를 정해야 하는데 적당한 것을 찾던 중에 중학교 2학년 과학교과서 중 분자 크기측정 단원에서 착안하여 영구 제목을 "분자크기 측정의 최적방법개발로 혼합물의 순도판별 연구"로 정하였다.

과학반 학생들 중에서 2학년 김근영 손경현 박미영 송영옥 강신경 등 5명을 차출하여 실험을 하였다. 방과 후에도 휴일에도 학생들과 실험을 하여 6월17일에 실시한 대구시 예선대회에서 최우수상을 받고, 나는 대구시 교육감상 1등급을 받고 전극대회 출품자격을 얻었다.

대구대회에서 출품한 것을 중심으로 보완하여 전국대회에 출품하였다. 대구에서 출품하는 20편의 출품자들을 모아 버스 한 대 전세를 내어 같이 행동을 했다.

1986년 9월 26일에 실시한 심사가 끝나고 발표하였는데 우리학교 작품이 特賞을 그리고 다른 한 학교도 같이 특상을 수상하였다. 그리고 나는 과학기술처 장관 표창을 처음으로 받기도 하였다.

그 후에 버스를 타고 학생들을 서울 시내 구경과 국회 의사당을 방문하여 김용태의원의 아내로 상세한 설명을 듣고 대구로 내려왔다.

대구시 교육청에서 시상식을 하고 학교에 돌아와서 최갑태 교장선생님께 경과부고를 하고 전교생 앞에서 시상식을 하였다.

그리고 일년 동안 전국과학전람회 등을 종합하여 시상을 하는데 우리학교가 대구시 초 중등교 중 과학 최우수 교로 선정되어 우승기와 트로피를 받았다.

<2> 第33回 全國科學展覽會에서 獎勵賞을 受賞하다

1987년 4월 초에 대구시 교육청으로부터 전국과학전람회에 출품하라는 공문이 와서 학교에서 또 출품하라는 권유도 있고 하여 준비하는 방법도 알고 있으니까 한번 더 출품해보기로 하였다. 교과서의 산 염기의 농도에 대한 단원에서 출품할 제목을 "용액의 정기저항 측정장치개발로 전해질의 논도 측정연구"로 정하였다.

대회에 참가할 학생을 2학년 중에서 홍필선 우영숙 손기숙 이순주 등 4명을 선정하여 방과후 또 휴일에도 쉬지를 않고 열심히 실험을 하였다.

1987년 6월 12일에 실시한 대구시전국과학전람회 예선대회에서 최우수상을 수상하고 나는 대구시 교육감상 1등급을 받았고. 전국대회에 출품할 자격을 얻었다. 그 후에도 열심히 보완하는 실험을 하여 작품을 가지고 버스 한대를 준비하여 대구시내 출품하는 학생들과 같이 서울에 갔었다.

1987년 9월 25일에 심사한 결과 우리학교는 장려상을 수상하였다. 같이 온 학생들을 대리고 서울시내 63빌딩과 전쟁기념관을 관람하고 대구로 내려왔다. 대구시 교육청에서 시상식을 마치고 학교에서 시상식을 하니 온 학교가 축하해주었다.

　대구시 과학교육 최우수상과 트로피를 받았다.

<3> 第34回 全國科學展覽會에서 優秀賞과 大韓化學會長賞을 受賞하다.

1988년 4월 초에 대구시교육청에서 전국과학전람회 요강의 공문을 받고 금년에는 너무 어려워서 출품하지 아니 하려고 하였는데 교육청에서 계속하기를 독려하여 다시 출품하기로 하였다. 출품할 연구제목을 구하였는데 크로마토그래피에 대하여 여러 가지 자료를 구하여 분석하였다. 그래서 제목을 "분필가루를 이용한 얇은 막 크로마토그래피의 제작과 활용"로 정하여다.

　연구를 같이 할 학생은 2학년에서 전은선 윤진영 전선미 김민정 등 4명을 뽑아 같이 연구를 하고 실험을 하였다. 방과 후 또는 휴일에 실험실에 나와서 열심히 실험을 하였다. 이 실험을 위하여 양근수선생의 과수원의 사과나무 한 그루를 빌려서 실험에 사용하였다.

1988년 6월 8일 대구시 전국과학전람회 예선대회에서 최우수상을 수상하고 나는 대구시교육감상 1등급을 받았으며 전국대회 출품자격을 얻었다. 예선대회를 통과한 후에도 보완하는 실험을 한 후에 전국대회에 출품하였다.

1988년 10월 14일 실시한 전국과학전람회에서 우수상을 수상하고 대한화학회장상을 수상하였고 나는 과학기술처장관 표창을 받았다. 그리고 대구에서 함께 출품한 학생들을 인솔하여 용인 민속촌을 관람한 후에 대구로 내려왔었다. 대구시 교육청에서 시상식을 마치고 이 결과 우리학교가 대구시 초 중등학교 과학교육 최우수학교로 표창장과 우승기 및 트로피를 갖고 와서 교내에서 시상식을 마쳤다.

<4> 科學活動을 熱心히 한 結果 여러 가지 좋은 일이 많았다.

첫째 전국과학교육협의회 대구시 지회 부회장이 되였다.
　　　회장은 손영균선생이 되고 내가 부회장이 되여서 많은 활동을 했었다.
둘째 대구시 초,중등 과특회 회장이 되였다.

1987년에 대구시의 전국과학전람회의 활성화를 하기 위하여 초 중등과학교사들이 모여서 자체적을 생긴 단체로 대구시과특회 초대회장은 정덕재선생이 맡았었다. 그러나 몇 달 후에 우연한 병으로 사망하였다.
그래서 부회장인 내가 다시 회장으로 선출 되어 10여 년간 회를 맡아서 운영하였으며 대구시내 과학전람회 출품희망자들에게 여러 가지 정보를 제공해 주기도 하였다..

셋째 유럽 연수를 다녀왔었다.
　우수교사 해외연수가 문교부로부터 시행하는 첫해에 내가 유럽5개국을 1989년 6월 27일부터 7월 10일 까지 13박14일 다녀왔다.

넷째 일본 시청각 해외 연수를 다녀왔다.
　과학 우수교사를 1992년 2월 11일부터 14일 3박4일간 일본에서 실시하는 세계 과학교사연수회에 참석하였다. 내가 대한민국 연수단의 대표로 인사를 하고 다녀와서 대표로 문교부에 보고도 하였다.

다섯째 대구시 과학교사 연수회 강사로 활동하다.
　1984년 여름방학부터 1992년 겨울방학 까지 여러 차례 강사로 활동하였다.

여섯째 교원단체 연공상을 수상하다.
　1999년 5월 15일 교원단체에서 우수교원에게 수여하는 연공상을 수상하다.

저자

著者 略歷

著者 金永勳의 貫은 一善. 名은 永勳. 字는 聖臣. 號는 若山. 堂號는 三省堂이다.

·**1936년(1세)**: 12월 10일(음 10월 27일)에 慶尙北道 漆谷郡 若木面 南溪里 181번지에서 父 禹承 金九鉉님과 母 權弼順 여사님의 셋째 아들로 태어났다. 첫째 큰형님 永彩는 일제강점기 때 大邱師範學校를 다니다가 우연한 약제 사고로 타계하시니 나는 자연히 둘째가 되었다. 어릴 때는 형들을 따라 동네 서당에 가서 형들 배우는 뒤에서 천자문 등을 따라 익히면서 자랐고 부친에게 한문을 배우기도 하였다.

·**1943년(8세)**: 4월에 慶尙北道 漆谷郡 若木面에 있는 福星公立國民學校(뒤에 개명; 若木初等學校)에 입학하여 일본 사람들이 가르치는 학교에서 일본어를 주로 배우고 한글이나 한문은 배우지를 않았다. 때로는 학교 실습지에서 일을 하고 신사참배를 강요당하기도 하였다.

·**1945년(11세)**: 초등학교 3학년에 世界 2次大戰(大同亞戰爭)이 계속되다가 8월 15일에 日本이 降伏하여 解放이 되었다. 새로운 한글로 된 교재로 한국 선생님과 같이 공부하였다.

·**1949년(15세)**: 6학년이 되어 처음으로 漆谷郡내 습자 대회(서예대회)에 학교 대표로 참가해 입상하여 아침 전교생이 모인 조회에서 白南哲 校長 先生님으로부터 처음으로 상을 받았다. 초등학교를 졸업하고 啓星中學校에 입학하였다.

·1950년(16세): 중학교 2학년에 6. 25사변이 났다. 약목에서 기차 통학을 하면서 학교에 다니다가 전쟁으로 피란을 가서 휴학하였다. 학교에 가지 못하는 동안 祖父 魯岡 金基玉님께 漢文과 書藝를 조금 배웠다. 漢文은 明心寶鑑 小學까지 배우다가 복학하였다.

·1953년(17세): 啓星高等學校에 入學하고 기차로 통학하면서 卒業을 하였다.

·1956년(21세): 慶北大學校師範大學 化學科에 입학하고 3학년에 陸軍에 學徒兵으로 입대하고 제대하였다.

·1962년(25세): 대학 졸업 후 중앙공업연구소 임시직으로 근무하였다.

·1964년(27세): 중등학교 교사로 산동중고, 성의중고, 남산여고, 신명여중에서 근무하였다. 과학 교사로 전국과학전람회에 우수상 특상 등을 수상하고 장관 표창도 받았다. 한국과학연구회 대구지부에서 여러 가지 일을 하였고 과학 연구단체인 과특회라는 모임의 회장도 했었다.

·1974년(37세): 교직에 있는 동안 書藝와 漢文 공부를 하였는데 愚山 金永鎬 형님과 溪山 金永宇 동생도 많은 도움을 주었다. 書藝는 전국 서예계의 대가이신 素軒 金萬浩先生님의 문하생이 되어 書藝와 漢文을 배우고 四君子는 중국 화교인 雪窓 張凌雲 선생에게 배웠다. 그리고 漢文은 前 嶺南大學校 敎授 韶園 李壽洛 先生님에게 매일 아침에 한문 공부를 대구향교 명륜당에서 15여 년간 소학하였고 시간이 있을 때마다 周

易은 亞山 金炳浩 선생님에게 배우고 詩經 書經은 洛雲 金寅權 先生님과 裵東煥 先生님에게 배우기도 하였다. 대한민국 서예대전, 대한민국 서예전람회에 입상하고 대구시 서예대전의 초대작가, 영남서예대전의 초대작가, 심사위원장을 역임하고 학생 휘호 대회 심사위원장 등을 하였다.

· **1999년(63세):** 교직에서 교감으로 퇴임하여 석류장을 받았다. 그 후에는 若山書藝學院을 20여 년 동안 운영하면서 전 大邱漢醫科大學校 敎授이신 靑簑 朴善楨博士에게 한문 지도를 받기도 하였다. 그리고 서예학원 원생들과 같이 서예 지도를 하고 若山古典硏究會도 운영하며 한문 지도도 하였다. 一善金氏 正朝公派祖設壇碑文을 한문으로 짓어 쓰고 全羅觀察使公神道碑文을 쓰고 壬亂功臣義兵將金國珍史蹟碑文를 한문으로 짓고 쓰기도 하였고 獨立有功者 一庵金容鎬先生追慕碑文 등 수십 편의 비문을 짓고 쓰기도 하였다. 若山古典硏究會에서 한문 지도는 明心寶鑑과 小學과 四書三經을 계속 공부하였다.
鳳岡硏書會 會長, 大邱墨緣會 會長 자작시를 자기가 써서 발표하는 松林詩書硏究會 會長 등을 역임하였다.
二男一女를 두었는데 長男 重桓은 전자공학석사로 미국 ALSTOM 회사 이사이고 次男 東桓은 수의학박사로 건양대학교 교수이다. 장녀 曔恩이는 유치원 교사를 하다가 사위 李成龍을 만나 결혼을 하였다. 이성룡은 경영학 전공으로 부산의 주식회사 삼보를 운영하고 있다.

· **2020년(85세):** 2월 28일에 여러 가지 사정으로 20여 년간 서예와 한문을 공부하던 若山書藝學院을 폐원하였다.
중용과 대학의 완해를 시작하였다.
『大學과 中庸은 原文 章句 或問 備旨의 네 부분으로 구성되어 있다. 지금 번역 해석한 책들은 대부분 原文과 章句만 주로 해석하고 或問과 備旨의 해석이 없어서, 부족하고 미숙하나마 或問과 備旨의 해석을 더하여 처음 공부하는 사람들에게 조금이나마 도움이 되고자 하였다. 부족한 것이 있으나 참고가 되었으면 하는 마음에서 쓴 것이다.』

·2022년(87세): 중용을 읽고 길을 찾자(中庸完解)

·2024년(89세): 젊은이여, 대학을 읽고 뜻을 세우자(大學完解)

·2025년(90세): 마음을 새긴 산(회고록)
　　　　　　　젊은이여 소학을 읽고 예를 행하자(大學完解)

[지은 책]
·家禮抄錄; 太陽企劃 (2002)
·尙古會誌; 한아름文化社 (2011).
·중용을 읽고 길을 찾자(中庸完解): 한비출판사 (2022)
·젊은이여, 대학을 읽고 뜻을 세우자(大學完解): 한비출판사 (2024)
·마음을 새긴 산(회고록_2025): 한비출판사
·젊은이여 소학을 읽고 예를 행하자(小學完解): 한비출판사 (2025)

[저자 연락처]
·주소 : 대구시 중구 대봉로228-16 대봉제니스 102호
·전화번호 : 010-7154-6069